PAOLO GALLO

La bussola del successo

Le regole per essere vincenti restando liberi

Prefazione di Klaus Schwab

RizzoliETAS

Fotocomposizione: *Studio Dispari*, Milano

ISBN 978-88-17-08897-8

Prima edizione italiana Rizzoli Etas: settembre 2016

Questo libro è dedicato a mio padre, Renzo Gallo,
che è sempre stato con me da quando,
troppo presto, se n'è andato.

Sommario

Prefazione

*di Klaus Schwab**

Una delle caratteristiche della quarta rivoluzione industriale è che essa non cambia solo ciò che stiamo facendo, ma trasforma profondamente noi stessi e la nostra relazione con il mondo: introdurrà mutamenti a velocità, grandezza e intensità diverse da qualsiasi cosa l'umanità abbia mai visto, che influenzeranno l'essenza profonda della nostra esperienza umana. Tutti i settori vedranno i loro modelli di business modificati radicalmente; i lavori che faremo saranno molto diversi da quelli attuali: i bambini di oggi svolgeranno professioni che non esistono ancora e quelle di oggi scompariranno. Il 50% della popolazione mondiale ha meno di 27 anni, abbiamo sia il più alto numero di posti vacanti sia il maggior numero di disoccupati. Come possiamo aiutarli a trovare un lavoro? Come possiamo contribuire a dare loro uno scopo, non solo un reddito per vivere con dignità?

* Fondatore e presidente del World Economic Forum.

Dobbiamo fare serie riflessioni su come i cambiamenti della quarta rivoluzione industriale influenzeranno noi e il nostro lavoro.

Da quando ero professore di Business Policy presso l'Università di Ginevra, e poi in qualità di fondatore e presidente del World Economic Forum, molti studenti, colleghi e amici mi hanno chiesto consigli per la loro carriera: dovrei lavorare in banca? Consulenza? Industria? Università? A tutti ho risposto che, per avere una carriera di successo, è necessario disporre di due strumenti. In primo luogo di una bussola, che aiuterà a mantenere la rotta giusta, cioè il nostro talento. E poi di un radar che ci aiuterà a evitare ostacoli, situazioni pericolose e percorsi inutili. Abbiamo bisogno di entrambi gli strumenti nel nostro viaggio professionale e personale.

Albert Einstein ha detto: "Se avessi un'ora per risolvere un problema e la mia vita dipendesse dalla soluzione, passerei i primi 55 minuti a capire quale sia la domanda giusta da porsi. Perché se sapessi la domanda giusta, potrei risolvere il problema in meno di 5 minuti".

L'autore del libro è anche un coach, un allenatore mentale: si parte quindi da domande importanti, nelle quali Paolo Gallo – Chief Human Resources Officer al World Economic Forum – spiega con un mix creativo e coinvolgente come si possa trovare la bussola, la propria passione e il lavoro che si adatta perfettamente con i propri valori. Poi aiuta a utilizzare in modo intelligente il radar per capire le organizzazioni, le loro culture, le loro complessità, e costruire fiducia e cooperazione autentica.

Con domande e riflessioni profonde il libro offre quindi strumenti pratici per trovare un lavoro ancorato alla nostra bussola morale, il nostro sistema di valori. Capitoli come *Il patto con il diavolo* forniscono strumenti pratici per compiere le scelte giuste nei momenti difficili che ognuno di noi vivrà nella propria carriera.

In qualità di presidente del World Economic Forum, ho incontrato personalmente tutti i leader nel mondo: posso garantire quanto sia importante una leadership basata su valori morali e come la fiducia etica possa essere ripristinata solo se siamo veramente capaci di imparare a collaborare, invece di competere o, molto peggio, truccare le carte.

Dalla lettura del libro di Paolo Gallo ritengo che il concetto stesso di carriera di successo sarà trasformato completamente in qualcosa di molto diverso dal nostro modello mentale attuale, più profondo e importante per tutti noi, non solo per pochi eletti. Questo nuovo concetto di ciò che è *veramente* una carriera di successo, e ciò che conta davvero, è assolutamente in linea con la missione del World Economic Forum che ho fondato: come migliorare il mondo, a partire dal modo in cui ci relazioniamo gli uni agli altri, come esseri umani.

Siamo all'inizio della quarta rivoluzione industriale, in un'epoca storica di radicale trasformazione e di profondi cambiamenti: abbiamo bisogno di ancorare il nostro essere ai nostri valori. *La bussola del successo* ci aiuta a riflettere su ciò che conta davvero e rimanere persone perbene nel fare con passione quello che amiamo.

Introduzione

IL PRIMO GIORNO DI SCUOLA

Mio padre aveva fatto una promessa impegnativa a me e a mia sorella gemella: sarebbe stato presente per il nostro primo giorno di scuola. Lavorava in Brasile e ritornava in Italia solo due volte all'anno, in agosto e a Natale. Giunto finalmente il fatidico giorno, quando ci svegliammo nostro padre non era a casa. Provammo una grande delusione, stemperata però dall'eccitazione di cominciare la scuola. Il primo giorno passò velocemente; quando squillò la campanella d'uscita, mio padre ci stava aspettando ai cancelli. Vederlo fu per me una gioia incontenibile e, insieme a mia sorella, gli saltai in braccio. Durante il tragitto per tornare a casa, lo inondammo con le nostre storie: cosa avevamo fatto, i nomi dei nuovi compagni di scuola, la maestra, la lavagna con tutti i gessetti colorati, la mappa dell'Italia sulla parete.

A casa, durante il pranzo continuammo a raccontare. Alla fine del pasto mio padre volle parlare prima con mia sorella e poi con me; quindi lo seguii in salotto, dove mi invitò a sedermi di fronte a lui. Restò in silenzio alcuni secondi, poi mi guardò negli occhi e mi disse: "Paolo", era la prima volta che mi chiamava con il mio nome, in famiglia per tutti ero sempre Paolino. "*Paolo, da domani non dire che cosa hai fatto, ma chiediti se ami quello che fai, che cosa hai imparato e se sei riuscito ad aiutare gli altri: il resto non conta.*" Mi mise una mano sulla spalla, mi guardò ancora negli occhi, come se fossi un adulto, e si alzò. Poche ore dopo, riprese l'aereo per tornare in Brasile: aveva mantenuto la sua promessa.

Tra i milioni di parole che ho ascoltato e letto nel tempo, *quella frase* di mio padre, pronunciata il 1° ottobre 1969, è quella che ha maggiormente influenzato la mia vita. Cosa ho appreso da quella frase? Ho imparato a non pensare alle risposte corrette se non ho formulato le giuste domande: amo quello che faccio? Sto imparando qualcosa? Sto aiutando qualcuno?

Il resto non conta.

Lavoro da molti anni come responsabile della funzione del personale, chiamata anche Human Resources: nello svolgere il mio lavoro, ho potuto verificare quanto sia più importante partire dalle domande giuste, piuttosto che cercare di indovinare le risposte. Albert Einstein disse: "Se avessi solo un'ora per risolvere un problema e la mia vita dipendesse dalla soluzione, passerei i primi 55 minuti a capire quale sia la domanda giusta da porsi". Ho potuto osservare centinaia di carriere e mi sono chiesto: "Come mai solo alcuni di noi hanno successo, molti si limitano a sopravvivere e tanti, troppi, falliscono?". Abbiamo scelto un lavoro in base alla nostra passione e al nostro talento? Abbiamo capito le regole del gioco, la cultura organizzativa, per evitare di essere *lost in translation*, perduti nella traduzione? Siamo riusciti a costruire la fiducia, di chi ci possiamo fidare? Che prezzo siamo disposti a pagare per far carriera? Quando è il momento giusto di andarsene? Come valutiamo il successo professionale? Come rimanere liberi? Cosa conta veramente?

Questo libro cerca, sempre partendo da domande, di fornire spunti di riflessione, strumenti e suggerimenti pratici per avere, o per meglio dire, *essere* una carriera di successo definita però secondo parametri decisi da noi stessi, non da altri e certamente non impostati solo sul profitto e su come fare carriera a tutti i costi, senza riflettere sulle conseguenze.

Lo so, alcuni mi prenderanno per matto o anche peggio, mi considereranno una persona viziata e *choosy* e mi ricorderanno che è già un miracolo avere un lavoro. Sono argomenti comprensibili: anche solo ipotizzare di scegliere un lavoro, considerati i tassi di disoccupazione altissimi, può sembrare un'utopistica via di mezzo tra un lusso di altri tempi e un sogno poco realistico, se non addirittura irrealizzabile. Invece io sono convinto dell'esatto contrario. *Solamente scegliendo e costruendo una carriera allineata ai nostri valori, ai nostri scopi e alle nostre motivazioni profonde, saremo in grado di fare un ottimo lavoro e di conseguenza avremo successo e gratificazioni.*

In questo piccolo gioco di parole, si cela uno dei segreti: se scegliamo consapevolmente la professione e la cultura giusta per noi stessi, *non faremo un lavoro ma saremo il lavoro che facciamo*. Parlo di autenticità, di essere ciò che facciamo, di non recitare per otto ore al giorno. Ho partecipato alla festa di pensionamento di una persona che aveva passato 28 anni nella stessa organizzazione. La sua ultima frase è stata: "Sono venuta in ufficio per quasi trent'anni, ma ho sempre lasciato il cuore a casa mia". Una tristezza infinita, una vita professionale buttata al vento, un talento sprecato, tanti anni di recite mediocri, per giunta pagata maluccio. Ne valeva la pena?

Se scegliamo una carriera sulla base di criteri erronei o stabiliti da altri, saremo eventualmente costretti a recitare in una squallida commedia scritta da altri in cui abbiamo solo una particina insignificante. Quando andiamo al ristorante chi sceglie cosa mangiamo? Noi vero? Bene, se siamo perfettamente capaci di scegliere in autonomia su questioni marginali come un piatto al ristorante, a maggior ragione abbiamo il dovere di farlo riguardo alla nostra carriera, perché siamo noi gli autori delle nostre scelte professionali. A questo proposito, Viktor E. Frankl, autore del libro *Uno psicologo nei lager*, ci ha lasciato un insegnamento fondamentale: ci possono portare via tutto ma non la possibilità di compiere scelte autonome, anche nelle situazioni più disperate.

Il volume è composto da *storytelling*, storie tratte da varie fonti, come la mitologia greca, lo sport, la politica statunitense, la storia, brevi casi aziendali e personali, fatti di cronaca e alcuni concetti e teorie di management e coaching, insieme a molte citazioni di libri, film, canzoni, articoli, video, discorsi, pagine web che hanno contribuito alla narrativa.

Mi rendo conto di aver *sempre giocato in trasferta*, trascorrendo 23 anni all'estero: 12 a Washington, nove a Londra e due a Ginevra, dove vivo adesso. Ho avuto la fortuna di lavorare con persone straordinarie, in più di 60 nazioni diverse. Questa esperienza ha certamente contribuito a offrirmi una prospettiva particolare, incluse le lenti attraverso le quali osservo l'Italia, che, come disse Leonardo Sciascia, "da lontano duole di meno". La mia vicenda professionale e soprattutto quella umana mi hanno convinto che *tutte le persone hanno almeno un talento particolare che aspetta solo di essere scoperto, incoraggiato e utilizzato.* Sono convinto di poter essere d'aiuto, di poter dare una mano e di convincervi non solo a non arrendervi ma a utilizzare strategie e sentieri che non pensavate esistessero. Le storie che leggerete sono tutte vere: svelerò segreti, mostrerò trucchi, offrirò strumenti, sperando possano essere utili, pragmatici e anche divertenti.

Allo stesso tempo vorrei chiarire che non sarò certo io a fornirvi la Risposta che state cercando né tantomeno a dirvi cosa dovete o non dovete fare. Che titolo avrei per farlo? Il mio ruolo sarà quello di aiutarvi a formulare la domanda giusta e di accompagnarvi nel viaggio. Infatti, nessuno può fornirci le risposte corrette, dobbiamo trovarle dentro di noi. Il successo professionale non è un miracolo o un colpo di fortuna; se non riusciamo a ottenere questo successo, non possiamo incolpare qualcun altro: siamo noi a guidare la nostra vita, abbiamo sempre scelte da compiere, da persone libere, sapendo che la felicità consiste nel viaggio, non nell'arrivare. Nel viaggio non saremo mai soli, starà a noi scegliere i compagni di ventura.

Il libro è diviso in tre parti: Passione, La bussola, Libertà. La domanda che caratterizza il *Capitolo 1* è: "Come scoprire qual è la nostra *Passione*?". Io lo imparai da un artista di strada, Gerardo, che dipingeva acquerelli nella via principale di Antigua, uno stupendo villaggio coloniale negli altipiani del Guatemala. Su questa strada c'erano moltissimi artisti che disegnavano paesaggi, ma le opere di Gerardo mi colpirono molto: avevano una luce particolare. Durante una giornata di pioggia torrenziale, notai che sulla via non c'erano artisti eccetto Gerardo che, sotto un ombrellone, continuava imperterrito a disegnare. Lo raggiunsi per acquistare un suo acquerello, ma aveva a disposizione solo quello che stava ultimando. Gli chiesi il prezzo per quella

sua opera, mi rispose: "50 dollari". Cercai di ottenere uno sconto perché non era terminata. Gerardo mi rispose che abitualmente vendeva i suoi acquerelli a 25 dollari, ma per quello che volevo comperare dovevo pagarne 50. Non capivo. Gerardo mi disse: "Ti faccio pagare il doppio perché *tu mi neghi la gioia che provo nel terminare un lavoro che amo*". Gli diedi 50 dollari, felice di aver imparato una lezione indimenticabile, senza prezzo.
La seconda parte del libro, *La bussola*, ci aiuterà a orientarci e si sviluppa in vari capitoli basati su una serie di domande.

Nel *Capitolo 2* ci chiederemo: "Come capire quale sia il Villaggio, la cultura giusta per noi?". Dopo un'introduzione teorica su cosa sia la cultura, avrete a disposizione strumenti pratici per capire la cultura di un'organizzazione.

Nel *Capitolo 3* risponderemo alla domanda: "Come facciamo ad arrivare dove vogliamo, farci assumere dall'organizzazione che fa per noi?". In questo capitolo otterrete molti suggerimenti pratici e utili come, per esempio, scrivere un curriculum, affrontare un colloquio, sapere se le organizzazioni vi dicono la verità.

Il *Capitolo 4* risponde a un interrogativo chiave: "Come ottenere fiducia, sapendo che questa è l'ingrediente più importante in ogni relazione?". Qui troverete una formula con tutti gli elementi che contribuiscono a creare, o distruggere, la fiducia.

Il *Capitolo 5* sarà dedicato alle domande: "Di chi ci possiamo fidare? Come capire le regole del gioco?". Entreremo in uno zoo – o forse dovrei scrivere in una giungla – dove troveremo vari tipi di *animali* che dobbiamo assolutamente imparare a distinguere. Vi sorprenderò dimostrandovi che siamo circondati da eroi invisibili o abbiamo, ora e qui, la possibilità di diventarlo anche noi.

Il *Capitolo 6* ci porrà di fronte a un quesito fondamentale, che ci costringerà a scavare profondamente nella nostra anima: "Quale prezzo siamo disposti a pagare per far carriera?". Condividerò con voi storie di persone che hanno fatto un "patto con il diavolo".

Anche la terza parte del libro, *Libertà*, sarà caratterizzata da domande.

I temi del *Capitolo 7* saranno: "Come fare carriera? Cosa ci può aiutare? Quali errori dobbiamo evitare?".

"Should I stay or should I go?" scandisce il *Capitolo 8*: quando è il momento giusto di andarsene da un'organizzazione? Come veniamo veramente valutati?

L'ultima parte del libro viene sviluppata nel *Capitolo 9*: "Cosa conta davvero? Cosa vuol dire avere successo secondo i nostri valori come persone, non in base a criteri stabiliti da altri? Qual è il vero capitale di cui noi siamo responsabili?".

Buona lettura, buon divertimento e buon viaggio.

Parte prima
Passione

1
Il tesoro nascosto

I due giorni più importanti della tua vita sono
quello in cui nasci e quello in cui ne capisci il perché.
Mark Twain

IL TESORO E IL VIAGGIO DENTRO DI NOI

Gli dei delle tenebre si erano riuniti per decidere dove nascondere la felicità, il tesoro più prezioso, all'uomo.

"Nascondiamo la felicità in cima alla montagna più alta", propose uno di loro. "Non ne vale la pena", pensarono gli altri, "prima o poi l'uomo scalerà le montagne e la troverà." "Allora nascondiamola in fondo al mare, nel punto più profondo." "Non ne vale la pena, perché prima o poi l'uomo imparerà ad arrivare anche in fondo al mare." "Allora nascondiamola nelle terre più lontane e impervie", ma anche quella soluzione fu scartata: non ne valeva la pena, prima o poi l'uomo avrebbe raggiunto pure quei luoghi.

Seguirono lunghi minuti di silenzio. Poi il più scaltro e malvagio degli dei delle tenebre prese la parola e disse: "Ho trovato la soluzione. Nascondiamo la felicità in fondo al cuore di ogni uomo: sarà così preso e affannato dal correre in terre lontane, scalare montagne e attraversare mari che di sicuro non guarderà mai dentro il suo cuore; condanniamolo a una caccia al tesoro fino all'eternità!".

Gli dei delle tenebre erano proprio contenti e ghignarono

soddisfatti, convinti della loro scelta. Essi avrebbero trionfato, mentre l'uomo sarebbe rimasto per sempre infelice, in una perenne ricerca del tesoro nascosto, la propria felicità.

Poi un giorno di primavera...

Vogliamo continuare insieme questa storia? *Il tesoro è dentro di noi.*

Ragioniamo sul significato di questa frase, anche in una prospettiva professionale. "Il tesoro è dentro di noi" significa che la nostra felicità non sarà il risultato di circostanze esterne, qualcosa o qualcuno "fuori di noi", che non possiamo controllare. La felicità nel nostro lavoro sarà invece la conseguenza di scelte che facciamo "dentro di noi": saremo quindi noi stessi a guidare il nostro destino professionale, ma a una condizione tassativa. *Dobbiamo sapere chi siamo, scoprire quali siano la nostra vera passione, il nostro talento e i valori in cui crediamo dal profondo del cuore.* Se accettiamo questo principio, diventeremo chi siamo veramente, saremo autentici, avremo fiducia in noi stessi e in chi ci sta intorno.

"Conosci te stesso", come diceva Socrate quasi 2.500 anni fa, diventa quindi il punto di partenza di questo viaggio che faremo insieme. Se ho imparato qualcosa in 25 anni di lavoro è che tutti possiedono un talento prezioso da rivelare, un vero tesoro; ma non basta scoprirlo: bisogna utilizzarlo e metterlo in pratica, al servizio degli altri. Il mondo è popolato da persone con un enorme talento "ammuffito in soffitta", molti se ne vanno senza aver cantato la propria canzone. Mozart, Dante, Picasso, Neruda, Mandela, Gandhi ci hanno lasciato le loro opere e i loro insegnamenti, non si sono certo limitati a prendere atto compiaciuti che avevano un talento immenso, un dono divino.

Il viaggio più importante, significativo, affascinante della nostra vita non è quello fatto in cima alle montagne, nelle profondità dei mari o nelle terre più lontane, ma quello dentro di noi per sapere chi siamo, cosa vogliamo fare della nostra vita, cosa conta veramente. Questo viaggio non sarà facile, anche perché incontreremo imbonitori e ciarlatani che ci diranno – previo pagamento – di avere *la risposta* pronta per noi; risposta che, invece, *solo noi* possiamo trovare.

Il viaggio ci metterà inizialmente in difficoltà, una specie di ansia paragonabile a quella dei navigatori che lasciano le coste e le terre conosciute per avventurarsi in mari e terre ancora misteriosi. Inizieremo a esplorare ipotesi, possibilità, opzioni e poi, proprio come navigatori, inizieremo a scorgere un punto d'arrivo, emergeranno nuove strade e possibilità che diventeranno allora la nostra nuova direzione. Scopriremo, come scrisse Mark Twain, che i due giorni più importanti della nostra vita sono quello in cui nasciamo e quello in cui ne capiamo il perché.

Gli obiettivi di questo libro sono quindi tre: il primo è scoprire il nostro tesoro nascosto; il secondo è trovare e capire l'organizzazione e il lavoro che desideriamo, il terzo rimanere liberi perché abbiamo capito cosa conta veramente.

Il mio compito e la mia promessa: durante questo viaggio che faremo insieme avrò due ruoli. A cominciare proprio da questo capitolo, sarò innanzitutto – ma solo se me lo permetterete – il vostro coach e allenatore mentale, attraverso le domande che vi porrò.

Inoltre, vi farò da consigliere, mettendo al vostro servizio la mia esperienza, per trovare il lavoro che desiderate, per conquistare la fiducia *degli e negli altri* da persona perbene, per evitare trappole e scelte sbagliate, per capire come conoscere un'organizzazione e chi ne fa parte, per costruire una carriera di successo.

Sarete voi ad avere il ruolo più importante: come si dice in inglese, sarete voi *on the driving seat, i guidatori*. Essere alla guida vuol dire anche saper scegliere chi saranno i vostri compagni di viaggio, una scelta importantissima perché non saremo mai da soli. Perché il viaggio abbia successo, partendo da alcune domande, dobbiamo creare le seguenti condizioni.

- Condizioni mentali per trovare il tesoro: come essere creativi, aver tempo per riflettere e aver fiducia in noi stessi?
- Come scoprire e creare la nostra *core identity* la nostra identità personale, la base per la ricerca del nostro lavoro? In cosa crediamo?
- Come possiamo capire ed evitare gli ostacoli durante il nostro viaggio alla ricerca del tesoro nascosto? Cosa riusciremmo a fare se non avessimo paura?

CREATIVITÀ

Molti di noi vanno in palestra, a sciare, giocano a tennis o a calcio, vanno in piscina, fanno corsi di yoga o corrono, riconoscendo il sacrosanto bisogno di mantenersi in forma, ben sapendo che dobbiamo allenare il nostro corpo.

Domanda: teniamo in esercizio anche il cervello, per migliorare il nostro modo di ragionare? Non possiamo risolvere un problema con la stessa mentalità che lo ha creato. Se non ci siamo mai posti il problema, abbiamo la possibilità di allenarci mentalmente per riconquistare quelle capacità che non abbiamo adoperato, proprio come muscoli che abbiamo ma che non sono stati allenati e utilizzati.

Per essere in grado di trovare il nostro tesoro nascosto abbiamo bisogno di essere creativi. Prima di cominciare, facciamo alcuni esercizi mentali di riscaldamento.

Esercizio 1
Uniamo con quattro linee, senza staccare la penna dal foglio, tutti i punti di questa figura.

Esercizio 2
Calcoliamo, in meno di un minuto, la somma dei numeri da 1 a 1.000.

Esercizio 3
Spieghiamo il significato di un *nanosecondo.*

Resistiamo per un momento alla tentazione di guardare la soluzione e ragioniamo per capire cosa succede nella nostra testa quando cerchiamo di risolvere dei problemi.

Nel primo esercizio, quello con i nove punti, molti pensano di osservare un quadrato. La conseguenza logica sarà quindi di cercare la soluzione dentro al quadrato, ma la soluzione "dentro il quadrato immaginario" non esiste se NOI stessi poniamo dei limiti che esistono solo nella nostra testa. La soluzione sarà di tracciare delle linee al di fuori.

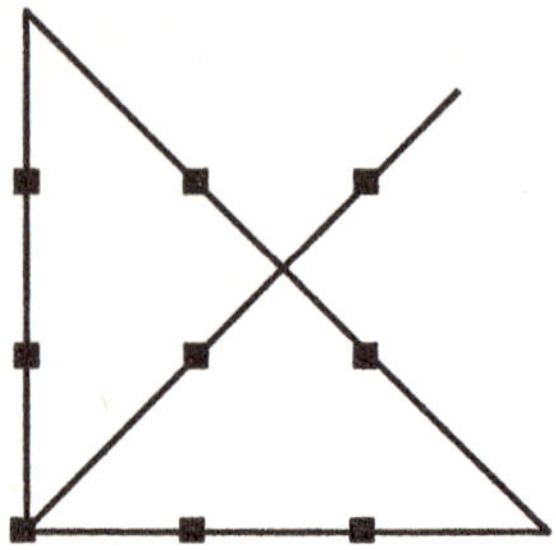

Nel secondo esercizio abbiamo subito iniziato a fare i conti: 1 + 2 = 3, 3 + 4 = 7, 5 + 6 = 11; poi, dopo altre addizioni, ci siamo confusi e scoraggiati, ben sapendo che alla nostra velocità e capacità di calcolo un minuto non può essere sufficiente per sommare i numeri da 1 a 1.000.

Affrontiamo il problema in maniera diversa, da un punto di vista visivo, mettendo i numeri su una linea continua.

1, 2, 3, ...998, 999, 1.000

Abbiamo una serie di coppie di numeri, 1 e 1.000 agli estremi, la cui somma è 1.001, poi 2 e 999, la cui somma dà sempre 1.001, 3 e 998, sempre 1.001. Quante coppie? Metà di 1.000, ovviamente, quindi 500 coppie di numeri che danno sempre 1001. Il risultato sarà quindi (500 × 1.001) = 500.500.

La risposta al terzo esercizio è che ci sono un miliardo di nanosecondi in un secondo, tecnicamente il responso corretto. Possiamo anche muoverci dal concetto di tempo a quello di spazio: la velocità della luce è di circa 300.000 chilometri al secondo, quindi possiamo calcolare quanto spazio riesce a percorrere la luce in un nanosecondo? Dividiamo la velocità (300.000 chilometri al secondo) per il tempo (1 miliardesimo di secondo) ed ecco la distanza percorsa, circa 30 centimetri, la lunghezza del nostro piede: infatti, in fisica il nanosecondo si chiama *light foot*!

Questi brevi esercizi di riscaldamento per sviluppare la nostra agilità mentale ci aiutano a capire che spesso inquadriamo i problemi con una logica rigida che non ci permette di affrontarli e risolverli. Di cosa abbiamo bisogno per essere creativi? Molte discipline si sono occupate dei processi decisionali. Per darvi indicazioni pratiche e divertenti, voglio fare ricorso a uno dei miei libri preferiti: *A Kick in the Seat of the Pants* di Roger von Oech[1]. L'autore ci dice che quando prendiamo decisioni per essere creativi, dobbiamo essere esploratori, artisti, giudici e guerrieri.

Esploratori: quando cerchiamo informazioni, dati, strade nuove per il nostro lavoro dobbiamo comportarci come esploratori. Ricordiamoci che, come disse il filosofo Émile-Auguste Chartier, niente è più pericoloso di un'idea se è l'unica che abbiamo. Le regole per essere esploratore sono: essere curiosi, uscire dalla propria comfort zone, rompere schemi mentali, chiedere perché, non imporsi limiti che non esistono (per esempio nel "vedere" un quadrato che non esiste). Cosa vuol dire in pratica? Vi racconto la storia di Jeff: lavora come dipendente statale nel settore riscossione tributi e ha un buon stipendio. Nell'ascoltare i suoi due figli e i loro amici, che frequentano l'università, ha sviluppato un forte interesse, quasi una passione, nell'aiutare studenti universitari a individuare il proprio percorso professionale. Jeff ottiene il certificato per diventare un coach, un allenatore mentale, e sviluppa un piano imprenditoriale, inviando una presentazione alle università più prestigiose e proponendo un servizio di supporto e di career counseling per studenti. Dopo circa due anni Jeff ha ottenuto sei offerte di lavoro: un vero esploratore, si è avventurato in terre sconosciute e ha trovato il suo lavoro ideale.

Artisti: quando le risorse si trasformano in idee, diventiamo artisti. Picasso scrisse: "Certi pittori trasformano il sole in un punto giallo, altri trasformano un punto giallo in un sole". Riusciamo a visualizzare un futuro professionale diverso e migliore? Come connettiamo elementi apparentemente diversi? Quali regole possiamo rompere o modificare? Ci chiediamo spesso "Cosa succederebbe se..."? Come riusciamo ad adoperare la nostra passione e il nostro talento nel lavoro? Pensiamo agli imprenditori che sono riusciti a creare attraverso le loro idee prodotti o servizi straordinari. Mi viene in mente Nerio Alessandri che, a soli 22 anni, iniziò a creare attrezzi per fare ginnastica, gettando così le basi per la nascita di Technogym, società italiana leader nel mondo, un vero gioiello. Non è necessario essere imprenditori per ragionare come tali. Osserviamo quello che ci circonda, vediamo opportunità per risolvere problemi nel nostro lavoro? Anni fa, mentre lavoravo alla International Finance Corporation, lessi un rapporto che evidenziava come alcuni progetti avessero generato perdite ingenti perché non avevamo condotto un'analisi accurata nel management delle aziende dove investivamo. Scrissi una proposta al fine di integrare un nuovo servizio per coprire questa mancanza, che venne poi approvata, riuscendo a combinare la mia passione per i viaggi con la mia esperienza professionale.

Giudici: quando valutiamo in maniera severa e oggettiva la fattibilità delle nostre idee, diventiamo giudici. Per essere fattibili, le nostre aspirazioni devono essere connesse al nostro potenziale ed essere realistiche. Per esempio, a 50 anni è impossibile diventare atleti o acclamati musicisti se non abbiamo neanche incominciato, ma possiamo diventare il manager di sportivi o musicisti, lavorare in ambienti che ci portano "più vicini" alle nostre aspirazioni. Dobbiamo valutare dati, ponderare i pro e i contro, capire se i tempi sono maturi, sapere quali sono le ipotesi di base, ascoltare chi ci sta vicino. Un errore classico è quello di confondere la nostra passione con il nostro talento. Possiamo essere appassionati di musica, ma ciò non ci rende automaticamente cantanti con le doti di Pavarotti o Bono. Il programma televisivo *X Factor* misura appunto la distanza tra la passione (tutti i concorrenti ne hanno in quantità) e il talento (solo alcuni concorrenti possiedono anche un vero talento). Nell'essere giudici di noi stessi in ambito professionale dobbiamo continuamente valutare le nostre capacità ed evitare l'arroganza. Napoleone disse ai suoi generali prima di Waterloo: "Wellington non è un buon generale e gli inglesi non sono bravi soldati. Risolveremo questa faccenda entro l'ora di pranzo".

Guerrieri: se abbiamo attivato l'esploratore, l'artista e il giudice non ci resta che metterci la corazza e, come guerrieri, avanzare decisi verso i nostri sogni professionali, per tradurre le nostre idee in azioni, nel nostro nuovo lavoro. Tutti vogliono avere un bel lavoro carico di soddisfazioni, ma pochi sono disposti a combattere per ottenerlo. Una bella locuzione in inglese dice *Fire in the belly*, "fuoco nella pancia": una specie di sacro ardore che ci motiva a non fermarci e a non arrenderci mai. Quando incontrai Lance Mackey[2] trovai un vero guerriero: nato a Fairbanks, piccolo villaggio in Alaska, Lance aveva avuto un tumore in giovane età. Cosa decise di fare? Partecipò alla famosa corsa con i cani da slitta dello Yukon, circa 1.000 chilometri con temperature che arrivano anche a – 40° C. Lance vinse per quattro anni consecutivi, dal 2005 al 2008; nel 2007 si iscrisse alla corsa con i cani da slitta di Iditarod, la più dura di tutte, circa 2.000 chilometri in Alaska, in inverno, al buio, roba da pazzi. Lance vinse di nuovo per quattro anni consecutivi, dal 2007 al 2010, riuscendo nell'impresa – definita da tutti impossibile – di vincere queste due gare nello stesso anno. Gli chiesi cosa si prova nel riuscire a fare qualcosa definito impossibile. Mi rispose: "La definizione non l'ho data certo io, volevo provare a me stesso che era possibile". Mi disse anche che era riuscito soprattutto grazie ai cani da slitta, che adorava. Lance mi rivelò un segreto: "È molto semplice, anche loro mi adorano, perché sanno che non li abbandonerei mai e che mangio dopo di loro". Una lezione di leadership straordinaria: il vero capo non abbandona nessuno e mangia dopo, non prima. Lance è un vero guerriero. La domanda è: siamo disposti a combattere per il nostro lavoro?

RIFLESSIONE E FIDUCIA IN NOI STESSI

Il mondo intorno a noi sta cambiando a una rapidità strabiliante, più velocemente di quanto noi siamo capaci di modificare noi stessi. Per trovare il tesoro dentro di noi dobbiamo fermarci e, se la velocità aumenta, dobbiamo prendere una pausa, riflettere, porci alcune domande. Cosa abbiamo imparato? Rileggiamo *lentamente* i primi versi della poesia di Pablo Neruda *Restare in Silenzio*[3]

> Ora conteremo fino a dodici
> e tutti resteremo fermi.
> Una volta tanto sulla faccia della terra,
> non parliamo in nessuna lingua;
> fermiamoci un istante,
> e non gesticoliamo tanto.
>
> Che strano momento sarebbe
> senza trambusto, senza motori;
> tutti ci troveremmo assieme
> in un'improvvisa stravaganza. [...]

Per trovare il tesoro dentro di noi abbiamo bisogno di silenzio e di riflessione. Il termine *mindfulness*, "meditazione", sta riscuotendo enorme successo: significa essere presenti *qui e adesso*, provare un senso di libertà psicologica che si può percepire solo quando siamo tranquilli dentro di noi, senza dare giudizi. Pensiamo al nostro lavoro, ai momenti in cui siamo totalmente immersi in ciò che facciamo, in cui perdiamo la cognizione del tempo, felici di adoperare il nostro talento nello svolgimento di qualcosa che amiamo. Riflettiamo sul filo comune delle decisioni professionali che abbiamo preso: se, per esempio, abbiamo sempre optato per lavori e occupazioni in base al reddito e ai guadagni, abbiamo trascurato qualcosa di importante? Riflettiamo su scelte professionali che abbiamo compiuto: consapevoli di quello che sappiamo ora, rifaremmo la stessa scelta? Abbiamo cercato di dimostrare di aver ragione – per esempio con i nostri colleghi – anche quando eravamo in torto? È meglio cercare di avere ragione o di essere felici?

Fiducia in noi stessi: tra 0 (= Non ho fiducia in me stesso) e 10, che voto ci daremmo? Per preparare questo capitolo ho contato in un mese quante volte ho ascoltato persone che hanno verbalizzato una totale mancanza di fiducia in se stesse, smettendo dopo 100 esempi. "Non sono portato per le lingue", "Non sono bravo con i numeri", "Non capisco molto di politica, tecnologia, computer...", "Non sono un bravo capo", "Non riesco a trovare tempo", "Non sono mai stato un avvocato bravo quanto...", "Non riuscirei mai a fare un discorso di fronte a tante persone", "Non sono bravo a guidare persone", "Non ho l'energia per gestire il progetto", "Non mando la mia candidatura per quel lavoro perché ci saranno troppi candidati, non mi assumeranno mai", "Non riesco a essere un bravo padre e un bravo collega", "Ci sono candidati più giovani, migliori di me", "Non posso permettermi e non ho tempo per imparare e studiare", "Non ho il coraggio di provare", "È ormai troppo tardi, sono vecchio per incominciare", "Sono troppo giovane, non ho esperienza, non ci riuscirei mai", "A nessuno frega niente di me, meglio lasciar perdere". Gli esempi possono continuare, il problema è che se diciamo tre volte una qualunque di queste frasi, ci crediamo davvero e dopo un po' ci credono anche gli altri.

Facciamo un altro esercizio: pensiamo a quando invece ce l'abbiamo fatta. Un esame a scuola, un lavoro ben fatto, una gara sportiva, un obiettivo raggiunto, una lingua imparata, un libro letto, una persona con cui siamo riusciti a instaurare un bel rapporto di amicizia, un'offerta di lavoro, un trasferimento in un altro Paese, un progetto complesso portato a termine. Dobbiamo avere fiducia in noi stessi, nessuno ci offrirà un lavoro se non abbiamo fede nelle nostre capacità. Come i bambini che imparano a camminare, cadremo alcune volte, ma non saranno fallimenti bensì tentativi per farcela da soli, con le nostre gambe. Nella mia esperienza professionale ho incontrato moltissimi candidati e colleghi privi fiducia in se stessi *senza che ne avessero alcun motivo*. Cinzia mi dice con tristezza che ha fallito, che non è brava quanto una sua collega perche ha impiegato due giorni in più a scrivere un report. Cinzia si è però dimenticata che ha due figli piccoli da accudire e che ha redatto questo report adoperando la sua terza lingua, mentre era in viaggio e stava organizzando un convegno con 200 persone. Glielo faccio notare e il suo "fallimento" si tramuta in un sorriso meraviglioso. Abbiate fiducia in voi stessi, ne vale la pena!

Tempo fa ebbi l'occasione di ascolare la presentazione di un noto fotografo del National Geographic: ci mostrò alcune splendide fotografie scattate in un'isola dei Caraibi, spiagge incantate, mare cristallino, palme, cieli azzurri che erano una conferma del nostro immaginario quando visualizziamo una spiaggia in quei luoghi. Poi ci fece vedere altre fotografie, gli stessi identici posti, ma prese con obbiettivi diversi in vari momenti della giornata. Gli stessi posti ci sembravano quasi irriconoscibili, non migliori o peggiori, ma avevano una prospettiva diversa, una luce diversa, un angolo diverso. Il fotografo poi ci chiese: "Quanti obbiettivi avete nella vostra vita? Se adoperate sempre lo stesso obbiettivo farete sempre le stesse fotografie".

Riflettiamo su questa domanda con un breve esercizio di visualizzazione: vi chiedo di immaginare la mappa del mondo, di chiudere gli occhi per 10 secondi fino a quando la *vedete di fronte a voi.*

Adesso aprite gli occhi: avete immaginato *la mappa* che vedete sotto?

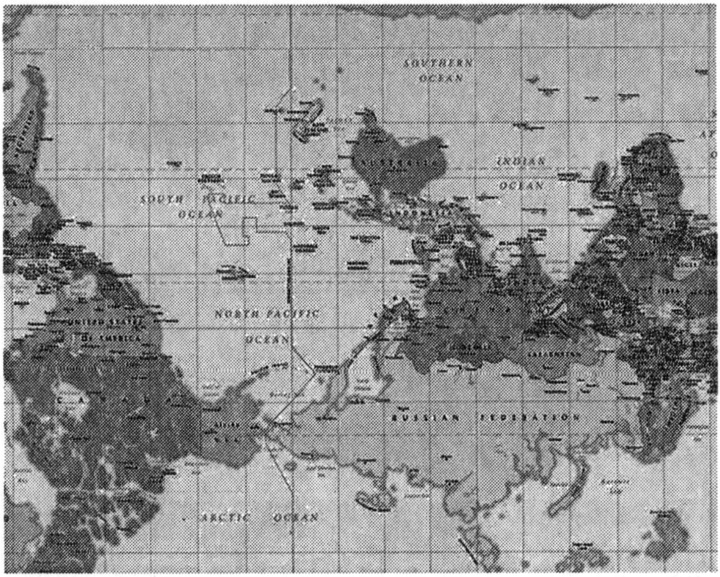

Sono pronto a scommettere che, come è capitato a me, non avete immaginato *questa* mappa. Il motivo è che, fin dalle scuole elementari, abbiamo solo osservato e studiato mappe disegnate con una prospettiva diversa, quella con l'Europa al centro, al sud l'Africa, a est l'Asia e a ovest le Americhe. Se andate in Australia, disegnano le mappe "al contrario": al contario rispetto a chi? Ecco quindi che, attraverso una profonda riflessione, riusciremo a capire se abbiamo un solo obbiettivo, se abbiamo analizzato i problemi da una sola prospettiva o se invece riusciamo a leggere le mappe, in altre parole, la realtà intorno a noi, con obbiettivi e prospettive diverse.

IDENTITÀ PERSONALE E PROFESSIONALE

Vi invito a prendere una matita, sedervi in un posto comodo e silenzioso, e farvi il regalo di un'ora di attenzione totale senza interruzioni. Spegnete lo smartphone, la televisione, chiudete la porta, restate connessi *solo con voi stessi*. Siete pronti? Vi farò alcune domande che impongono una riflessione seria su un argomento straordinariamente interessante: Voi, solo voi. Le riflessioni sono basate su sei domande.

1. Scegliete le cinque parole che descrivono meglio chi siete, non cosa fate:

   –

   –

   –

   –

   –

2. Cuore: completate le seguenti frasi spontaneamente e onestamente:

   – Ho una passione per...

- Mi piace fare...
- Mi piacerebbe fare di più...

3. Anima: completate le seguenti frasi spontaneamente e onestamente:
   - L'esperienza più significativa della mia vita professionale è stata...
   - Mi piacerebbe poter acquisire esperienze professionali significative nel fare...
   - Mi sento vivo quando...

4. I vostri cinque più importanti punti di forza[4] (definiti come il talento che avete moltiplicato per l'investimento che avete fatto per svilupparlo) sono:
   -
   -
   -
   -
   -

5. Che cosa vi ha dato più gioia ed energia nel vostro passato e che cosa ha significato per voi?

   Esempi: "Primo stipendio significa indipendenza economica"; "Ottenere un'offerta di lavoro significa riconoscimento delle mie capacità professionali".
   -
   -

–

–

–

6. Quali sono i cinque valori, princìpi e parole in cui vi identificate, che vi ispirano e vi motivano maggiormente?

   Esempi: Riflessione, Competizione, Spiritualità, Ordine, Integrità, Creatività, Felicità, Libertà, Conoscenza, Amicizia, Responsabilità, Potere, Amore, Saggezza, Famiglia, Sicurezza economica, Fedeltà, Avventura, Coraggio, Cambiamento, Eroismo, Pace, Sobrietà, Ricchezza, Solidarietà, Sviluppo personale, Bellezza, Arte, Passione, Innovazione, Flessibilità.

–

–

–

–

–

Prima di passare all'ultima domanda, fermiamoci per alcuni minuti a rileggere con attenzione quello che abbiamo scritto. Che cosa abbiamo osservato? Quali temi e principi vengono a galla con frequenza? Abbiamo imparato qualcosa di nuovo su noi stessi soffermandoci a riflettere su ciò che è emerso da questa breve analisi introspettiva? Nella domanda 1 abbiamo scelto parole simili a quelle della domanda 5? Quali sono i nostri punti di forza? Colleghiamo le parole che ci descrivono meglio, cosa ci dà energia e gioia, le parole e i valori che ci motivano di più: quale quadro osserviamo? Come prima reazione, "di pancia", riusciamo a vedere come certi mestieri e professioni siano più vicini a noi rispetto ad altri? Perché? Riusciamo a individuare un tratto emergente, un tema comune, una traccia visibile?

IN COSA CREDIAMO?

Edward R. Murrow è stato un famoso giornalista americano che, tra il 1951 e il 1955, ha condotto un programma radiofonico con la CBS chiamato *This I Believe*[5]. In questo programma, le persone erano invitate a scrivere un breve saggio che poteva essere letto in meno di 5 minuti; nel testo dovevano indicare in cosa credevano, un insegnamento che volevano condividere con gli altri. Il saggio non doveva toccare temi religiosi o politici e non poteva essere scritto "contro" qualcuno. Il programma ebbe uno straordinario successo e venne replicato in seguito. I racconti, disponibili online o raccolti in libri e antologie, sono veramente perle di saggezza scritte da persone come tutti noi. Mi ha colpito la storia di James T. Harris[6], presidente della prestigiosa Università di San Diego. Quando aveva 17 anni, per mantenersi agli studi, James puliva le latrine di una fabbrica vicino a casa. Di quella esperienza lo segnò il fatto di essere diventato *invisibile*: le persone che passavano accanto a lui lo ignoravano, l'indifferenza degli altri lo feriva e lui giurò a se stesso che non avrebbe trattato da *invisibili* le persone che fanno anche i lavori più umili. La domanda per noi, per scoprire il tesoro che abbiamo dentro, diventa: in che cosa crediamo?

Cerchiamo adesso di trovare uno spazio e almeno un'ora di tempo per scrivere il nostro breve saggio, il nostro racconto. In cosa crediamo? Dopo averlo scritto, proviamo a leggerlo ad alta voce e a registrare cosa abbiamo scritto (ci sono applicazioni gratuite per poterlo fare). Noi in cosa crediamo? Quali sono i nostri valori? Quali sono le nostre radici?

IN THE ZONE

Pensate all'ultima volta in cui siete stati talmente assorbiti e concentrati in un'attività che vi siete dimenticati del tempo che scorreva, in cui non eravate né annoiati né stressati ma, come presi da un vortice magico, totalmente presenti e concentrati, pieni di energia ed entusiasmo. Guardate i bambini che giocano, l'artista che dipinge per passione, una persona che ascolta musica o concentrata nella lettura di un libro avvincente: queste persone sono – secondo lo psicologo ungherese Mihaly Csikszentmihalyi – in uno stato di grazia chiamato *flow*. Durante lo stato di flow, definito anche *in the zone*, ci concentriamo su quello che stiamo facendo, con una motivazione genuina legata al piacere di fare quello che stamo facendo, senza secondi fini. Se vogliamo avere un vero indicatore per scoprire la nostra passione e il nostro talento pensiamo alle volte in cui siamo stati *in the zone*. In ambito professionale devono essere presenti tre condizioni: obbiettivi chiari, una situazione ottimale tra opportunità e capacità unite a un feedback immediato e costruttivo che ci permette di imparare e migliorarci. Pensate ai giorni di lavoro: alcuni volano via senza che ce ne accorgiamo, altri sembrano non passare mai. Se riflettiamo sulla differenza tra questi tipi di giorni, ci accorgiamo della presenza di momenti di flow nel primo tipo di giornate e di noia, definita come assenza di attenzione, nel secondo. Per quanto mi riguarda, *essere in the zone* è *felicità allo stato puro*. Piccola precisazione: lo stato *in the zone* non deve essere creato da droghe o sostanze artificiali, quella è un' altra cosa.

GLI ALTRI NELLA NOSTRA CRESCITA

Non siamo un'isola; ciò significa che per trovare il tesoro abbiamo bisogno di altre persone, quelle di cui ci fidiamo e che ci conoscono meglio. Iniziamo con il condividere le risposte che abbiamo rilevato in questo capitolo con due o tre persone, per esempio il nostro miglior amico, il nostro partner, un famigliare. Che cosa ci dicono? Le nostre risposte coincidono con quelle di chi ci conosce bene? Ascoltare il loro parere, chiedere il loro feedback, sarà un passaggio molto importante per scoprire il grado della nostra *self-awareness*, consapevolezza. Se, per esempio, abbiamo detto che una parola per descriverci è "gentile" e le persone a noi più vicine ci guardano stupite, abbiamo appena imparato una lezione.

Per aiutarci a comprendere l'importanza degli altri nello scoprire il tesoro dentro di noi, adoperiamo lo schema (o finestra) di Johari, inventato nel 1955 da due psicologi americani Joseph Luft e Harry Ingram (il nome deriva proprio della combinazione delle iniziali dei loro nomi). Lo schema[7] è composto da un quadrato suddiviso in quattro quadranti. La dimensione orizzontale considera il grado di conoscenza che la persona ha di se stessa, per esempio in termini di personalità, atteggiamenti, impressioni ed emozioni trasmesse agli altri; quest'ultimo tipo di conoscenza può essere noto alla persona solo attraverso l'interazione con "l'esterno": un modo di identificare il valore su questa scala è, quindi, la frequenza con cui il soggetto chiede esplicitamente un feedback agli altri sul suo comportamento e sulle impressioni che ha generato. La dimensione verticale, invece, indica il grado di conoscenza che gli altri hanno del soggetto. La combinazione di queste due variabili porta all'identificazione di quattro aree:

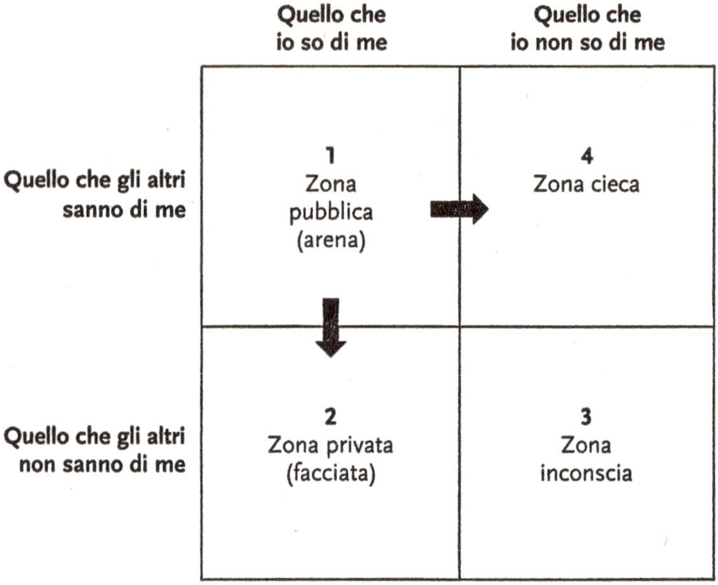

Il quadrante 1 è la zona "pubblica", chiamata anche "arena": qui le informazioni – intese, a 360 gradi, come l'insieme di personalità, conoscenze, emozioni e capacità personali – sono conosciute sia dal soggetto sia dagli altri.

Il quadrante 2 è la zona "privata", o anche "facciata", nella quale si collocano le informazioni che non sono note al soggetto, ma che egli non desidera condividere con gli altri.

Il quadrante 3 è la zona "inconscia", quella che rappresenta le informazioni sconosciute sia al soggetto sia agli altri perché sepolte nel subconscio, che si rivela solo in situazioni particolarmente emozionali. Non c'è modo di acquisire per via diretta le informazioni contenute in questo quadrante.

Nel quadrante 4, la zona "nascosta" o "zona cieca" (in inglese *blind spot*), sono contenute le informazioni sulla persona note agli altri, ma non alla persona stessa. L'unico modo che essa ha per acquisire le informazioni relative a quest'area è attraverso il feedback diretto degli altri, espressamente richiesto o meno.

Maggiore sarà l'area del *blind spot*, maggiore la necessità di aumentare la nostra consapevolezza, il bisogno di ottenere feedback per conoscerci meglio. Alle volte troveremo il tesoro dentro di noi perché un occhio neutrale noterà un talento che non sospettiamo di avere, una possibilità che non abbiamo considerato attraverso una domanda, un'osservazione, un incoraggiamento. Persone esperte e in buona fede ci aiuteranno enormemente nella nostra crescita e nello scoprire sia cosa dobbiamo migliorare sia il talento, magari ancora allo stato grezzo, che abbiamo nel fare una determinata cosa.

Il tesoro è dentro di noi: per poterlo trovare abbiamo adoperato la nostra creatività, trasformandoci in esploratori, artisti, giudici e guerrieri; abbiamo preso una pausa per riflettere, consci che dovevamo avere fiducia in noi stessi. Nel rispondere ad alcune domande chiave, abbiamo poi chiarito qual è la nostra identità professionale e personale, soffermandoci in modo particolare sui nostri valori e sull'importanza degli altri nella nostra crescita umana e professionale.

Parte seconda

La bussola

2
Prima di partire

Capire qual è il villaggio giusto per noi

Se non sai dove stai andando, tutte le strade ti portano lì.
Lewis Carroll, *Le avventure di Alice nel Paese delle Meraviglie*

CHE COS'È LA CULTURA?

Nel primo tratto del nostro viaggio insieme abbiamo imparato un segreto semplice ma di vitale importanza: il tesoro che cerchiamo da sempre, del quale a volte mettiamo in dubbio l'esistenza, in realtà l'abbiamo già trovato. È nascosto dentro di noi. Nel nostro cuore, nella nostra mente, nei nostri occhi. *La strada giusta per scoprire il tesoro è quella che conduce a nuove domande, invece di indovinare vecchie risposte.* Come scrisse Proust, la vera scoperta non consiste nel trovare nuovi paesaggi ma nel guardare lo stesso panorama con occhi nuovi.

È arrivato quindi il momento di guardare fuori, di aprire le finestre per scorgere all'orizzonte il villaggio giusto. In altre parole, cercheremo di stabilire quale sia la cultura che meglio si adatta ai nostri valori o, viceversa, se i nostri valori siano in linea e si possano adattare alla cultura di cui facciamo o vorremmo far parte.

Come già accennato, lavoro nella funzione Risorse Umane da 25 anni, molti dei quali trascorsi nel ruolo di direttore del personale. Ho conosciuto centinaia e centinaia di storie personali e professionali e *ho imparato che solo chi capisce veramente la cultura organizzativa ha una seria possibilità di crescita e sviluppo in un'organizzazione.*

Quasi tutte le persone che lavorano sono preparate e motivate, poche però vanno avanti con successo. Sono convinto che il fattore discriminante sia la capacità di comprendere a fondo la cultura di cui si fa parte, evitando di finire *lost in translation.* Tutti conoscono il proverbio: "Quando sei a Roma, fa' come i romani", che sottolinea la capacità essenziale di adattarsi a un sistema di riferimento e a una cultura diversi dai propri. Il problema è che nessuno sa cosa facciano davvero i "romani", intesi come le persone che fanno parte del villaggio o sistema sociale.

Dobbiamo considerare la cultura d'impresa come qualcosa che *l'organizzazione è, in contrapposizione a quello che fa,* vende, ha o guadagna, temi consoni a produzione, ricerca, marketing, finanza, contabilità. Se ci fermiamo un attimo a riflettere, ammetteremo che conduciamo lo stesso tipo di analisi quando scegliamo i nostri più cari amici e i nostri partner per la vita: dobbiamo comprendere innanzitutto chi sono, non solo cosa fanno o cos'hanno. In questo capitolo, dunque, ci focalizzeremo sul capire come sono le organizzazioni, condizione imprescindibile per trovare un significato profondo nel nostro lavoro.

Ma che cos'è la cultura? Il termine "cultura" è indubbiamente inflazionato: tutti ne parlano ma è ben difficile che due persone siano d'accordo sulla sua definizione. Anche quelle che possiamo leggere nei vari dizionari mettono in evidenza aspetti molto differenti di questo vocabolo che copre estetica, morale, antropologia.

E proprio questa sarà la chiave di lettura utilizzata in questo capitolo: una caratteristica della cultura, nella sua accezione antropologica, è che non deve essere obbligatoriamente esplicita. Un gruppo può vivere secondo un proprio modello di cultura senza esserne consapevole oppure accorgendosi di quanto esso differisca dagli altri solo quando esce dai propri confini conosciuti.

Le persone possono reagire in vari modi al contatto con nuove culture. Per esempio, durante i miei anni universitari ho fatto da guida e interprete a gruppi di studenti italiani a Londra, molti dei quali all'estero per la prima volta. Tanti giovani, dopo essersi accorti di quanto erano diversi dagli inglesi, si impegnavano per restare, se possibile, ancora più coesi e chiusi: cercavano disperatamente ristoranti italiani e non solo non imparavano l'inglese, ma tornavano a casa con l'accento degli amici italiani frequentati durante il soggiorno londinese. Altri studenti, invece, si divertivano ad assorbire una nuova cultura, apprezzavano il tipico *fish and chips* e si trovavano amici e fidanzati locali per alcune intense settimane, imparando benissimo la nuova lingua.

Studiare la cultura è quindi fondamentale per la propria sopravvivenza e crescita personale e professionale. È opportuno allora chiederci come la si possa definire in termini operativi.

Ho selezionato tre definizioni che, a mio avviso, possono chiarire questo aspetto. In *Culture e organizzazioni*, dello psicologo sociale olandese Geert Hofstede, la cultura è il software della mente, il nostro *sistema operativo*, ovvero il modo in cui siamo programmati in parte o del tutto inconsciamente.

Una seconda definizione è quella data da Peter Senge, fondatore della Society for Organizational Learning e autore del libro *La quinta disciplina*, che identifica la cultura come *mental model*, uno schema mentale fatto di ipotesi, generalizzazioni, immagini che permettono di decifrare la realtà e prendere decisioni secondo i propri canoni individuali.

Nella mia esperienza, infine, ho sempre considerato la cultura personale come una *lente* attraverso la quale osservare il mondo. La terza definizione è, in termini organizzativi, considerare la cultura come il *collante invisibile* che tiene unita una società o un'organizzazione. *Lenti e colla: funziona!* Per spiegarlo con un esempio: può essere considerata culturale la reazione degli americani di fronte all'11 settembre 2001. George Bush era un Presidente inviso a molti, ma nelle 48 ore successive agli attentati ritrovò l'approvazione incondizionata di più del 90% dei cittadini. Il sano patriottismo americano, quel valore condiviso trasmesso già a partire dalle scuole elementari, quando tutti i bambini cantano con la mano sul cuore l'inno nazionale, agì da collante. Il forte sistema di valori condivisi ha tenuto unita una nazione devastata in un momento storico terribile.

COME CAPIRE LA CULTURA DI UN'ORGANIZZAZIONE?

Andrew Pettigrew[1] aggiunge un ulteriore elemento alla definizione di cultura come collante: "La cultura è il sistema di significati pubblicamente accettati, operante per un gruppo determinato in un momento determinato", ponendo enfasi su come questi valori possano cambiare, e in genere mutino quando varia il leader del gruppo o si devono fronteggiare crisi. Per decifrare la cultura di un villaggio, inteso come organizzazione, bisogna quindi osservarne i simboli, gli eroi, i rituali, le regole scritte e non scritte, le storie che circolano e i valori condivisi dai membri in un dato momento specifico, chiedendoci: "Sono compatibili con i nostri valori e il nostro background culturale?".

Ma quali sono i fattori da considerare, per valutare questa nostra compatibilità? Tra le centinaia di studi e analisi sui concetti di cultura, Hofstede ne fornisce una chiave di lettura straordinariamente efficace. Nel libro *Culture's Consequences: International Differences in Work-Related Values*, vengono elencate diverse caratteristiche come per esempio: l'individualismo, la disuguaglianza, la distanza dal potere, l'avversione all'incertezza. Vediamole nel dettaglio.

Individualismo: in una cultura individualista ci si attende che ciascuno si prenda cura di se stesso e sono esaltate concezioni della vita basate sull'autonomia assoluta. La cultura degli Stati Uniti è fortemente orientata in questa direzione: ne sono esempio il proliferare continuo degli eroi di produzione hollywoodiana o la resistenza cronica verso qualunque forma di controllo delle armi, percepita come una limitazione alla libertà. Al contrario, in una cultura collettivistica sono maggiormente rilevanti valori come l'ordine, la sicurezza, la famiglia, il bene comune. Le persone nascono e crescono in ampie famiglie o clan che le proteggono in cambio della loro lealtà.

Disuguaglianza: il concetto di disuguaglianza è definito in base al livello di tollerabilità che una nazione, o un'organizzazione, ha al suo interno. Si pensi per esempio ad alcuni Paesi, come il Messico o la Russia: ci sono poche centinaia di persone ricche all'inverosimile mentre la stragrande maggioranza della popolazione vede peggiorare sempre più le proprie condizioni economiche e sociali. Cosa vuol dire? Stiamo forse tollerando, con una contagiosa indifferenza nel nostro modo di pensare, che un crescente grado di disuguaglianza sia normale e accettabile?

Distanza dal potere: un'altra dimensione importante per capire le culture è la distanza dal potere, che indica la misura in cui una società accetta che il potere sia distribuito in modo ineguale. Ricordo che anni fa avevo un capo originario dell'India, proveniente da una casta privilegiata: non perdeva occasione di ricordarlo a tutti, pretendendo all'estero gli stessi privilegi di cui avrebbe beneficiato in patria. Non si faceva mai scrupolo di utilizzare la sua posizione per chiedere a tutti, me compreso, favori personali, commissioni private, o di servirgli il caffè. All'inizio acconsentii alle sue richieste, ma dopo un paio di mesi mi vidi costretto a dirgli che non avrei più fatto niente che non facesse parte dei miei doveri di lavoro. Lui reagì con sincero stupore al fatto che mi stessi ribellando a un'abitudine consolidata. In un altro scenario, molti anni più tardi, mi trovai nella situazione completamente opposta, stavolta con un capo svizzero. Un giorno lui uscì dal lavoro molto presto, ma lo rividi tornare in ufficio dopo circa due ore perché aveva dimenticato le chiavi di casa. Gli dissi che avrebbe dovuto chiamarmi e che gliele avrei portate volentieri, visto che sarei tornato a casa comunque e che abitavamo molto vicino. "Abbiamo abolito la schiavitù in Svizzera, non te lo avrei mai chiesto", mi rispose. Questi esempi sono esplicativi di una diversa concezione della distanza dal potere, intesa come il grado di accettabilità sociale di disuguaglianze: l'India ha un grado di accettabilità molto alto e la Svizzera, al contrario, un grado molto basso.

Avversione all'incertezza: un'alta avversione all'incertezza – da intendersi come instabilità economica, lavorativa – comporta un livello elevato di aggressività, che si traduce in un impulso a lavorare duramente e a essere intollerante verso i devianti. L'incertezza è sentita come una minaccia continua alla propria stabilità, per la quale bisogna combattere. Si esige che le regole, scritte e non scritte, vengano osservate e rispettate in modo assoluto. Prendiamo in esame il modo di vestirsi o di parlare che hanno le persone che fanno parte di un'organizzazione. Sono tutte uguali? Come vengono trattati coloro che non si adattano a queste regole?

Le caratteristiche elencate da Hofstede diventano rilevanti per valutare la cultura delle organizzazioni. In base a queste, abbiamo la possibilità di comprendere l'identità di un'organizzazione e domandarci se davvero ne vorremmo far parte.

Se pensiamo alla *cultura come a uno strumento che ci aiuta a vivere*, secondo la magistrale definizione di Jomo Kenyatta, presidente del Kenya dal 1964 al 1978, possiamo utilizzare quanto appreso da Hofstede. Risulterà più semplice farsi rapidamente un'idea del grado di disuguaglianza accettato nelle organizzazioni. Per esempio, osservando l'architettura e l'ampiezza degli uffici, da sempre un privilegio visibile legato al potere. All'Unione Africana, l'equivalente dell'Unione Europea con sede ad Addis Abeba, ogni Commissario, il grado gerarchico più alto, ha un piano intero a propria disposizione. Al World Economic Forum nessuno ha un ufficio, tutti lavorano in open space.

DALLA TEORIA ALLA PRATICA

"Nel 1951 iniziai la mia carriera in Giappone in una prestigiosa azienda, con grandi speranze e aspirazioni. Trovai regole rigide e non scritte di lavoro – o di non lavoro – come per esempio quella di non uscire mai dall'ufficio prima del tuo capo e di presenziare alle interminabili ubriacature al bar insieme ai tuoi colleghi. In questo ambiente non erano accettate idee nuove, l'unica cosa che contava era l'assoluta devozione e fedeltà del subordinato al capo che, in cambio, lo avrebbe protetto. In questo ambiente non c'era nessuno spazio per le donne di talento, non solo per fare carriera ma pure per sopravvivere. Anche per un uomo come me, non vedevo nessun futuro... Le cose non sono cambiate in Giappone. Fortunatamente, dopo aver sopportato anni di *soffocamento e sofferenza*, fui assunto da un'azienda americana nella filiale giapponese, dove ho lavorato per il resto della mia vita, prima di andare felicemente in pensione negli Stati Uniti." Questo è il messaggio inviato dal lettore dell'*Economist* Muneyuki Nakano e pubblicato sul settimanale il 19 aprile 2014; in poche righe si capisce la vera e propria sofferenza di una persona che si sentiva soffocata da una cultura che non riusciva a digerire.

Caratteri cubitali all'entrata della lobby: Integrità, Comunicazione, Rispetto, Eccellenza. Eravamo all'Enron, quasi tutti i dirigenti sono finiti in prigione per frode; l'azienda non esiste più: bancarotta fraudolenta. Eppure avevano esposto esattamente queste parole, chiamate *value statement*, in bella evidenza. È chiaro che non era esattamente così.

Molte aziende utilizzano parole simili. Sta a noi individuare quali siano i veri valori, la reale cultura dell'organizzazione, non quello che viene proclamato.

Come si fa allora a capire quale sia la cultura che fa esattamente per noi? In questo capitolo svelo alcuni trucchi – tutti assolutamente legali – utili per scoprire l'anima delle organizzazioni e per evitare errori potenzialmente costosi.

Nell'*Introduzione* vi ho già segnalato quanto sia fondamentale valutare un lavoro in base a criteri che noi stessi abbiamo stabilito. Per garantirci la possibilità di compiere la migliore scelta possibile dobbiamo osservare, capire, studiare determinate caratteristiche dell'organizzazione presso la quale intendiamo lavorare:

1. Come svolgono i colloqui?
2. Quale linguaggio parlano?
3. Chi viene assunto e promosso, e perché?
4. Che cosa è successo alla persona che ricopriva l'incarico prima di noi?

5. Quali sono i sistemi di incentivi?
6. Quali sono i cinque numeri cui prestare attenzione?
7. Quali sono le regole del gioco, scritte e non?

Osservando questi aspetti, facendo domande pertinenti, otterremo informazioni utili a prendere le giuste decisioni, come una vera e propria bussola che guida nella corretta direzione collegata a un radar per evitare ostacoli. Per capire se un villaggio sia quello giusto per noi, non serve una laurea in management, abbiamo già tutto quello che ci serve. Anzi, dirò di più: se per caso avessimo una laurea in management, per cortesia dimentichiamoci di quello che pensiamo di sapere. Dobbiamo solo notare, osservare, porre domande chiave, fare un po' di ricerca, usare l'intuito, diventare una via di mezzo tra l'archeologo, il ricercatore e l'esploratore. Per spiegare meglio di cosa si tratta vi racconto alcune storie di vita reale, vissuta, cui sono collegate altrettante domande.

COME SVOLGONO I COLLOQUI?

Iniziamo dai colloqui. Gli storytelling utilizzati per illustrare quest'ambito appartengono alla mia personale esperienza: il candidato alle interviste di lavoro sono io. Alla fine di ogni breve storia, seguiranno alcune domande che, nel sottolineare alcuni elementi osservati nei colloqui, aiutano a capire se la cultura di quell'organizzazione sia compatibile con i nostri valori e con il nostro modo di essere.

Incontri ravvicinati con guardie giurate

Ho appena ricevuto un'e-mail: sono stato convocato tra due settimane per un colloquio negli Stati Uniti. Ovviamente, cambio tutti i miei programmi per poter partire e, dopo circa nove ore di aereo, mi ritrovo in una camera di hotel, dove mi aspetta una busta con allegate le istruzioni per le due giornate successive. Il giorno seguente devo presentarmi alle 8.30 per il primo di nove colloqui che devo sostenere nella giornata, per poi farne altri sette. In tutto 16 colloqui con persone di cui conosco solamente il cognome; non so cosa fanno, a che livello sono, a che titolo sono lì per interrogarmi. Avrò un'ora per ogni colloquio e circa 20 minuti di pausa pranzo. La mattina del primo giorno arrivo alle 8.15, un discreto anticipo, e sto per varcare l'entrata principale, quando inizia un interminabile tour fatto di rimpalli tra diverse guardie giurate armate che mi indicano, l'una dopo l'altra, di dirigermi a vari ingressi. Ma anche una volta entrato, già in apprensione perché sono le 8.22, inizia la trafila per ottenere il pass, ritardata dalla coda creata da una numerosa delegazione e dalla pausa caffè di uno degli addetti a scattare le fotografie per il documento (non si può certo dire che sia la mia giornata fortunata!). Terminate tutte le procedure d'ingresso, mi metto a correre: ormai sono quasi le 9.00. Un'altra guardia armata mi dice dove devo passare e così accedo a un posto grande come la stazione centrale di Firenze. Finalmente trovo la persona che mi aspetta dalle 8.30, ignara della corsa a ostacoli che ho dovuto fare. Camminiamo velocemente per lunghi corridoi, dove noto uffici grandi e bellissimi, mappe di vari Paesi e postazioni di lavoro molto piccole, dove sono ammassati in tre o quattro giovani. La prima sessione inizia alle 9.15 invece delle 8.30. Ho però incontrato ben sette guardie giurate, tutte molto gentili. Quando finalmente inizio, mi sento dire: "Benvenuto, ma lei è in ritardo pazzesco". Stordito dal fuso orario, dalla notte pressoché in bianco e dai 45 minuti di caccia alla porta giusta, il saluto suona ironico e beffardo.

- Che cosa notiamo dall'osservazione dell'edificio, la sua architettura e la disposizione degli uffici, l'età media dei dipendenti, il numero delle persone incontrate e dalla lunghezza del processo di selezione?

- Che effetto proviamo nel vedere molte guardie armate, sistemi di sicurezza tipo quelli di un aeroporto solo per entrare in ufficio?

Cappuccino e divani blu

Il viaggio in treno è molto breve. Arrivo in anticipo e, appena entrato nella sede, noto sei splendide ragazze vestite di arancione e bianco. Una di loro si avvicina, mi fa accomodare a un tavolino da bar e mi domanda cosa voglio da bere. Il cappuccino che le chiedo mi viene portato in pochi minuti. Dopo poco Mark, la persona con cui ho appuntamento, si presenta e mi accompagna in giro per mostrarmi uffici dove piccoli gruppi di persone lavorano in un ambiente informale ma disciplinato. Ci sono divani di sgargianti colori per tutti e alcune poltrone nere leggermente isolate per favorire la concentrazione a chi ha bisogno di spazio e silenzio. Dopo due colloqui, mi portano a pranzo con un gruppo di cinque dipendenti che, con atteggiamento aperto, mi spiegano come mai hanno scelto di lavorare lì invece che in altre aziende dove avrebbero guadagnato anche di più. Hanno l'aria di chi si diverte parecchio, sono affiatati e pieni di energia, giovani ma maturi nel loro comportamento. In seguito, vengo lasciato con la persona con il grado più alto, forse la più giovane. Passo quasi due ore con lei, una donna veramente in gamba: è un colloquio, non una chiacchierata informale, mi sta valutando, ma mi mette a mio agio. Sono passate otto ore dal cappuccino del mattino e quasi non mi sono accorto del tempo trascorso.

- Che impressione ci hanno fatto le persone che abbiamo incontrato?

- Facendo un paragone con la storia precedente, che cosa significa quando il dirigente scende a prenderci nella lobby invece di farci passare attraverso innumerevoli controlli?
- Abbiamo avuto l'impressione che si lavori in team affiatati dove conta la bravura e la competenza?

La tigre di Dubai

Ragazzi, che hotel! Dopo un viaggio in prima classe, sono venuti anche a prendermi per accompagnarmi in un albergo a cinque stelle. La mattina seguente mi presento alla sede dell'azienda dove ho il colloquio e mi viene chiesto di aspettare nella lobby. Durante l'attesa noto un giardino tropicale alle mie spalle, separato da una spessa vetrata. Dopo pochi minuti sento un ruggito, mi volto e vedo una tigre che vi passeggia. Smetto di preoccuparmi per il colloquio: la tigre è di gran lunga più inquietante. Poco dopo, sotto i miei occhi sbalorditi, viene aperta una porticina sul giardino e un povero animale (forse una capretta) viene buttato nella gabbia e divorato dalla tigre in pochi minuti. Durante il primo incontro, chiedo cosa ci faccia una tigre in un giardino tropicale in mezzo al deserto e perché mostrino a tutti il suo pasto cruento. Mi rispondono che il pasto della tigre è visibile a tutti per *motivare i dipendenti*, per dare energia e farne dei combattenti veri. Incontro in tutto nove dirigenti: stessa nazionalità, stessi abiti, stessa età; capisco che, anche se lavorassi con loro, non potrei mai essere uno di loro. Chiedo ai dirigenti se non manchi un po' di diversità; mi rispondono sarcasticamente che per loro diversità significa scarpe italiane, vino francese, macchine tedesche e donne russe. Ridendo, mi offrono una birra. Sono solo le 11 del mattino.

- Che riflessione possiamo fare se non ci troviamo a nostro agio per il modo in cui i colloqui sono condotti o a causa di commenti stupidi o volgari?
- Siamo, o possiamo diventare, "uno del gruppo"? Beviamo birra in ufficio alle 11 del mattino? Se ci offrono tanti soldi, una bella casa e una macchina tedesca, siamo in grado di accettare l'offerta?

Due birre insieme per festeggiare

Mando il mio curriculum e dopo due settimane mi rispondono che il direttore del personale, Franco, mi vuole parlare. Ci sentiamo al telefono, trova il mio profilo interessante, mi fa molte domande intelligenti con realismo e onestà. Messo di fronte ad alcuni problemi reali, per due volte rispondo che non ho la più pallida idea di come affrontarli, ma che in genere imparo in fretta. Alla fine della conversazione mi informa che mi manderà la descrizione della posizione, l'organigramma e lo stipendio che sono disposti a offrire e mi segnala che, nel caso fossi interessato a sostenere il colloquio, devo rispondere entro due giorni. Accetto il colloquio e la settimana successiva vedo Franco; mi accompagna nel suo ufficio e mi spiega chi sto per incontrare e il tipo di domande che mi verranno fatte. Circa nove ore dopo, sono le 19, torno nel suo ufficio, mi chiede se ho programmi per la serata e m'invita a cena. "Allora, com'è andata?" Rispondo che mi sono divertito – il che è vero – ma che non ho più voce dopo tutti quei colloqui. "Allora quando vieni da noi? Ho già parlato con tutti quelli che hai incontrato e saremmo ben felici di averti nel nostro team. Che ne dici?" Apre la borsa e mi porge il contratto. "Leggilo bene, chiamami quando vuoi e ci vediamo presto." Prima di pagare il conto, ordina altre due birre. "Per festeggiare", mi dice, e mi fa i complimenti. Aggiunge che ci saranno giorni difficili e una tonnellata di lavoro per me fin dal mio primo ingresso in azienda. Siamo in pieno luglio, c'è uno splendido sole e, quando esco, mi sembra di camminare sulle nuvole. Non posso credere che la mia vita stia di nuovo cambiando e inizio a pensare a mia moglie, all'ennesimo trasloco che dovremo fare.

- Sono stati chiari, veloci, onesti?
- Hanno fatto quello che hanno detto?
- Come ci siamo sentiti quando eravamo con il nostro futuro capo?
- Ci ispirano fiducia?

Alla fine di queste storie, ci siamo posti le domande corrette? Si tratta sia di analizzare quanto osservato sia di "ascoltare la nostra pancia", le sensazioni che abbiamo avuto durante i colloqui.

Prima di continuare con altre storie, riflettiamo e facciamo il punto della nostra esperienza personale. Ripercorrendo i nostri passi, sono certo che troveremo molti spunti validi con l'aiuto di alcune delle domande che ci siamo posti.

È importante ricordare che i colloqui di lavoro funzionano in entrambi i sensi. Da una parte c'è il colloquio che i potenziali datori di lavoro fanno a noi; dall'altra c'è il colloquio *che noi facciamo e dobbiamo fare a loro*. Più siamo preparati, più osserviamo, più prendiamo nota di quello che ci sta intorno, più saremo in grado di prendere la decisione giusta.

Può sembrare strano ma l'obiettivo principale di un colloquio non è ottenere un lavoro a tutti i costi, ma capire di che lavoro si tratta e in quale organizzazione, cultura e ambiente verrà svolto. Molte persone si pentono della propria scelta durante i primi giorni del loro lavoro: erano talmente focalizzate sull'ottenere l'offerta che non si sono poste il problema se fosse o meno quello che cercavano veramente. Bisogna quindi capire la cultura organizzativa, sapere "cosa fanno i romani quando sei a Roma" prima ancora di cercare di ottenere una proposta.

Nei casi in cui non si ha la possibilità di avere un'esperienza diretta o un colloquio, la strategia migliore è quella di parlare con le persone che già lavorano in quella struttura, contattandoli per esempio tramite LinkedIn. Oppure investire un paio d'ore a navigare sulla pagina web dell'azienda e leggere cosa scrivono su www.glassdoor.com, una fonte di ricchezza inesauribile per avere informazioni sulle aziende, sulla loro cultura e sul modo di gestire candidati e dipendenti.

L'utilizzo intelligente dei social media può essere utile: spesso si possono rintracciare amici di amici che hanno lavorato in quel posto. Non sto parlando delle raccomandazioni, pessima abitudine purtroppo non solo italiana, ma di contatti che possono fornire prospettive e informazioni rilevanti.

Se possibile, suggerisco di entrare discretamente nella lobby dell'azienda, di guardarsi intorno: impareremo moltissimo. Credo sinceramente che si possa scoprire di più osservando con occhio curioso l'entrata di un'azienda piuttosto che leggendo l'ultimo documento strategico, spesso un concentrato di luoghi comuni scritto a uso e consumo di investitori o per compiacere un distratto consiglio di amministrazione.

QUALE LINGUAGGIO PARLANO?

Smetto quando voglio è un film del 2014 diretto da Sydney Sibilia. Dopo svariati tentativi infruttuosi di trovare lavori all'altezza delle proprie competenze, un gruppo di ricercatori precari decide di dare una svolta alla propria vita: formano una vera e propria banda criminale ed entrano nel mercato dello spaccio di droga. Il film in alcuni momenti fa sorridere amaramente e fa riflettere su quanto poco siano considerate la ricerca e la carriera universitaria. In una scena molto significativa, uno dei ricercatori ottiene un colloquio di lavoro. L'interlocutore, un uomo volgare, dopo avere "captato" un linguaggio accademico non "in linea" con il luogo dove si svolge il colloquio, urla contro il ricercatore: "Non assumo persone laureate, l'ho già detto!".

L'intervistato si accorge di aver parlato con toni troppo elaborati, da persona istruita qual è: "No, ma guardi che è un errore di gioventù di cui mi sono pentito, tra l'altro". Le scuse arrivano troppo tardi: la frittata è fatta, il linguaggio è troppo diverso, la prospettiva dell'assunzione svanisce del tutto.

Gary Chapman, nel suo libro *The Five Love Languages*[2], spiega che ognuno di noi ha un proprio linguaggio per comunicare con le persone che ama, utilizzando messaggi che rinforzano continuamente l'amore. Le difficoltà nascono quando i linguaggi di due persone non sono gli stessi. Se, per esempio, in una coppia l'uomo compra molti regali alla donna e le ripete verbalmente quanto la ama, adoperando un linguaggio di tipo affettivo, mentre lei si aspetta piuttosto azioni concrete per aiutarla, come occuparsi della spesa o accompagnare i bambini a scuola, quindi un linguaggio legato ad atti concreti, i due sono destinati all'incomprensione. Un po' come quando abbiamo di fronte una persona che non conosce la nostra lingua e per farci capire parliamo ad alta voce e lentamente: continueremo a non capirci, facendo solo più rumore.

Le organizzazioni sono organismi viventi in continua evoluzione, hanno un proprio linguaggio che dobbiamo letteralmente tradurre e imparare per evitare di essere *lost in translation*. Lo psicologo americano David Kantor[3] spiega che i linguaggi sono riconducibili a tre gruppi: quello del potere-azione, quello del sentimento-affetto e quello del significato-principi. In altri termini, per capire un'organizzazione dobbiamo ascoltare le parole, con particolare attenzione ai verbi. Per esempio, sempre secondo Kantor, in riferimento a un piano di ristrutturazione aziendale, la frase "Dobbiamo fare in modo e controllare che tutti lavorino duramente!" appartiene al linguaggio del potere, dell'azione e del controllo; "Mi chiedo come si sentiranno le persone a proposito delle decisioni che abbiamo preso" rientra nel linguaggio dell'affetto, delle relazioni e del sentimento, mentre "Dobbiamo comunicare che la decisione presa è quella giusta perché in linea con la strategia" fa parte del linguaggio del significato, della teoria e dei principi.

Dobbiamo provare ad ascoltare e a tradurre il linguaggio di un'organizzazione in base a questi parametri, leggendo interviste dei vertici dell'organizzazione, osservando il loro sito web, video e quant'altro a disposizione. Diventeremo così "traduttori di linguaggi".

Daniel Pink, nel libro *Drive*[4], suggerisce un'ulteriore semplice metodologia per capire, attraverso il linguaggio, la cultura di un'organizzazione. I dipendenti di un'azienda ne parlano usando il pronome *Loro* oppure *Noi*? "Loro" suggerisce, ovviamente, una forma di distacco, di indifferenza, se non addirittura di antagonismo. Usando "Noi", l'effetto è esattamente contrario: le persone si sentono veramente parte di una cultura organizzativa in cui si identificano.

Un secondo passaggio fondamentale è imparare a riconoscere il nostro linguaggio e a valutare attentamente quanto sia compatibile con quello dell'organizzazione.

Una volta fui chiamato per un colloquio da un'azienda che doveva ridurre drasticamente il personale in poco tempo. Quando mi illustrarono il loro piano di ristrutturazione, condivisi con loro le mie riflessioni sul fatto che esso avrebbe devastato la fiducia e il morale dei dipendenti. In quel preciso momento terminò il colloquio; io utilizzavo un linguaggio legato alle relazioni e al sentimento, mentre quello dei miei interlocutori era un linguaggio d'azione, di potere, di riduzione di costi: insomma, non eravamo fatti gli uni per gli altri.

Un altro esempio sull'importanza della comprensione del linguaggio viene ancora dalla mia esperienza personale. Quando iniziai a lavorare alla Banca Mondiale dovetti tradurre il loro linguaggio, elegantemente burocratico e criptico: "Valuteremo il problema il prima possibile" significava "Speriamo che il problema venga prima o poi dimenticato da tutti". "Abbiamo bisogno di analizzare il problema più a fondo" voleva dire "Passeremo i prossimi mesi a raccogliere dati e informazioni, anche quelle inutili, in modo che nessuno ci possa mai criticare per mancanza di analisi"; "Dobbiamo creare consenso" stava per "Non decidiamo un bel nulla fino a che non sono tutti d'accordo" (eventualità peraltro rarissima).

CHI VIENE ASSUNTO E PROMOSSO, E PERCHÉ?

Se pensate che assumere le persone, soprattutto dirigenti, sia un compito puramente tecnico, basato sulle competenze, potreste prendere un abbaglio. Assumere persone nelle organizzazioni significa soprattutto gestire e costruire un sistema di potere. Lo sapeva bene Bertrand de Got, arcivescovo di Bordeaux che, una volta nominato Papa nel 1305, scelse di chiamarsi Clemente V e come primo atto nominò nove cardinali, tutti francesi come lui. Il papato di Avignone durò fino al 1377, e i nove papi successivi furono, che combinazione, francesi, giusto per far capire chi comandava.

Kim Jong-un farebbe quasi tenerezza se non fosse il dispotico e terribile dittatore della nazione più misteriosa, cupa, povera e isolata al mondo: la Corea del Nord. È diventato leader di questo Paese nel 2011 ereditando lo scettro dal padre che, a sua volta, lo aveva ereditato dal nonno. Nepotismo diabolicamente perfetto, frutto dell'abile creazione di un culto della persona di stampo fanatico-religioso radicale, connesso alla figura di Kim Il-sung. Vi risparmierò la lunga lista dei titoli onorifici di Kim Jong-un e mi limiterò a menzionarne solo uno: è chiamato affettuosamente dai suoi concittadini *Abogi* che significa "Dio", roba da poco insomma. Meno male che la Corea è lontana migliaia di chilometri da noi! Figuriamoci se ci comporteremmo in questo modo... O no?!

Nel suo libro *Più dai, più hai,* Adam Grant spiega come si possa capire un'organizzazione non solo leggendone i numeri, ma osservando se ci sono fotografie, immagini del capo supremo o del presidente, e quanto sono grandi, nei corridoi dell'azienda e nel rapporto annuale.

Abbiamo mai osservato nella nostra esperienza comportamenti con uno stile simile al papato di Avignone oppure alla Corea del Nord? A questo riguardo, voglio proporvi una storia: Carla, donna in carriera, giornalista e ghost writer, scriveva discorsi e articoli per il vicepresidente di un'importante società. Nel suo ruolo era molto competente e tutti glielo riconoscevano. Fu segnalata al presidente, che la prese a lavorare direttamente con lui; dopo circa due anni, fu premiata con la promozione a un ruolo per nulla adatto a lei. Nonostante ciò fosse palese per tutti, confermando il famoso principio di Peter per cui alcune persone sono promosse fino a raggiungere il più completo livello d'incompetenza, fu promossa di nuovo in breve tempo. E non solo: tra lo sconcerto generale, dopo meno di due anni diventò il braccio destro del presidente, con responsabilità su programmi e funzioni di cui sapeva ben poco ma sui quali pontificava in continuazione con toni solenni. Tre promozioni in meno di cinque anni ed eccola arrivata in cima, temuta e malvista. Mi capitava di lavorare con Carla in varie occasioni e osservavo la solerzia e la generosità con cui sentenziava e dava *on the spot guidance* su decine di argomenti diversi. Un giorno, nel sentirla parlare, mi sorpresi a pensare che la Corea del Nord non era poi così lontana. Mi resi conto che la Corea del Nord non è solo un luogo geografico ma un modo di essere o, per meglio dire, *di non essere*. Per finire la storia, quando un anno dopo venne eletto un nuovo presidente, Carla fu invitata a fare altre cose nella vita e noi colleghi c'incontrammo spontaneamente in un bar a festeggiare fino a tarda notte.

Ci sono storie diverse dove merito, competenza, integrità, esperienza, qualifiche, creatività, passione, diversità e cuore sono invece gli ingredienti per fare carriera.

Pensiamo a Fabiola Gianotti, la prima donna chiamata a dirigere il CERN di Ginevra: è il terzo direttore italiano dopo Carlo Rubbia e Carlo Maiani, e scienziata di indiscussa fama mondiale, cui *Time* ha dedicato una copertina nel dicembre 2012. Dal gennaio 2016 è alla guida di circa 10.000 scienziati provenienti da tutto il mondo ed è la prova vivente di come possa funzionare a meraviglia l'Europa quando si collabora con onestà intellettuale. Quando lavoriamo in un'organizzazione dove il responsabile è una Persona, parola scritta volutamente con la P maiuscola, come Fabiola Gianotti, sappiamo quanto contino il merito e le capacità e saremo lontanissimi dalla Corea del Nord.

L'osservazione e la comprensione di come le persone sono arrivate ai vertici delle organizzazioni sono un elemento rilevante da valutare. Sono competenti, brave, credibili? Oppure il contrario? Raccomandate e nepotiste? Che cosa succede quando una persona viene promossa troppe volte e troppo in fretta in un ruolo che non è commisurato alla sua esperienza? Come sarà trattata questa persona quando se ne andrà? Noi dove vogliamo lavorare?

CHE COSA È SUCCESSO ALLA PERSONA CHE RICOPRIVA QUESTO INCARICO PRIMA DI NOI?

Possono esserci varie risposte a questa domanda. La prima è che la persona che ci ha preceduto è stata promossa; questo, in genere, è un buon segno ma potrebbe rivelarsi anche un fattore negativo se il promosso diventa il nostro capo e, affetto da una "sindrome del distacco" dal *suo* giocattolo, cerca di mettere il naso di continuo nel nostro lavoro.

La seconda risposta è che la persona è stata licenziata. In questo caso, dobbiamo scoprirne il motivo, se possibile parlandole direttamente. Potrebbe essere, paradossalmente, una buona notizia nel caso il cui l'azienda abbia deciso di puntare su di noi e voltare pagina, ma dobbiamo capire quale sia stata *la colpa* commessa. La notizia sarebbe, invece, molto negativa se mandare via le persone fosse un'abitudine consolidata in quel posto. Per esempio, ci sono alcune società di calcio in Italia dove il presidente cambia almeno tre allenatori a stagione. A parte il fatto che quelle squadre non vincono mai, ci piacerebbe andare ad allenarne una?

Una terza possibilità è che la persona sia andata via da sola e, anche in questo caso, dobbiamo capire il perché. Una mia amica ha ricevuto una buona offerta di lavoro ma ha poi saputo che le tre persone che lo svolgevano prima di lei avevano avuto un esaurimento nervoso in meno di sei mesi dall'assunzione.

Dobbiamo poi farci un'altra domanda: è una posizione nuova? Se la risposta è affermativa, occorre mettere in preventivo le difficoltà legate al creare un nuovo ruolo su spazi occupati da altri e il fatto che ciò genera sempre tensioni interne.

A questo proposito si lega un ulteriore quesito: per il ruolo cui aspiriamo ci sono candidati interni? Faccio subito un esempio per chiarire il concetto: se andiamo al ristorante e notiamo che camerieri, cuochi e manager del ristorante si portano il cibo da casa, quale informazione otterremo sulla qualità del cibo del locale? Io scapperei a gambe levate! Se nessun candidato interno è interessato, una ragione ci sarà. Ma quale? Noi dobbiamo scoprirlo.

Se, viceversa, moltissimi candidati interni vogliono quel ruolo, dobbiamo sapere da subito che ci troveremo contro vari nemici mascherati, che spesso cercheranno di dimostrare quanto *noi* siamo totalmente inadeguati. Nel qual caso, è plausibile che saremo *eaten by the locals*, vale a dire divorati dai locali che non vedono l'ora di averci per colazione, non come invitati ma come pietanza, dovendo magari portare anche le patatine del contorno. Il mondo non è popolato di persone disponibili a riconoscere il talento altrui. E, a essere onesti, alcune volte hanno anche ragione.

QUALI SONO I SISTEMI DI INCENTIVI?

Qui è necessario capire quale sia il vero quesito da porsi. È ovvio che alla domanda "Voglio guadagnare di più?", la risposta di tutti sarebbe chiara: "Certamente!". Ma forse la sola retribuzione non è l'unico elemento da considerare. Per spiegare il concetto vi propongo altre due storie.

Una volta feci un colloquio a un candidato molto in gamba. Alla fine della selezione, dovetti negoziare con lui la retribuzione e naturalmente gli chiesi quanto guadagnava. Mi rispose che non lo sapeva. Non gli credetti perché tutti sanno quanto guadagnano. Mi chiese alcuni minuti, poi ritornò nel mio ufficio e mi disse che aveva chiamato la moglie, la quale gli aveva detto quanto guadagnava: era una cifra piuttosto bassa, però specificò che anche se lo stipendio base bastava appena per coprire le spese, se raggiungevano gli obiettivi commerciali, aumentava sensibilmente; gli incentivi, superando di molto il suo compenso fisso annuale, ammontavano a una cifra da capogiro, roba da farmi cadere dalla sedia. Aggiunse che lavorava almeno 80 ore la settimana, che non aveva fatto una vacanza in tre anni e che sarebbe ritornato in ufficio dopo il nostro colloquio, nonostante fossero già le 19. Aveva meno di quarant'anni ma ne dimostrava più di cinquanta.

In un'altra occasione, incontrai un dipendente di un'organizzazione molto burcratica, dove gli stipendi aumentano a scatti legati all'anzianità, ogni 18 mesi, indipendentemente dalle prestazioni. Mi informò che usciva tutti i giorni alle 16 e che non lo avrebbero mai licenziato.

Sono due esempi estremi, è evidente, ma rilevanti per riconoscere alcuni tratti distintivi delle organizzazioni. Nei sistemi retributivi, per esempio, è importante sapere non solo quanto, ma anche *come* è strutturato quello che potreste guadagnare. Nel primo storytelling si capisce che, per ottenere una retribuzione adeguata, al dipendente sarà richiesto un grandissimo sforzo: starà a noi valutare quanto sia realizzabile l'obiettivo prefissato. Se preferiamo la stabilità rispetto a un sistema competitivo che premia i risultati, allora siamo probabilmente più adatti a lavorare in sistemi meno dinamici e per certi versi chiusi. Ecco, quindi, che il valore assoluto della retribuzione deve essere valutato non solo in termini numerici ma va correlato alle nostre preferenze, alla nostra propensione al rischio.

Detto questo, ci potrebbero essere ruoli che offrono letteralmente zero, ma che danno grandi possibilità di imparare per poi capitalizzare in seguito. Se ci offrono uno stage in Google anche senza retribuzione, corriamo. O ancora, ci sono lavori che in teoria offrirebbero un ottimo piano retributivo, se non fosse che in pratica gli obiettivi sono irraggiungibili, oppure ci tengono inchiodati allo stesso livello per 10 anni consecutivi.

In altre parole, scegliere il lavoro in base a una cifra può rivelarsi sbagliato: come sempre, per prendere una decisione serve più di un'informazione. Se acquistate una macchina, sicuramente il prezzo sarà un dato rilevante, ma non certo l'unico.

Alan Clark, numero uno della più grande azienda produttrice di birra al mondo, SabMiller, con gli 8 milioni di euro percepiti tra stipendi e premi, quando esce dal suo ufficio il 1° gennaio ha già guadagnato in un giorno quanto guadagna in un anno il dipendente medio dell'azienda. A Londra i dirigenti delle maggiori società quotate in Borsa guadagnano, in media, 131 volte lo stipendio dei loro dipendenti. In Italia la forbice può arrivare a 84 volte (dato Mediobanca).

Nel valutare un'organizzazione è opportuno prendere in considerazione la differenza tra gli stipendi dei massimi livelli e quelli delle posizioni più basse: più profondo è il divario, maggiore sarà la propensione a generare mancanza di fiducia, senso d'ingiustizia, dipendenti arrabbiati, la disuguaglianza e la distanza dal potere di cui abbiamo scritto all'inizio di questo capitolo. Tenetene conto quando sarà il momento.

QUALI SONO I CINQUE NUMERI CUI PRESTARE ATTENZIONE?

Risultati economici, numero di dipendenti, età media, turnover, diversità sono i cinque elementi numerici importanti per valutare un'organizzazione. Non preoccupatevi, non voglio annoiarvi con dati e numeri. Ci porremo una sola domanda, partendo da questa ipotesi: dopo molte ricerche, dobbiamo decidere tra due offerte di lavoro per posizioni simili, in due aziende diverse, con lo stesso stipendio ed entrambe a meno di 30 minuti da casa. Come fare a scegliere?

La prima opzione è un'azienda che fa parte di un gruppo di dimensioni mondiali con 200.000 dipendenti, quotata in Borsa, una piccola sede in Italia che occupa circa 500 persone, con un elevato turnover di personale. L'azienda ha appena assunto un direttore generale molto dinamico con un'ottima reputazione, vuole continuare ad assumere gente giovane ma ha solo due anni di tempo per portare l'impresa in profitto, dopo cinque anni di perdite.

L'opzione numero due è un'azienda con una sola sede nella nostra regione, circa 2.000 dipendenti che vengono dalla stessa area geografica, da trent'anni sempre in attivo ma, a causa della crescente concorrenza dall'Asia, gli utili diminuiscono in fretta e si prevedono forti perdite al massimo in due o tre anni. L'azienda è saldamente in mano a una famiglia molto ricca e potente del luogo da molte generazioni, al punto che i tre figli del fondatore e le rispettive mogli sono tutti occupati in azienda, ovviamente in posizioni di alto livello. Da quell'impresa nessuno se ne vuole andare, non hanno sindacati né tantomeno scioperi, i dipendenti hanno in media più di cinquant'anni, possono far assumere i figli al loro posto quando vanno in pensione e ottengono importanti benefit per la vita famigliare (sovvenzioni su acquisti alimentari, riduzioni sull'acquisto dell'auto ecc.), a condizione di essere dipendenti da almeno 10 anni.

Come detto, stesso lavoro, stesso stipendio, stessa distanza da casa; ma, a guardare meglio, queste situazioni non potrebbero essere più diverse.

Dove sceglieremo di andare? Come valuteremo il rischio di andare a lavorare nelle due aziende? Che cosa vuol dire far parte di un grande gruppo, ma in una sede periferica, o di un'azienda locale con una sola sede? Che cosa vuol dire lavorare in un'azienda dove il personale ha in media meno di 30 anni oppure oltre 50? Come sono i risultati aziendali attuali e quali aspettative abbiamo per quelli futuri? Ci pesa sapere che non arriveremo mai in cima, posto riservato ai membri della famiglia?

Conoscere l'età media nelle organizzazioni è importante, così come il turnover e la diversità delle persone. Sono tutti dati e informazioni che ci aiuteranno a capirne la cultura.

QUALI SONO LE REGOLE DEL GIOCO, SCRITTE E NON?

Durante il XVIII secolo, in pieno Illuminismo, filosofi e politologi francesi del calibro di Rousseau, Voltaire e Montesquieu contribuirono significativamente allo studio del concetto di potere, riflettendo sulle sue tipologie, sui suoi detentori e sulla sua gestione. In particolare, Montesquieu nel suo capolavoro *Lo spirito delle leggi* scrisse che un governo dovrebbe avere il potere legislativo, esecutivo e giudiziario ben separati: quando, per esempio, potere legislativo ed esecutivo sono uniti, non ci può essere libertà.

Lo stesso principio deve valere per le organizzazioni. Hanno regole chiare? Chi le stabilisce? Ci daranno un contratto di lavoro a norma di legge o siamo in balìa di regole del gioco non chiare, non condivise o, peggio ancora, siamo in presenza di padri-padrini che fanno e disfano regole a loro piacimento, despoti e piccoli dittatori? Il rispetto delle regole diventa quindi cardine di un'organizzazione, come di una società sana.

3
Destinazione individuata

Arrivare nel villaggio che fa per noi

La vita è una storia che noi inventiamo.
Ben Zander, *The Art of Possibility*[1]

UNA STORIA INCORAGGIANTE

Nel primo capitolo abbiamo guardato dentro di noi, per capire cosa vogliamo, quali sono i nostri valori, le nostre debolezze, le nostre passioni; nel secondo capitolo siamo diventati esploratori, per scoprire quali *culture* sono fatte per noi, per trovare il *villaggio* in cui ci sentiamo "a casa nostra" perché corrisponde a chi siamo, non solo a cosa facciamo. In questo terzo capitolo affronteremo un tema molto pratico: come facciamo a *entrare nel villaggio*, cioè a essere assunti nell'organizzazione che abbiamo scelto?

Per farvi comprendere quanto possano essere vincenti le motivazioni e le strategie che spingono a farvi assumere, voglio condividere una storia vera.

Rama è una donna indiana che lavora nel mio team. Molti colleghi mi hanno parlato bene di lei, quindi la invito a pranzo per conoscerla meglio. Le chiedo come mai lavora alla Banca Mondiale e lei mi racconta la sua storia: ha meno di 30 anni e circa tre anni prima lavorava nell'amministrazione in un'azienda americana a Mumbai; conosce un ragazzo del suo stesso paese d'origine in India, che però abita e lavora a Washington: si fidanzano con la prospettiva che Rama, dopo il matrimonio, lo possa raggiungere negli Stati Uniti. Lei non è mai uscita dall'India in vita sua, parla un inglese mediocre e ha solo un anno di tempo per prepararsi ma è una donna indipendente, dallo sguardo profondo e intelligente, e l'idea di fare la casalinga non le si addice. Decide quindi di seguire una strategia chiara per trovare non un lavoretto qualunque, ma *il lavoro* che vuole veramente fare. Per due mesi fa ricerche accurate sulle opportunità d'occupazione che le offre Washington. La Banca Mondiale è l'unico posto che le interessa. Nonostante il parere contrario degli amici, investe molte ore nello studio della Banca Mondiale e nel miglioramento della propria formazione, adeguando il suo inglese e il suo titolo di studio alle qualifiche richieste.

Quando arriva a Washington, il suo primo passo è acquistare la guida telefonica della Banca Mondiale, che riporta nomi, telefoni e altri dati relativi ai circa 17.000 dipendenti; selezionando i cognomi della sua zona di provenienza in India, riesce a ottenere l'e-mail di 50 persone, che poi contatta con altrettante lettere personalizzate in cui chiede 20 minuti di attenzione per avere da loro consigli. In una settimana riceve 22 riscontri e nel giro di un mese incontra tutte le persone che hanno risposto. Questi primi contatti ne generano altri, finché riesce a conoscere un manager alla ricerca di un collaboratore con qualifiche simili alle sue; le viene offerto un contratto di soli tre mesi, mal pagato, ma Rama si rende disponibile immediatamente, dal giorno dopo, e mi dice che "voleva essere la prima ad arrivare in ufficio e l'ultima a uscire".

Nonostante la mole di lavoro, è determinata a fare un'ottima impressione e riesce comunque ad aiutare altri colleghi; nel frattempo, continua a fare domande per imparare cose nuove. Alla scadenza del contratto, causa mancanza di fondi, le viene proposto di restare ma a condizioni economiche peggiori. Pur delusa, Rama accetta sapendo che in quel momento non ha altre scelte concrete. Dopo altri tre mesi finalmente le offrono un lavoro stabile a condizioni accettabili. Rama firma il contratto a patto di poter partecipare a un progetto che le interessa molto. Il suo capo acconsente: un anno dopo è promossa e inizia a lavorare nel mio team.

Alla fine del nostro pranzo, le porgo i miei complimenti sinceri. Rama mi informa che vorrebbe rivedermi, solo per 20 minuti, perché ha qualche suggerimento su come migliorare una procedura che ci farebbe risparmiare tempo e denaro. Il giorno dopo ricevo da lei un'e-mail di ringraziamento e due pagine piene d'idee. Ha ragione lei, le sue argomentazioni ci faranno risparmiare tempo e denaro e – come dubitarne? – Rama si propone come manager del progetto. Glielo affido e dopo un anno viene nuovamente promossa. Questa volta sono io a chiederle un meeting, perché la voglio ringraziare ancora.

La storia di Rama, persona molto determinata, è un esempio efficace di una strategia vincente per ottenere un posto di lavoro. *Cercare un lavoro è un lavoro*, se fatto seriamente. Rama ha fatto molte mosse giuste ma anche una sbagliata, quando mi ha proposto il suo progetto scavalcando il proprio capo, e una rischiosa, precedente, nel momento in cui ha puntato tutto su un'unica azienda nella fase di ricerca di lavoro, quando il buon senso suggerirebbe di avere più di un'opzione. Tuttavia le sue indubbie capacità di capire in fretta dove esisteva un'opportunità, insieme con un pizzico di fortuna, hanno fatto sì che riuscisse nei suoi intenti.

Come facciamo quindi a ottenere il lavoro che vogliamo? Certamente occorre una certa dose di realismo, un po' di fortuna, ma soprattutto una strategia efficace. Seguiamo passo dopo passo il percorso giusto per arrivare dove vogliamo, per essere assunti e ottenere un contratto.

Nelle prossime pagine, vedremo come utilizzare i social media per aumentare la nostra visibilità, come valutare le possibilità reali di assunzione, come scrivere il nostro curriculum vitae e sostanzialmente la nostra storia. Cercheremo di capire chi potrebbe darci una mano nella nostra ricerca e quali errori evitare durante i colloqui, e proveremo a individuare alcuni trucchi adoperati dalle aziende per... eliminarci dalla competizione.

Valuteremo le cinque principali tecniche di colloquio e come posizionarci in relazione a ognuna di esse. Parleremo anche del colloquio che *noi faremo all'azienda*, per scoprire se stiamo parlando con Pinocchio. Le pagine che seguono rispecchiano in parte la struttura di un manuale "storico" sulla ricerca del lavoro, *Di che colore è il tuo paracadute?*, scritto da Richard N. Bolles più di quarant'anni fa e aggiornato tutti gli anni.

INTERNET E SOCIAL MEDIA

Qual è il vostro cibo preferito? Io adoro il gelato. Come esempio, facciamo finta che il gelato sia disponibile a tutte le ore direttamente a casa nostra. Tutto questo gratuitamente, 365 giorni all'anno. Sembra il paradiso vero? Almeno per chi ama il gelato come me.

Ora, sostituiamo la parola "gelato" con "dati e informazioni" e capiremo l'ampiezza della rivoluzione tecnologica in atto. La differenza tra dati e informazioni è semplice: i dati diventano informazioni quando ci aiutano a decidere. Affermare: "Oggi è il 7 dicembre" è solo un dato, ma diventa un'informazione se ci fa ricordare che domani sarà il compleanno di una persona amata, facendoci correre a comperarle un regalo. Internet ha reso disponibili gratuitamente milioni di dati, che diventano informazioni quando ci aiutano a prendere decisioni. Non solo: le informazioni sono diventate *sempre* disponibili, conservate nei cloud, vale a dire in magazzini virtuali sempre più estesi, e per di più gratuitamente. Colpisce la velocita esponenziale di questo cambiamento. Sapete quanto tempo ci è voluto perché ci fossero 50 milioni di persone che utilizzavano il telefono? 75 anni. La televisione? 13 anni. Facebook? Poco meno di quattro anni. Quando tempo è passato prima che 50 milioni di persone scaricassero l'applicazione "Angry Bird"? 37 giorni.

Siamo agli inizi di una rivoluzione tecnologica che sta trasformando profondamente tutto quello che facciamo in qualunque settore, chi siamo, le lenti con cui osserviamo il mondo.

Un'area cambiata radicalmente dalla tecnologia è proprio quella del mercato del lavoro. Se, da un lato, abbiamo a disposizione moltissime notizie sulle offerte di lavoro – si pensi, per esempio, a www.monster.com o a www.indeed.com, portali con migliaia di posizioni aperte in tutto il pianeta – dall'altro, qualunque organizzazione o azienda ottiene su di noi informazioni senza che lo veniamo a sapere. Google permette a chiunque, in qualunque momento e gratuitamente, di sapere quasi tutto su di noi. Il concetto di privacy è molto diverso rispetto a 10 anni fa, soprattutto per le nuove generazioni, i *millennials,* nati dopo il 1990: dobbiamo essere molto prudenti prima di decidere cosa mettere online, perché possiamo essere certi che ciò che pubblichiamo in rete non sarà mai più un segreto.

Qualche tempo fa, in qualità di direttore del personale di un'organizzazione, prima di inviare un'offerta di lavoro a un candidato che aveva fatto un ottimo colloquio, pensai di studiare il suo profilo su Facebook: dalle fotografie notai che tutti gli anni festeggiava il suo compleanno con un party in costume. Fin qui, niente di male; il problema era che per sei anni di fila aveva scelto come costume una divisa da generale nazista, con tanto di svastica, bandiere e ritratti del Führer appesi in camera sua, il tutto "condito" da commenti indescrivibili. Decisi di non mandargli l'offerta.

Se dobbiamo, quindi, imparare a usare i social media con intelligenza e prudenza, allo stesso tempo possiamo e dobbiamo utilizzarli a nostro vantaggio. Un profilo professionale su LinkedIn o su BranchOut, CrunchBase, DataFox e InsideView, per esempio, aiuta a creare molte potenziali opportunità a condizione di impostarlo bene, a cominciare da una fotografia professionale, che eviti pose ammiccanti, ridicole, pompose o semplicemente di cattivo gusto, fatte male. In generale, commenti negativi online sul proprio datore di lavoro sono assolutamente da evitare e ricordiamoci sempre che anche le nostre e-mail sono a rischio di violazione della privacy.

Internet e social media non devono essere temuti – a meno che uno abbia pubblicato online materiale inappropriato – ma utilizzati al meglio. Un profilo scritto intelligentemente su LinkedIn o su Monster.com può contribuire a essere conosciuti e "ricercati". Il curriculum, anche se scritto bene, non basta. Bisogna anche mostrare quello che sappiamo fare, per esempio curando un blog, mostrando fotografie dei prodotti che vendiamo, mettendo frasi e commenti di clienti che hanno usufruito dei nostri servizi, condividendo articoli che abbiamo scritto. L'obiettivo, su qualsiasi social (LinkedIn, Facebook, Twitter ecc.), deve essere quello di avere contatti di qualità, non di accumulare contatti per fare numero. I nostri profili social devono raccontare una storia e spiegare in cosa siamo diversi – non migliori – dagli altri. Bisogna adoperare poche parole, scelte bene, per spiegare chi siamo, cosa facciamo, per quale motivo possiamo aggiungere valore, e cercando di essere specifici. Aggiungiamo anche informazioni su attività che abbiamo svolto, per esempio il volontariato o altri lavoretti per guadagnare, per dimostrare la nostra capacità di essere altruisti o di prendere l'iniziativa.

Ricordatevi della fotografia e provate a fare un esercizio: aprite i profili di una serie di persone su LinkedIn e "decidete" a chi offrire un lavoro guardando solo la fotografia in meno di tre secondi. Poi, con calma, fate qualche riflessione sulla vostra decisione. Chi avete scelto, perché? Chi avete scartato? Qual è stato il filo conduttore delle vostre scelte? Cosa vi ha fatto capire che un candidato non ha dato un'immagine professionale, che ispirasse fiducia?

Voglio raccontarvi una storia vera. Egomnia, fondata nel 2012 da un ragazzo di 19 anni che si chiama Matteo Achilli, è una piattaforma italiana che mette in contatto la domanda e l'offerta di lavoro in modo innovativo. L'idea di Egomnia è semplice e geniale: creare un social network per far *incontrare* aziende e candidati. Gli iscritti a Egomnia caricano le loro informazioni in maniera guidata, potendo contare su una grande mole di dati già presente all'interno del sito (università e corsi di laurea, tutte le tipologie di corso di studio, certificazioni, lingue conosciute) che ne agevola l'inserimento. Questa modalità permette d'ottenere un curriculum simile alla pagina del profilo di un social network. Inoltre, il portale memorizza molte variabili che, grazie agli algoritmi di Egomnia, attribuiscono un punteggio ai curriculum degli iscritti. L'utente ha la possibilità di modificare, cancellare e aggiungere le informazioni in tempo reale e il sistema permette alle aziende di visualizzare curriculum sempre aggiornati. Questo nuovo approccio al mondo dell'e-recruitment funziona molto bene con giovani e candidati di talento, che sono anche il target principale di Egomnia.

VALUTARE LE POSSIBILITÀ DI SUCCESSO

"L'unica cosa importante che s'impara ad Harvard è che è più facile creare un lavoro nuovo che trovarne uno vecchio" (dal film *The social network*, diretto da David Fincher nel 2010).

Citazione emblematica, questa: prima ancora di pensare come scrivere il curriculum, dobbiamo considerare se esiste un ruolo disponibile e a chi lo mandiamo. Tutte le grandi aziende pubblicano pagine web con i ruoli disponibili, regolati da piattaforme informative. Dobbiamo riuscire a capire per quale lavoro candidarci e come e chi prenderà la decisione finale: informazioni importanti per aiutarci a scrivere la nostra domanda di assunzione. Il mercato del lavoro in Italia è molto particolare poiché circa l'80% delle aziende ha piccole o medie dimensioni e in molti casi si tratta di imprese a gestione famigliare: diventa quindi ancora più importante sapere chi prende le decisioni sulle assunzioni. Il dipartimento del personale (noto anche come Risorse Umane) è in genere evitato come la peste. Penso sia un errore perché le persone che ci lavorano possono essere d'aiuto e fornire informazioni utili se non addirittura dare una mano per capire come funziona il processo di selezione.

Altro aspetto fondamentale da valutare è l'esistenza di una posizione *aperta*, vale a dire un ruolo disponibile. Come accennato nel *Capitolo 2*, dobbiamo sapere il motivo per cui esiste una posizione aperta; in genere potrebbe essere una buona notizia, vuol dire che l'azienda sta crescendo o almeno non riduce il personale. Se non dovesse esistere un ruolo, potremmo tentare un approccio meno tradizionale, più creativo. Una possibilità potrebbe essere quella di offrirci per un periodo più breve, legato a un progetto, oppure fare una proposta diversa che valga la pena di essere presa in considerazione. E qui, per la nostra valutazione occorre anche una buona dose di realismo per ammettere quante possibilità possiamo avere.

La storia di Rama all'inizio di questo capitolo è incoraggiante, ma dobbiamo essere realisti e concreti. Ci piacerebbe lavorare in Facebook? Con più di un miliardo e 300 milioni di utenti, e circa un milione e mezzo di clienti, Facebook ha però solo 8.000 dipendenti tra le migliaia di candidati potenziali che sognano di lavorare lì. Se proprio ci interessa lavorare nella Silicon Valley in California, potremmo puntare su Salesforce: la più grande azienda di cloud computing al mondo, dove lavorano 15.000 persone e il loro numero è sempre in crescita. In Italia, invece, potremmo tentare alla Cisco, azienda internazionale di primissimo piano con sede a San José in California, circa 65.000 dipendenti e un forte interesse all'aspetto della responsabilità sociale e alla formazione dei propri dipendenti.

Le possibilità realistiche di essere assunti vanno considerate non solo in base alle statistiche (per esempio, ci sono 30 candidati per due posizioni disponibili), ma anche in base al rischio percepito dalle aziende nell'assumerci. Mi spiego: nella matrice riportata di seguito sono illustrati due parametri (lavoro-occupazione che attualmente ho e che vorrei fare; settore in cui lavoro adesso e in cui vorrei lavorare) con quattro possibilità diverse.

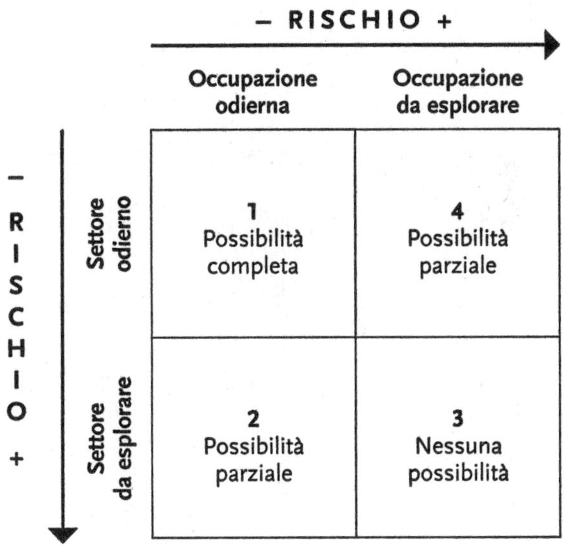

Autore: Anthony McAlisdair.

Cercare un nuovo lavoro nel nostro stesso settore e facendo lo stesso mestiere (quadrante 1) – per esempio un analista finanziario che va a lavorare da una banca all'altra – comporta molte possibilità di successo. Se decidessimo, invece, di fare lo stesso lavoro, ma in un settore nuovo, oppure di cercare un lavoro diverso nello stesso settore (quadranti 2 e 4), avremmo possibilità di successo parziali o limitate. Se volessimo, infine, cambiare sia settore sia lavoro (quadrante 3), le possibilità si assottiglierebbero fino allo zero, poiché le aziende ritengono di prendersi in carico un rischio troppo grosso.

Quindi, quando mandiamo il nostro curriculum, valutiamo in quale quadrante ci troviamo e dove vorremmo andare, seguendo questa matrice.

A tutto ciò dobbiamo aggiungere anche un terzo parametro, rappresentato dalla dimensione geografica. Per esempio, difficilmente un'organizzazione si assumerà il rischio di mandare un neolaureato o neodiplomato a lavorare all'estero, se non è mai uscito dal proprio Paese. Dobbiamo perciò costruire una storia personale plausibile per dimostrare che lo abbiamo già fatto: per esempio, durante soggiorni linguistici o progetti di volontariato all'estero.

Per risultare credibili dobbiamo essere convincenti ed evitare che le aziende ci valutino come rischi, mentre noi vogliamo che ci vedano come opportunità da prendere al volo.

SCRIVERE UN CURRICULUM O RACCONTARE LA PROPRIA STORIA?

Quando scriviamo il nostro curriculum, la domanda più importante cui dobbiamo rispondere è: "Siamo riusciti a raccontare la nostra storia?". Secondo uno studio del National Civil Service, il programma inglese che supporta i giovani nel cercare lavoro, i curriculum sono letti e valutati in meno di un minuto. Stiamo assistendo alla *tinderizzazione* del mercato del lavoro, termine coniato dal quotidiano *The Independent*, mutuato dall'applicazione Tinder, che accetta o rifiuta i profili dei potenziali partner in pochi secondi. Molte aziende adoperano software che eliminano automaticamente curriculum più lunghi di due pagine. Insomma, dobbiamo avere il dono dell'incisività per comunicare chi siamo e soprattutto convincere su cosa siamo in grado di fare.

Mi permetto di dare un incoraggiamento e due suggerimenti concreti. Il primo: sii te stesso, non recitare. Il secondo: non farti bloccare dalla sindrome "io non ho un curriculum perfetto", ammesso che possa esisterne uno. Certo, alcuni candidati possono esibire un "pedigree" di assoluto rispetto, con studi compiuti nelle migliori università ed esperienze lavorative svolte nelle migliori aziende: molto spesso mi sono accorto di quanto candidati di questo calibro abbiano avuto una strada in discesa, facilitata magari dall'appartenenza a una famiglia potente o da conoscenze di alto livello, con ingenti investimenti sulla loro educazione. Complimenti, ma ovviamente non tutti hanno le stesse opportunità e fortuna. La maggioranza dei candidati, infatti, non ha avuto, come si dice in inglese, il *silver spoon*, il "cucchiaio d'argento", ma solo un bel paio di guantoni da boxe: ha dovuto lottare per tutto, arrivando da situazioni difficili e dovendosi adattare, per esempio, a svolgere mansioni tradizionalmente considerate umili. Avete fatto il lavapiatti, la baby-sitter, il cameriere, l'accompagnatore di turisti per pagarvi gli studi? Bravi! Non solo non nascondetelo, ma raccontatelo per dimostrare che non vi arrendete, che le difficoltà non vi spaventano. Personalmente preferisco dare una possibilità a candidati che hanno lottato o addirittura sofferto per conquistare ciò che hanno o che desiderano ottenere, dimostrando quella che viene chiamata "PTG" (*post-traumatic growth*), la crescita che segue eventi traumatici[2].

Ritorniamo al curriculum. Ce ne sono fondamentalmente due tipi, quello *cronologico* e quello *funzionale*. Il curriculum cronologico, più tradizionale, è un elenco in ordine temporale delle posizioni e dei ruoli assunti nel corso della carriera, cominciando da quello attuale, il più recente. Il curriculum funzionale riassume in pochi punti, da un minimo di tre a un massimo di sette, le competenze maturate nel corso della carriera, limitandosi a fornire informazioni di base su dove abbiamo lavorato. Per esempio: poniamo di aver sempre lavorato nel settore vendite di una società tecnologica. All'inizio della nostra carriera eravamo commessi in un negozio, poi responsabili di quel negozio, poi capi vendite della città, della provincia, della regione: una responsabilità crescente ma sempre nello stesso settore. Il curriculum funzionale potrebbe quindi affermare in una riga: "Esperienza pluriennale nel settore vendite, inclusa la gestione di forza vendite di n persone, risultati raggiunti di x milioni di euro di fatturato annuale, con redditività del y%".

Entrambi i tipi di curriculum vanno bene per le aziende, a condizione di sapere *cosa non dobbiamo fare o scrivervi*. A fronte della mia esperienza (credo di averne letti a migliaia), mi permetto di indicare con molta franchezza i 10 errori da "matita blu" e quindi da evitare. Molti di questi sembrano ovvi eppure i candidati continuano a commetterli. Vediamo quali sono:

- **curriculum troppo lungo**: nessuno legge più di due pagine. Meglio una pagina sola, ma scritta bene;
- **errori di ortografia, punteggiatura scorretta**: fanno la stessa impressione di una macchia di sugo sulla camicia il giorno del matrimonio;

- **bugie**: sono un "suicidio" garantito, licenziamento assicurato anche nel caso dovessimo essere assunti. Non si scrive, per esempio, "laureato all'Università tale dei tali" se si è frequentato solamente un corso di due mesi o smesso dopo alcuni esami. Sorprende constatare che molti candidati sono convinti di farla franca. Scott Thompson, CEO di Yahoo, è stato costretto a dare le dimissioni a soli 4 mesi dalla nomina, quando è emerso che non aveva conseguito la laurea in Informatica indicata nel suo curriculum;
- **buchi neri**: vale a dire periodi in cui non si sa bene cosa abbia fatto un candidato e il curriculum non contiene nessuna indicazione o chiarimento;
- **dati non verificabili**: ossia che indicano risultati oppure obiettivi vaghi, tipo "aumentato la reputazione della funzione di cui ero responsabile";
- **informazioni confidenziali**: di tipo legale, finanziario, personale;
- **informazioni irrilevanti oppure obsolete**: non vanno inserite notizie vecchie di venti anni tipo "giocatore di pallavolo al liceo nel 1998";
- **richiesta esplicita o esagerata di stipendio**: per esempio, "minimo mensile richiesto". Nel *Capitolo 4* parleremo di come negoziare l'aspetto economico;
- **toni trionfali e puramente soggettivi** nel descrivere il proprio curriculum del tipo: "eccezionale professionista con visione globale su tutti i problemi strategici, sociali ed economici internazionali";
- **effetto Arlecchino**: pagine colorate, fotografie, disordine, disegni strani.

Il World Economic Forum riceve ogni anno circa 20.000 domande di assunzione. Il 90% non passa il primo ostacolo esattamente per uno dei motivi elencati qui sopra. Come detto, il curriculum non deve essere solo una collezione di attività svolte, ma una pagina che informa su chi siamo, quali risultati abbiamo ottenuto, che cosa ci interessa fare e perché. Ecco allora che la famosa *cover letter*, vale a dire la lettera di presentazione che accompagna la nostra candidatura, deve essere sincera e convincere chi la leggerà che vale la pena incontrarci.

Pensiamo, per esempio, a ciò che abbiamo fatto quando abbiamo incontrato la persona che amiamo: le abbiamo detto un generico "Ho bisogno di un/una uomo/donna" o le abbiamo detto "Voglio solo te"? Le aziende sono per certi versi paragonabili alle persone: vogliono sapere *che in quel momento* il candidato "vuole" essere lì, però senza una connotazione "da mercenario" ("Vengo a condizione che mi diate..."), con una mancanza d'interesse reale o per disperazione.

CHI CI PUÒ AIUTARE?

Qual è il ruolo dei cacciatori di teste o delle agenzie? Come *fare networking*, evitare raccomandazioni e ottenere referenze?

Iniziamo descrivendo il ruolo dei famosi *head-hunter*, i "cacciatori di teste", vale a dire delle società che si occupano di selezione del personale al livello medio-alto nelle aziende. Dal 1980 ci sono sostanzialmente sette società che dominano il mercato: Egon Zehnder, Korn Ferry, Spencer Stuart, Heidrick & Struggles, Boyden, Russell Reynolds, Odgers Berndtson. Il resto del mercato è frammentato in migliaia di società di piccole dimensioni specializzate su determinati mercati, segmenti, professioni e perfino clienti.

Ricordiamoci che gli head-hunter sono pagati dalle aziende

da cui hanno avuto il mandato (per esempio: "Trovami il nuovo responsabile della Finanza"), non dai candidati. Comprensibilmente faranno l'interesse del proprio cliente: tenderanno a convincerci a candidarci se devono coprire un ruolo in linea con il nostro profilo, oppure a ignorarci completamente se non hanno *in quel momento* una posizione aperta corrispondente alle nostre competenze e attitudini.

Il mio suggerimento è comunque di ascoltarli, se dovessero chiamarvi per una posizione. E se vi chiedessero: "Conosce qualcuno cui questa fantastica opportunità potrebbe interessare?" date una mano nel fornire idee o suggerimenti: in genere, non dimenticano chi è stato disponibile e gentile. In sostanza: possono aiutare? Sì, a condizione che prima risolviamo il *loro* problema.

Esistono anche siti web specializzati per livelli medio-alti: per esempio, www.bluesteps.com o www.execunet.com ci possono aiutare – a pagamento, s'intende – ad aumentare la visibilità, a farci conoscere, a scrivere un curriculum[3].

Per livelli non dirigenziali, l'uso delle agenzie per il lavoro può essere d'aiuto. L'agenzia seria si darà da fare per *presentarci* a una società e verrà pagata solo quando il candidato sarà assunto. Esempi di agenzie di questo genere li possiamo trovare sui portali www.indeed.com, www.monster.com, www.subito.it, www.infojobs.com, ma una semplice ricerca su Google ci darà accesso a moltissimi altri siti web con indicazioni sui lavori disponibili. Ci sono poi organizzazioni come www.adecco.it, www.manpower.com oppure www.michaelpage.com che forniscono costantemente centinaia di segnalazioni su posizioni aperte magari solo per pochi mesi.

Malcolm Gladwell, autore del libro *Il punto critico*, ci spiega quanto sia importante il ruolo dei *connectors*[4], vale a dire di persone che hanno un network molto esteso ed efficiente. Gladwell cita uno studio condotto nell'area di Boston, dal quale risultò che già negli anni Settanta il 56% delle persone aveva trovato un lavoro grazie a contatti personali. La percentuale non dovrebbe meravigliarci: noi italiani siamo in genere bravi a creare una rete informale di contatti personali e sappiamo bene quanto sia importante coltivarla. Quello che sorprese i ricercatori, però, fu che le persone che avevano aiutato i candidati a trovare un lavoro non fossero gli amici stretti ma i semplici conoscenti. Gladwell ha coniato una definizione efficace per questo fenomeno: "the strength of weak ties", la forza delle connessioni deboli, vale a dire di persone che fanno parte di altri gruppi sociali e che hanno accesso a informazioni nuove e diverse.

Credo sia importante sapere cosa significhi fare *networking*, termine che indica la capacità di costruire e mantenere una rete di contatti. Molto spesso pensiamo di farvi ricorso solo quando ne abbiamo bisogno: ci sbagliamo. Fare networking significa essenzialmente *dare più che avere*, cercare di essere utili nel risolvere problemi di altri, fare da connettori tra persone con interessi simili. Il libro *Più dai, più hai* di Adam Grant[5], già citato nel secondo capitolo, spiega che quanti stabiliscono una solida reputazione come persone che "danno" sono anche i migliori networker al mondo. Se riusciamo a farci conoscere come persone disponibili e sincere, riusciremo a utilizzare la rete che abbiamo costruito. Esattamente come un conto in banca: prima depositiamo, accumuliamo un credito e poi possiamo prelevare, non il contrario.

Credo davvero che coltivare costantemente relazioni professionali sia una chiave fondamentale per avere contatti utili in futuro. Di conseguenza, è assolutamente cruciale continuare a investire in quelle che diventeranno il nostro capitale relazionale, un capitale di valore inestimabile.

E veniamo alle raccomandazioni, lettere o pressioni da parte di persone potenti o conosciute, inviate a chi deve poi decidere se assumerci. *Non fatevi mai ricorso*, senza alcuna eccezione! Le raccomandazioni sono da evitare a tutti i costi, per un motivo molto semplice: se entriamo in un'organizzazione grazie a una *spintarella*, non saremo mai liberi ma in debito perenne con qualcuno e non sapremo mai esattamente di quale "pagamento" si tratterà. Sono in genere favori che pesano e che possono mettere a repentaglio integrità e carriera. Inoltre, se pure avessimo qualche successo in un'azienda dove siamo entrati grazie a una raccomandazione, ci rimarrà sempre il sospetto che la nostra carriera sia dovuta a qualcos'altro o qualcun altro, non legata alle nostre capacità.

Fornire referenze è diverso, anzi, è possibile e auspicabile; indicare, per esempio, "Ho lavorato direttamente con il Signor X, potete chiedere le mie referenze" è una pratica totalmente legittima e professionale. Abbiamo bisogno di persone credibili che testimonino chi siamo e cosa sappiamo fare, non di padrini che ci chiederanno il "conto" del loro sostegno.

I COLLOQUI

Condizioni necessarie ma non sufficienti

Quali sono le condizioni necessarie ma non sufficienti, quelle necessarie e quasi sufficienti e gli ostacoli finali – spesso non visibili – per essere in pole position e ottenere il "nostro" posto di lavoro?

Nel 1970, il 95% dei musicisti nelle migliori cinque orchestre sinfoniche negli Stati Uniti erano uomini. Suonavano meglio o c'era un pregiudizio, in inglese *bias*, contro le donne musiciste? Venne cambiato il sistema di reclutamento, utilizzando la cosiddetta *audizione cieca*, in cui i musicisti suonavano dietro uno schermo che ne nascondeva l'identità: chiesero addirittura ai candidati di togliersi le scarpe perché non si riconoscesse il ticchettio dei tacchi femminili. In seguito a questo semplice accorgimento, il numero delle donne reclutate aumentò tra il 25 e il 46%[6].

Un altro esperimento molto interessante fu compiuto dall'Australian National University. Mandarono 4.000 curriculum assolutamente uguali per altrettanti lavori a livello junior, l'unica differenza consisteva nel nome del candidato. Per ottenere lo stesso numero di colloqui, i candidati con nomi arabi o cinesi dovevano mandare il 64 o il 68% di candidature in più, con un nome italiano *"solo"* il 12% in più; i migliori risultati furono ottenuti da candidati con nomi anglosassoni.

Ognuno ha pregiudizi, il più delle volte inconsci: è un dato di fatto. Vi confesso che pure io ho scoperto di averne uno che non sapevo di avere: ho ricevuto il curriculum di un candidato per una posizione importante, l'ho letto con attenzione e poi ho scritto: "No, troppo vecchio". Mi sono rapidamente reso conto di aver scritto una bestialità, illegale per giunta, per un candidato peraltro di 2 anni *più giovane* di me! Me ne sono vergognato, l'ho chiamato per il colloquio e gli abbiamo offerto il lavoro. Era bravo, non vecchio.

Gli antichi romani insegnavano *Mens sana in corpore sano*, i gesuiti professavano la *cura personalis*, gli sportivi professionisti sanno che devono allenarsi per scendere in campo concentrati, freschi, focalizzati. Avere un colloquio può essere paragonato a vivere da giocatore, non da spettatore, un evento sportivo cui dobbiamo dedicare la stessa concentrazione ed energia che dedicheremmo, per esempio, a una finale di tennis (qui non si tratta di fare sport di squadra).

Il libro *The Inner Game of Tennis* di W. Timothy Gallwey[7] illustra il nostro stato mentale ideale per essere al meglio negli appuntamenti importanti. E un colloquio lo è. Dobbiamo quindi arrivare freschi, concentrati[8] e rilassati. Che cosa facciamo in genere per distenderci? Una passeggiata al parco, una nuotata, ascoltiamo musica? Bene, facciamolo il giorno precedente, evitando di "studiare" fino alle 3 del mattino per essere preparati. Sembra un consiglio ovvio, ma nessuna azienda offrirà un lavoro a un candidato che arriva stravolto, stressato, stanco. Se abbiamo solo pochi minuti, dedichiamoli a esercizi di respirazione profonda, a occhi chiusi: anche se non siamo esperti in tecniche di meditazione, pure tre minuti saranno sufficienti per assumere un atteggiamento positivo. Guardiamo il discorso della psicologa sociale Amy Cuddy su TED[9]: pochi minuti saranno sufficienti per capire come il nostro linguaggio del corpo influenzi non solo chi ci osserva ma anche il nostro stesso comportamento.

Poi, con il battito del cuore leggermente più rapido, inizieremo il primo colloquio. Ricordiamoci che non avremo mai una seconda possibilità per fare una buona prima impressione. Nel 1892 Arthur Conan Doyle, dando voce al suo personaggio più noto, il detective Sherlock Holmes, scrisse: "Dalle unghie di un uomo, dalle maniche della sua giacca, dai suoi stivali, dalle ginocchia dei suoi pantaloni, dai calli sull'indice e sul pollice... da tutte queste cose si capisce l'occupazione di una persona. È pressoché inconcepibile che, tutte insieme, non riescano a illuminare un investigatore esperto"[10]. Saremo ben consapevoli del fatto che verremo osservati e studiati, ma ci presenteremo al colloquio con un piano preciso. Eccolo:

- **puntualità**: arriviamo circa 10 minuti prima dell'appuntamento, così avremo tempo per riprendere fiato e studiare l'ambiente;

- **cortesia assoluta** con tutti;
- **abbigliamento adeguato**: dobbiamo fare in modo che *nessuno ci ricordi per come eravamo vestiti al colloquio*. Classico, elegante ma non da prima al teatro o da matrimonio. L'incuria è assolutamente da evitare, l'eccentricità va valutata in base al contesto. Nessuno deve dire di noi: "il candidato con la cravatta di Topolino" oppure "la candidata con le calze smagliate" o "il candidato che sembrava Arlecchino". Il miglior modo per capire come vestirsi è dare un'occhiata alla pagina web dell'azienda e vestirsi come i dirigenti, che hanno sempre una loro foto: nove volte su 10 troveremo uomini con cravatte rosse, abito scuro e camicia azzurrina, donne con un po' più di fantasia. Se dovessimo però andare a lavorare da Ben & Jerry's, catena alternativa di gelati ispirati alla musica dei Grateful Dead e i cui dipendenti sono vestiti da hippy degli anni Sessanta, allora dovremmo farci un guardaroba consono;
- **stretta di mano:** ferma, convinta, amichevole, non fredda, da pesce morto. Niente mano sudaticcia;
- **contatto visivo:** guardiamo sempre negli occhi chi ci parla;
- **viso rilassato**, sorridente;
- **non interrompere**, ascoltare e ascoltare.

Condizioni necessarie e – quasi – sufficienti

Abbiamo passato le semifinali, seguendo fin qui tutto sommato solo qualche regola di buon senso e d'educazione. Molti candidati concorrenti sono stati eliminati proprio per non aver applicato queste regole di base. Ora dobbiamo affrontare il colloquio vero e proprio.

Daniel Pink, nel suo libro *To Sell is Human*[11], ci ricorda che tutto quello che facciamo richiede tecniche di vendita come la necessità di interagire in sintonia con chi ci ascolta, con elasticità e chiarezza. Come dargli torto? Durante il colloquio, dovremmo *persuadere qualcuno a comprare il candidato, vale a dire noi*. Quali sono quindi le regole per concludere questa "transazione"?

Dal punto di vista comportamentale, partiamo dall'essere genuinamente autentici: è meglio essere la miglior versione di noi stessi, piuttosto che la brutta copia di qualcun altro.

Poi dobbiamo essere preparati: Michael Jordan, il più grande giocatore di basket mai esistito, a chi gli stava domandando come avesse fatto a vincere continuamente per tutta la sua carriera rispose: "Sapevo che se avessi fallito nel prepararmi mi sarei preparato per fallire". Vediamo allora come prepararci ed essere in sintonia, elastici, chiari, autentici:

- studiamo bene quali sono le caratteristiche maggiormente rilevanti della posizione cui aspiriamo. Se, per esempio, il ruolo richiede grandi capacità analitiche, dobbiamo condividere esempi concreti di come in passato abbiamo utilizzato con successo proprio quell'abilità. Evitiamo frasi tipo "Sono molto bravo a...": piuttosto dimostriamo di possedere già l'esperienza richiesta, magari maturata in ambienti diversi. Esempi reali, storie suffragate da numeri e dati, non opinioni personali, che qui valgono zero;
- spiegare con entusiasmo il proprio lavoro va benissimo, a condizione di costruire potenzialmente un ponte con quello nuovo. Dobbiamo quindi continuamente fare passaggi logici tra il lavoro corrente e quello nuovo. Per esempio: "La nostra azienda sta cambiando rapidamente" merita una risposta in cui noi facciamo riferimento a tutti i cambiamenti che abbiamo vissuto e quale sia stato il nostro contributo al riguardo;

- molti candidati cercano di ottenere un lavoro illustrando i vantaggi che avrebbero loro stessi, senza chiarire quali vantaggi ne avrebbe l'azienda. Equivale a provare a convincere una persona a comprare una macchina parlando del vantaggio che *riceviamo noi nel venderla*. Dobbiamo invece metterci nei panni di chi ci ascolta, essere convincenti, empatici. Per esempio, possiamo spiegare come una nostra idea sia stata adottata e abbia portato benefici verificabili e quantificabili;
- quasi sicuramente ci chiederanno quali siano i nostri punti di forza e quelli di debolezza. Prepariamoci una risposta chiara e convincente per entrambi. Per esempio, per i punti di debolezza è necessario essere onesti e dimostrare che ci siamo migliorati, che abbiamo capito la lezione e che eventuali difficoltà sono state anche occasioni di apprendimento e di crescita professionale. Un'altra domanda quasi scontata che ci verrà posta, inoltre, sarà: "Come si vede tra 5 anni?". Dovremo avere una storia autentica per spiegare quale sia il *progetto* che abbiamo su di noi;
- se dovessimo avere "buchi" nel nostro profilo, vale a dire periodi in cui non abbiamo lavorato, diciamolo apertamente e spieghiamo il perché: potrebbe dimostrarsi un vantaggio se avessimo una storia vera e genuina da raccontare. Per esempio, "Ho sempre sognato fare un viaggio in Africa di 6 mesi e me lo sono regalato dopo 25 anni di lavoro", "Ho ricominciato a studiare", "Ho ripreso un vecchio hobby trascurato negli anni" o semplicemente "Volevo fermarmi un po', ricaricare le batterie e stare con le persone che amo". Diciamo la verità con sincerità, sempre;
- rispondere "Non lo so" è in genere accettabile a condizione che si completi la risposta con una nota positiva, tipo "ma in genere imparo in fretta" oppure "In occasioni simili ho fatto...";

- occorre avere pronte alcune domande da porre, per cercare di capire meglio il tipo di lavoro. Molti candidati, infatti, si preparano solo a fornire risposte convincenti, senza pensare alla possibilità di ricavare informazioni preziose attraverso domande incisive, curiose da rivolgere ai propri esaminatori. Vi invito a preparare alcune di queste domande. Per esempio: "Se venissi assunto, quali saranno i tre obbiettivi più importanti da raggiungere nei primi 12 mesi?" o, "Come definirebbe la cultura di questa azienda?" o, "Quali consigli mi potrebbe dare?", "Mi racconterebbe la sua storia in azienda, cosa le piace del suo lavoro?", "Cosa hanno in comune le persone che hanno avuto successo in questa azienda?";
- per capire meglio la cultura della organizzazione, poniamo la domanda "In cosa differisce questa organizzazione rispetto alle altre?"[12]. Ascoltiamo poi cosa ci rispondono attraverso il loro storytelling. Le storie organizzative hanno sempre la loro unicità, per esempio domande sul carattere del capo, sulla possibilità di arrivare in cima o di essere licenziati ci presenteranno una narrativa utile per capire meglio se i nostri valori siano compatibili con quelli dell'organizzazione.

Abbiamo quindi superato la fase iniziale, evitato errori, risposto con onestà e competenza alle loro domande e fatto domande incisive e intelligenti: arriverà l'offerta di lavoro? Non ancora, mancano due aspetti chiave. Il primo viene determinato da noi ed è connesso alla nostra capacità di dimostrare intelligenza emotiva; il secondo dipende da fattori legati all'azienda che ci dovrebbe assumere.

INTELLIGENZA EMOTIVA

Le organizzazioni oggi vogliono sapere non solo se siamo competenti, ma soprattutto se abbiamo un'intelligenza emotiva, concetto sviluppato negli anni Novanta da Daniel Goleman nei suoi volumi *Intelligenza emotiva*[13] e *Lavorare con intelligenza emotiva*[14].

Per decenni il quoziente intellettivo, QI, è stato ritenuto l'indicatore più rilevante per misurare la possibilità di successo nella vita ed è stato utilizzato da aziende e università come elemento per selezionare "i migliori". Non si può negare una correlazione tra QI e carriera, tuttavia è stata stimata intorno al 25%: vale a dire che *il 75% del nostro successo professionale non ha niente a che vedere con questo indicatore.*

Le aziende si sono progressivamente interessate al parametro dell'intelligenza emotiva proprio perché si sono accorte che focalizzarsi esclusivamente sul quoziente intellettivo delle persone o sul loro grado di esperienza tecnica non era sufficiente ai fini di una valutazione complessiva dei propri dipendenti e, ancor più, nei processi di selezione dei candidati a un posto di lavoro. L'evidenza scientifica ed empirica degli studi condotti nel filone dell'intelligenza emotiva ha spinto le organizzazioni a prendere in seria considerazione l'intelligenza emotiva (IE) diventata ormai un cardine della valutazione e dello sviluppo professionale dei dipendenti.

Secondo Goleman, le componenti dell'intelligenza emotiva sono cinque:

1. **consapevolezza di sé:** molto spesso ci troviamo di fronte a persone che hanno un'enorme autostima ("Sono il miglior...") ma ben poca consapevolezza. Essere consapevoli di noi stessi significa sapere come e quanto il nostro modo di essere ha un impatto sugli altri; inoltre, significa essere

sempre presenti in quello che stiamo facendo mentre lo stiamo facendo;

2. **capacità di autocontrollo:** nel gestire le emozioni, non nel sopprimerle. Il colloquio sarà quindi un banco di prova molto efficace per essere valutati. Non aspettiamoci domande dirette sulla nostra emotività, saremo infatti più facilmente esaminati soprattutto nel nostro linguaggio corporeo[15];
3. **motivazione:** pensiamo, per esempio, a una professione in cui dobbiamo vendere un prodotto o un servizio. Anche in momenti di difficoltà o di scoraggiamento, una persona motivata continuerà a cercare di vendere, mentre quella meno motivata si demoralizzerà;
4. **empatia:** la capacità di mettersi nei panni degli altri è una qualità straordinariamente efficace se, per esempio, gestiamo un team oppure se abbiamo un lavoro a contatto con i clienti;
5. **capacità sociali:** siamo capaci di interagire con gli altri in maniera produttiva ed efficace?

Come fanno le aziende a capire se abbiamo una forte intelligenza emotiva? Teniamoci pronti per domande relative a cosa ci ispira, a quali sono le parole che ci descrivono meglio o che indagano su aspetti come la nostra capacità di sviluppare amicizie profonde in ufficio.

Durante l'intervista non conterà solo cosa diciamo ma *come lo diciamo*. Il tono farà la musica, e noi siamo in grado di controllare questo tono. Indipendentemente dal lavoro che andremo a svolgere, saremo valutati in base all'intelligenza emotiva che dimostriamo di avere.

Alcune aziende, specialmente quelle di grandi dimensioni, utilizzano altri strumenti di valutazione come gli *assessment centers*: i candidati vengono valutati attraverso esercitazioni individuali o di gruppo, ricorrendo spesso e volentieri a simulazioni di situazioni organizzative che richiamano la realtà aziendale per mettere in evidenza i tratti psicologici e comportamentali che si vogliono osservare e vagliare.

Per esempio, riguardo alla propensione a lavorare in team, la società americana IBM ritiene che la capacità di cooperazione sia l'aspetto più importante nel valutare i propri dirigenti; nelle interviste, quindi, ascolteranno quante volte i candidati diranno "Io" e quante volte "Noi", quanto spesso faranno riferimento a un gioco di squadra o se invece dimostreranno di aver fatto gli eremiti.

Anche noi ovviamente osserveremo il linguaggio corporeo di chi ci sta facendo l'intervista: se il nostro interlocutore si sfiora il mento, per esempio, sta prendendo una decisone; se ha braccia conserte e pugni chiusi, denota ostilità.

Arrivati a questo punto, siamo in grado di affrontare le interviste, ma dobbiamo sapere quale tipo di intervista avremo.

TECNICHE DI COLLOQUIO

Esistono varie tecniche di intervista e ora analizzeremo le caratteristiche delle principali[16].

Questa intervista si terrà il 21 gennaio 2017.

Intervistatore (I): "Buongiorno e benvenuto nella nostra azienda: incominciamo quindi l'intervista per la posizione cui lei aspira".
Candidato (C): "Grazie per avermi invitato, vorrei sapere se..."
I: "Qui le domande le facciamo noi. E abbiamo solo 30 minuti di tempo invece di un'ora: ci sono molti candidati disponibili per questo lavoro. Iniziamo dal suo profilo. Ci siamo permessi di controllare informazioni al liceo dove lei ha – per così dire – studiato. Ci risulta che ha fatto uso di alcol, cocaina, marijuana, vero?"
C: "Sì ma, come ha sicuramente letto, ho dichiarato che è stato

il mio più grosso fallimento morale, ho chiesto scusa e ripetuto centinaia di volte che non l'avrei dovuto fare. A tal proposito, mi piacerebbe aggiungere che..."
I: "Le ricordo che abbiamo poco tempo e le domande le facciamo noi: parliamo adesso dalle sue scelte universitarie. Le diamo atto che ha frequentato prestigiosi atenei, ma ha fatto studi di tipo umanistico e noi abbiamo una preferenza per studi di tipo tecnologico o scientifico. Come mai ha compiuto una scelta – diciamo così – perlomeno discutibile?"
C: "A essere sincero sono..."
I: "Scusi se la interrompo, ma lei non è stato sincero fino a ora?"
C: "Veramente sì, stavo solo dicendo che, volendo diventare avvocato, era logico studiare Legge, non le pare? E poi, come lei ha visto, sono effettivamente diventato avvocato per andare a difendere i diritti dei più deboli..."
I: "Questa storia la conosciamo; il fatto è che lei non ha mai lavorato nel settore privato, un elemento molto importante nella valutazione dei candidati."
C: "Scusi, ma non mi ricordo che l'esperienza nel settore privato fosse citata nella descrizione della posizione che avete pubblicato sul giornale."
I: "Lei non ha torto, ma le ricordo che sono passati 4 mesi dall'annuncio sul giornale, il mondo cambia in fretta e lei sembra ancorato a vecchi modi di pensare."
C: "Vecchi? Io stavo solo facendole notare..."
I: "Mi racconti del fallimento del 2000, quando lei perse."
C: "Certamente. Non avevo neanche 40 anni ma quell'esperienza mi servì moltissimo per quello che poi successe nel 2008 dove, come sappiamo..."
I: "Lasciamo perdere, l'altro candidato si è rovinato da solo: parliamo piuttosto del premio molto ambito che lei ha ricevuto nel 2009. In molti ci siamo chiesti se fosse convinto di esserselo meritato: in fondo aveva appena iniziato nel suo nuovo impiego e io

e lei siamo ben consapevoli che c'è gente che lavora tutta la vita per ottenere *quel premio* e poi non solo non lo vince, ma neanche viene presa mai in considerazione per il riconoscimento."

C: "Come lei sa, non è stata una decisione mia, ma un riconoscimento dato..."

I: "Lei non ha mai lavorato all'estero."

C: "Mi sono recato all'estero credo almeno 50 volte negli ultimi 8 anni, incontrando e lavorando con persone importanti, trattando di temi scottanti, non facili..."

I: "Rimane il fatto che lei non ha lavorato all'estero, ha solo fatto molti viaggi, cosa ben diversa. Veniamo all'ultima domanda: lei parla una seconda lingua?"

C: "No, però credo di sapermela cavare bene nella comunicazione; per esempio, con il discorso che feci nel 2007, quando nessuno mi conosceva..."

I: "Guardi che da noi conta quello che uno sa fare, non quello che dice o come lo dice. In conclusione, lei durante gli anni di studi non ha frequentato corsi di materie scientifiche, in seguito non ha mai lavorato nel settore privato e mai in modo stabile all'estero; inoltre non parla una lingua straniera e ha ottenuto un premio che probabilmente non si meritava. Ha qualche domanda da fare?"

C: "Quando saprò come è andato il colloquio?"

I: "Le faremo sapere qualcosa nei prossimi giorni. Grazie e arrivederci, signor Barack Obama."

L'intervista, ovviamente immaginaria, si terrà dopo la fine del secondo e ultimo mandato di Barack Obama, 44° presidente degli Stati Uniti. Obama ha fatto uso di droghe leggere, ma poi si è scusato più volte; ha studiato Legge alla Columbia University di New York e poi ad Harvard, due tra gli atenei più importanti negli Stati Uniti; ha scelto di difendere i diritti dei più deboli, rifiutando posizioni attraenti dove avrebbe guadagnato molto di più. Nel 2000 ha perso le elezioni primarie del Partito Democratico per la carica di senatore nel suo Stato, l'Illinois. Ma si è rifatto nel 2005, quando ha vinto le elezioni al Senato per lo stesso seggio. Nel 2007 ha tenuto un discorso al Congresso del Partito Democratico che lo ha messo in luce; nel 2008 ha vinto a sorpresa le primarie contro Hillary Clinton e, in seguito, le elezioni storiche contro il candidato repubblicano McCain, diventando presidente degli Stati Uniti a soli 47 anni. Nel 2009, dopo appena 10 mesi di presidenza, si è aggiudicato il premio Nobel per la Pace. Il resto è storia, come si dice.

Questa "intervista" è un esempio di **stress test**, tecnica volutamente disegnata per destabilizzarci, per vedere come rispondiamo a un interlocutore che ci interrompe, che minimizza con una scrollata di spalle qualunque risultato abbiamo conseguito e ci fa domande a dir poco irritanti. Come comportarci quindi? Sangue freddo innanzitutto, vietato scusarsi perché sembreremmo degli zerbini e tanto meno irritarsi dimostrando di non possedere autocontrollo. Sarà opportuno rispondere pacatamente, spiegando i nostri argomenti con un sorriso, non un ghigno, e guardando negli occhi il nostro interlocutore. Così dimostreremo di saper gestire lo stress, clienti o colleghi difficili, critiche ingiuste, commenti al limite della tollerabilità. Teniamo presente che questo genere di colloqui è come una commedia in cui ci vogliono affibbiare la parte della vittima predestinata, mentre noi stiamo cercando di guadagnarci un ruolo da protagonisti, da "eroi positivi".

Un secondo tipo di intervista, molto usata, è il **colloquio behavioural**, relativo all'analisi sul comportamento. Durante questo tipo di intervista ci faranno domande per capire come abbiamo agito in particolari situazioni, per valutare i nostri processi decisionali e il nostro grado di giudizio e maturità. Possiamo aspettarci quesiti del tipo[17]:

- "Qual è stato il momento più difficile della sua carriera?"
- "Mi descrive quando ha dovuto prendere una decisione in un attimo?"
- "Mi descrive il suo più grande successo e il suo più grande fallimento professionale? Che lezione ne ha tratto?"
- "Mi descrive una situazione dove è riuscito ad anticipare un problema?"
- "Mi descrive una situazione in cui ha avuto un problema con il suo capo? Oppure con un collega di pari grado (*peer*) o con un suo sottoposto?"
- "Mi descrive una situazione in cui era in disaccordo con il suo capo e come l'ha gestita?"
- "Ha mai dovuto dare brutte notizie a un cliente?"

Questo tipo di domande darà l'opportunità di eccellere, a condizione che si utilizzi uno schema ben definito. In inglese questa metodologia si chiama STAR.

- **S** per *Situation* (situazione): nella prima parte della risposta, nella quale dovremo essere brevi, presenteremo la situazione in cui ci siamo trovati;
- **T** per *Task* (compito, lavoro): che cosa dovevamo fare, quali risultati dovevamo raggiungere;
- **A** per *Action* (azione): che cosa abbiamo fatto;
- **R** per *Result* (risultato): che cosa abbiamo ottenuto;

Un terzo tipo di **colloquio** è quello standard, classico, di **valutazione**[18], in cui – come a scuola – ci assegneranno punteggi in base a criteri prestabiliti quali un'esperienza rilevante, capacità di comunicazione appropriate per la posizione, un'attitudine positiva, il giusto livello di formazione professionale o accademica. Se la posizione richiede 10 anni di esperienza maturata in un contesto analogo, sapremo che questo criterio sarà determinante; se ne abbiamo solo 5, saremo candidati *deboli* in questa particolare dimensione, ma potremo comunque essere presi in considerazione. Questa metodologia di colloqui risulta un po' meccanica: sembra veramente di essere interrogati a scuola. Come candidati, dobbiamo essere *dunque flessibili nelle risposte e molto concreti negli esempi che forniamo.*

Una versione più articolata, ma per certi versi analoga a quella di valutazione, è il **colloquio basato sulle competenze.** In questa metodologia l'azienda ha definito le competenze chiave – in genere da quattro a sette – e ci verranno poste numerose domande per ognuna di queste. Con molta probabilità incontreremo più di un intervistatore e ognuno avrà come compito la valutazione di una particolare competenza; per esempio, le persone delle Risorse Umane indagheranno su aspetti legati all'intelligenza emotiva, se siamo dei bravi manager o se siamo delle persone che lavorano in sintonia con gli altri.

Per molti tratti questa metodologia può assomigliare alla tecnica di comportamento: spesso le domande riguardano il carattere, ma l'intervistatore vorrà valutare il nostro grado di competenza tecnica, il nostro livello di responsabilità, includendo anche alcuni aspetti comportamentali come, per esempio, la nostra capacità di lavorare in team.

L'ultima metodologia in realtà consiste nell'assenza di una chiara metodologia: in questo caso siamo alle prese con un intervistatore non molto esperto, che si limiterà a fare domande piuttosto generiche tipo "Mi racconti di cosa si occupa". Si tratta di un **colloquio di tipo descrittivo**, che avremo la possibilità di dirigere dove desideriamo, fornendo esempi e seguendo la metodologia STAR descritta sopra; faremo capire, così, all'interlocutore le nostre capacità, sia tecniche sia comportamentali, e come esse si adattano ai criteri stabiliti per la posizione.

Faccio ricorso a un breve storytelling per un'ulteriore riflessione. Steve Jobs, il fondatore di Apple, nel 1983 voleva assumere un CEO e prese in considerazione come candidato il presidente di Pepsi Cola, John Sculley. Che cosa gli chiese? "Vuoi passare il resto della tua vita a vendere acqua zuccherata o vuoi avere la possibilità di cambiare il mondo?"

Gli intervistatori più preparati non conosceranno solo le differenti metodologie o tecniche di colloquio, ma sapranno anche porci *la domanda che ci farà riflettere.* Dobbiamo essere pronti, avere quella flessibilità mentale, chiamata anche *intelligenza contestuale,* per cogliere il significato di quella domanda.

In ultimo, molte organizzazioni fanno ricorso a strumenti online per ottenere valutazioni sui candidati o, per le posizioni più senior, inviano i candidati in appositi centri di valutazione dove verranno osservati da psicologi e/o dirigenti.

Se dovessimo trovarci in una situazione come questa, nessun problema: rimaniamo calmi, focalizzati e autentici nel dare le risposte che sentiamo "nostre", non quelle che pensiamo possano essere le migliori.

SCOPRIRE PINOCCHIO

Durante i colloqui dobbiamo innanzitutto ascoltare bene quello che ci viene detto, non solo cercare di rispondere alle domande. Dobbiamo preparare alcuni quesiti ed essere pronti, come le aziende faranno con noi, a non accettare frasi fatte o retoriche senza avere prove concrete di ciò che ci viene riferito. Ecco di seguito alcuni esempi classici.

- *In quest'azienda abbiamo programmi di formazione per i neoassunti.* Quali sono? Quanti giorni? Qual è l'investimento che fa l'azienda sui corsi di formazione? È possibile parlare con una persona che ne ha già usufruito?
- *Ci sono molte opportunità di fare carriera.* Hanno piani di carriera prestabiliti? Quali sono? Quali sono i tempi? È possibile parlare con una persona che è stata promossa recentemente?
- *Rivediamo gli stipendi tutti gli anni.* Quando? Qual è stato l'aumento di stipendio medio dato negli ultimi tre anni? Secondo quali criteri sono aumentati gli stipendi?
- *Con il bonus si può raddoppiare lo stipendio.* In quanti ci sono riusciti? È possibile parlare con chi ha raggiunto questo obiettivo?
- *Potrai lavorare da casa quando vuoi.* Hanno regole interne che regolano l'applicazione di questa possibilità? Si può incontrare la persona che ha svolto questo lavoro in azienda e/o alcune persone del team?

Non si tratta di essere arroganti, ma di ottenere chiarezza su punti fondamentali per evitare spiacevoli sorprese (o bugie) e superficialità.

CONTRATTO DI LAVORO?

Abbiamo fatto una buona prima impressione, siamo riusciti a rispondere efficacemente alle domande tecniche, abbiamo dimostrato intelligenza emotiva e condotto un ottimo colloquio, consapevoli delle tecniche degli intervistatori e dei possibili "trabocchetti". Possiamo aspettarci l'offerta di lavoro? No, o meglio, *non ancora*.

Il momento della decisione in un'azienda è molto complesso perché sono coinvolti fattori che non dipendono da noi, ma che peseranno sulla decisione finale: l'azienda che ci dovrebbe assumere ha ancora il budget per farlo? Ha cambiato idea perché magari è arrivato il raccomandato di turno? Ha bloccato le assunzioni per una crisi aziendale?

Dobbiamo poi essere consapevoli che tutti abbiamo, agli occhi dell'azienda, almeno un fattore negativo a nostro discapito che potrebbe influire sulla scelta finale: età, sesso, provenienza geografica, scolarizzazione, preferenze sessuali, religione, il nostro accento, come siamo vestiti, nome e cognome sono elementi che, dobbiamo esserne consapevoli, potrebbero fare in qualche modo la differenza. Durante la mia più che ventennale esperienza di lavoro all'estero, per esempio, ho sempre dovuto combattere certi fastidiosi cliché legati alla mia origine italiana, dalla mafia al mandolino, alla pizza e fino alla politica poco trasparente.

Dopo aver superato tutti questi ostacoli e aver fornito le referenze, a garanzia della nostra serietà e competenza, se tutto va bene arriverà l'offerta di lavoro. Che cosa fare a questo punto? La mia opinione è che negoziare la nostra offerta debba essere non l'ultima azione del candidato, ma la prima, importantissima, da dipendente e contribuirà a creare la nostra futura reputazione in azienda.

I primi passi che faremo nel *nuovo villaggio*, infatti, saranno cruciali per sapere se avremo successo nel nostro nuovo lavoro.

4
L'ingresso nel villaggio

Come ottenere fiducia

Ama tutti, da' fiducia a pochi, non danneggiare nessuno.
William Shakespeare

LA FIDUCIA, LEVA FONDAMENTALE NELLE ORGANIZZAZIONI

In questo capitolo affronteremo un aspetto fondamentale della costruzione del nostro successo in qualunque organizzazione: come *ottenere fiducia*? Tutti sappiamo quanto essa sia importante. Qui non si tratta di andare alla ricerca di una perfetta definizione accademica, ma piuttosto verso lo sviluppo di azioni concrete, relative all'incontro con *i locali*, con i nuovi colleghi e con i superiori – tema che verrà sviluppato nel capitolo successivo – per l'inserimento in una cultura e in un ambiente di lavoro nuovo. Come facciamo a costruire in maniera duratura un rapporto di fiducia in questo contesto?

Ritengo che *costruire fiducia* sia il tema centrale nelle organizzazioni, nonché la trave portante del successo di una persona sul lavoro, indipendentemente da livello, settore o azienda[1]. Durante i miei 25 anni di esperienza ho imparato che le imprese possono *perdonare* la mancanza di risultati, anche se solo per un periodo di tempo definito, ma diventano impietose se si rompe o se solo *si incrina* il rapporto fiduciario.

La fiducia non è qualcosa che si ha ma qualcosa che si costruisce, che si mantiene e si apprende. Vaclav Havel, poeta e filosofo presidente della Repubblica Ceca dal 1989 al 1993, in un discorso dopo la Rivoluzione di velluto che rovesciò il regime comunsta cecoslovacco disse: "Dobbiamo imparare a fidarci gli uni degli altri". Nelson Mandela, il giorno del suo insediamento come presidente del Sudafrica, dopo aver passato 26 anni della sua vita in prigione a causa delle locali politiche di apartheid, di segregazione razziale, invitò come ospiti d'onore le stesse guardie carcerarie che lo avevano vessato e umiliato per anni. Il messaggio era chiaro: "Se riesco a fidarmi io di loro, allora tutti noi possiamo farlo, dando così l'avvio a un processo di riconciliazione nazionale per ricostruire il Paese"[2]. I grandi leader non partono da piani strategici e dal budget: uniscono, non dividono, e iniziano sempre dalla costruzione della fiducia. Faremo così anche noi.

Inizieremo dalla negoziazione – e dalla cooperazione – necessaria per ottenere un contratto di lavoro, o lettera di assunzione, che sia soddisfacente sia per noi sia per l'azienda. Ottenere il tanto sospirato contratto di lavoro costituisce l'ultimo passaggio di un processo di selezione che può durare a lungo, anche alcuni mesi. Dal punto di vista *emotivo*, la negoziazione del contratto di lavoro rappresenta una tappa significativa in cui inizieremo a stabilire la nostra *reputazione* e il modo in cui saremo percepiti in azienda. È un momento chiave, quindi, per farci conoscere, per iniziare a ottenere la *fiducia*; vi entrano in gioco molte variabili, non tutte controllabili, tra cui tre errori, bias conoscitivi, molto frequenti fra i candidati in questa fase, chiamati *effetto ancoraggio*, *effetto aureola* ed *effetto scala*.

Nella seconda parte del capitolo, ci occuperemo di come costruire un rapporto fiduciario con l'azienda o l'organizzazione di cui faremo parte. Non mi riferisco solo agli aspetti tecnici di un mestiere ma a un aspetto più profondo e duraturo. Che si tratti di un impiego in una grande azienda o al negozio di frutta e verdura dietro l'angolo, ci sono, e ci saranno sempre, alcuni ingredienti fondamentali per stabilire il rapporto di fiducia, condizione *sine qua non* si fallisce. Li descriverò uno per uno, con storie vere, e poi svelerò una *formula magica*. Non sto scherzando: esiste una vera e propria formula matematica che ci può aiutare a decifrare, capire e mettere in atto un piano per guadagnare la fiducia, elemento base per una relazione professionale o personale di successo.

Sono convinto che *la fiducia sia l'indice più importante della qualità delle relazioni tra persone, tra gruppi di persone o tra una persona e un'organizzazione.* Dobbiamo anche essere consapevoli che la fiducia sarà sempre e comunque condizionata, non avremo mai un "assegno in bianco", un credito illimitato, ed è un bene che sia così. Abbiamo imparato dalla storia cosa succede quando una nazione o un'organizzazione si fidano ciecamente di una persona.

NEGOZIAZIONE DEL CONTRATTO

I colloqui sono finiti, le referenze sono state verificate, abbiamo avuto l'impressione che le interviste siano andate bene. I giorni successivi passano divisi tra l'ansia e la contentezza. Per scaramanzia non diciamo niente. Poi finalmente arriva la bella notizia, via telefono, SMS o e-mail: hanno deciso di offrire – proprio a noi – il posto di lavoro. Un consiglio, usiamo prudenza: tutto ciò non costituisce *ancora* un contratto di lavoro e solo un vero e proprio documento debitamente firmato dall'azienda ha un valore legale; quindi aspettiamo a stappare la bottiglia che abbiamo messo in frigorifero. Quando ci viene inviata la bozza di contratto, dobbiamo leggerla bene, non una volta sola, almeno tre. Se lavoriamo altrove, non diamo subito le dimissioni: aspettiamo, ci sono ancora alcune tappe da percorrere.

In particolare, abbiamo tre aspetti da prendere in considerazione durante la fase della negoziazione: le informazioni disponibili per prendere la migliore decisione, i tempi giusti e infine le modalità, il *tono* in cui lo facciamo. *Est modus in rebus*: c'è modo e modo in tutte le cose, scrivevano i nostri antenati. Avevano ragione.

Contratto: stipendio e altri fattori

Pensiamo a che cosa abbiamo fatto l'ultima volta che abbiamo comprato un'automobile, affittato una casa oppure quando abbiamo deciso di fare un viaggio: in poco tempo siamo diventati esperti in quel campo. Tutti siamo diventati *ricercatori*, abbiamo fatto domande ad amici e conoscenti, parlato con specialisti, passato ore su Internet, letto riviste specializzate.

Bene: adesso dobbiamo applicare questa metodologia per ottenere le condizioni migliori. L'azienda cercherà spesso di risparmiare, a maggior ragione durante periodi di crisi, mentre noi cercheremo di ottenere il massimo possibile. Cominceranno le danze e noi dovremo dimostrare di essere ballerini provetti, senza calpestare i piedi di chi sta danzando con noi, cercando di coordinare i movimenti e di collaborare.

Non è semplice ottenere informazioni esatte sugli stipendi, anche se alcune organizzazioni le condividono online, come per esempio le Nazioni Unite[3]. Al solito, Internet ci mette a disposizione informazioni utili. In Italia potremmo iniziare da www.iltuosalario.it oppure www.destinazionelavoro.com; www.pmi.it o www.jobpricing.it. Queste pagine web ci forniranno indicazioni di base per mestiere, per esempio "insegnante elementare" o per settore, tenendo presente, come è risaputo, che alcuni ambiti pagano in media meglio di altri: si pensi a quello assicurativo, meglio retribuito rispetto a quello alberghiero.

Altra fonte inesauribile di informazioni è www.glassdoor.com, dove i dati sulle aziende sono forniti anonimamente da chi vi lavora (lo stesso principio di Tripadvisor, applicato alle imprese); su questa piattaforma, candidati e persone che lavorano esprimono liberamente i loro pareri, aggiungendo gli aspetti maggiormente positivi o negativi. Particolarmente spassose le storie di colloqui, la lista di domande che vengono poste e quella delle cose che le aziende si aspettano. Possiamo selezionare le organizzazioni cui siamo interessati e settimanalmente riceveremo un'e-mail con vari commenti, sia di candidati sia di dipendenti.

Se fossimo interessati a lavorare negli Stati Uniti, potremmo consultare www.salary.com, www.salaryexpert.com, per livelli medio alti, oppure www.jobstar.com, una vera e propria miniera di informazioni. Con una semplice ricerca su Google "Jobs in London", scopriremmo dozzine di pagine web per trovare lavoro a Londra (siti come www.careerbuilder.co.uk/london) oppure per capire quanto è possibile guadagnare nella capitale inglese (per esempio www.reed.co.uk/average-salary). Se fossimo interessati a lavorare in Svizzera, potremmo iniziare su www.jobup.ch.

Inoltre, ogni mese nascono dozzine di nuove webpage "specializzate" per professioni o per settori, quasi tutte disponibili gratuitamente. Solo per fare un esempio, www.care.com, specializzata in ricerche per baby sitter negli Stati Uniti, tra le più seguite, riporta anche gli onorari richiesti per ogni ora di lavoro.

Un passo ulteriore è quello di effettuare ricerche *personali mirate*. Per esempio, possiamo verificare se un nostro contatto LinkedIn è occupato nell'azienda che ci ha offerto il lavoro e – molto educatamente e delicatamente – chiedere 10 minuti del suo tempo per domandargli le informazioni di cui abbiamo bisogno.

In qualità di candidati arrivati nella fase finale dobbiamo evitare tre errori tipici: *l'effetto ancoraggio, l'effetto aureola* e *l'effetto scala*. Vediamoli uno per uno.

Effetto ancoraggio: l'*anchoring*, o ancoraggio, indica un bias conoscitivo che ci porta a decidere in base a un'informazione che valutiamo essere l'unica rilevante; tra i primi a studiare gli effetti di questo fenomeno possiamo ricordare Daniel Kahneman, premio Nobel per l'Economia nel 2002. Nella mia esperienza lavorativa ho notato che molti candidati hanno un numero, una cifra fissata in mente: per esempio, un candidato che guadagna 1.347 euro al mese (cifra indicata come stipendio medio mensile in Italia secondo uno studio CGIL[4]) e che si pone come unico obiettivo ottenere uno stipendio di 1.600 euro al mese. Anche se ci riuscisse – e glielo auguro – questo candidato dovrebbe valutare anche altri aspetti: la nuova azienda potrebbe non offrire una copertura assicurativa o non avere la mensa, potrebbe offrire solo due settimane di ferie invece di cinque o non prevedere nessun aumento per i tre anni successivi. O ancora, il posto di lavoro potrebbe trovarsi a distanza notevole dal luogo di residenza: il nostro tempo ha un valore immenso che dobbiamo tenere presente e valutare. L'ancoraggio su una cifra fissata soggettivamente da noi può rivelarsi un falso obiettivo. Anzi, come appena osservato, anche nel caso lo stipendio proposto sia più elevato come cifra assoluta, potrebbe addirittura succederci di ritrovarci in condizioni *peggiorate*. Dobbiamo, quindi, fare una valutazione complessiva riguardo a ciò che ci viene offerto, inclusi i fattori non facilmente monetizzabili. Dobbiamo anche capire *quanto spazio* di negoziazione abbiamo. Se il nostro supervisore guadagna 2.200 euro al mese e i nostri colleghi tra 1.400 e 1.700 euro, sapremo quale sarà la fascia retributiva disponibile e conosceremo i nostri limiti di manovra. L'ultimo aspetto da valutare è il potere di acquisto che, come sappiamo bene, varia a seconda dei luoghi. Se 1.500 euro al mese equivalgono a uno stipendio basso a Milano, hanno invece un impatto diverso, per esempio, in una piccola città del Sud. Una mia collega si è trasferita da Ginevra, una delle città più costose del mondo, per andare a lavorare in Sudafrica, uno dei Paesi meno cari al mondo; inizialmente sbalordita nel costatare che nel suo nuovo lavoro guadagnava circa la metà in termini assoluti, nel giro di poco tempo ha capito che le sue condizioni economiche erano in realtà migliorate. Per avere un'idea più precisa del concetto di potere d'acquisto, possiamo considerare il cosiddetto indice Big Mac[5], vale a dire un indicatore che fornisce il potere d'acquisto nei vari Paesi. Anche la società di consulenza Mercer fornisce informazioni aggiornate e utili per capire i differenziali di costo e di potere d'acquisto tra le varie nazioni[6].

Effetto aureola. Il secondo errore da evitare è l'*halo effect*[7], vale a dire l'*effetto aureola*. Il termine fu coniato dallo psicologo Edward Thorndike negli anni Venti. Sostanzialmente si tratta di un effetto legato alla prima impressione che porta a supporre che una persona o un'organizzazione che possiede una determinata caratteristica debba automaticamente possederne altre analoghe. Il candidato è simpatico e brillante? Deve essere anche intelligente e pure un gran lavoratore. Se vogliamo lavorare in un'azienda prestigiosa, ne deduciamo che il nostro lavoro dovrà essere ugualmente prestigioso. Ne siamo proprio sicuri?

Effetto scala. Il terzo errore, l'*effetto scala*, è legato a uno schema il più delle volte inconsapevole. Esso deriva dal modello della *ladder of inference* ("scala di inferenza"), inventato da Chris Argyris (1923-2013), professore di management ad Harvard. Il nostro schema mentale ci porta a selezionare un'informazione tra le tante disponibili; questa viene interpretata secondo il nostro schema di riferimento, da cui traiamo le conclusioni, la nostra chiave interpretativa e quindi agiamo di conseguenza. In altre parole, *saliamo velocemente le scale*, senza avere analizzato il problema a fondo, ostaggi del modello mentale che abbiamo inconsapevolmente sviluppato. Bisognerebbe invece ascoltare le nostre reazioni, prestare attenzione gli altri e *scendere gli scalini per capire cosa ci abbia portato a trarre determinate conclusioni.*

Come candidati quindi, in questa delicata e importante fase finale, dobbiamo evitare gli effetti *ancoraggio, aureola, scala* e ottenere informazioni per valutare l'offerta di lavoro in un contesto più ampio: non dimentichiamoci mai che lo stipendio è una cifra relativa, calcolata in base al potere d'acquisto: seppure importante, non deve essere l'unico elemento di decisione.

TEMPISTICA E MODALITÀ

Azzardo un paragone ardito. Il processo di selezione è per certi versi simile a un lungo, prudente, intelligente e rispettoso corteggiamento in cui non si possono fare mosse affrettate o sbagliate. Dopo una fase iniziale di curiosità, passeremo all'interesse reciproco, per arrivare alla fase di conoscenza, poi a quella del "Mi piaci" e infine alla fase finale, in cui – si spera – gli interessi dell'azienda convergono con quelli del candidato. Nella mia attività professionale ho negoziato più di 1.000 offerte di lavoro in tante nazioni e con persone con diverse esperienze: da neolaureati al primo impiego a ex primi ministri. Per tutti valgono i seguenti suggerimenti.

La nostra regola d'oro deve essere quella di lasciare che sia l'azienda a parlare per prima di soldi. Ci sentiremo quindi fare questa domanda: "Quali sono le vostre aspettative di stipendio?". Non potendo non rispondere, potremo considerare tre risposte, presentate in ordine di preferenza.

- "Essendo voi gli esperti sia del mercato sia della vostra azienda, immagino che abbiate ben presente la fascia retributiva per un lavoro così importante: me la potrebbe indicare per piacere?"
- "La mia retribuzione è di x, cui si deve aggiungere y; quindi, se avessi l'opportunità di lavorare con voi, credo sia realistico pensare a un miglioramento complessivo di z..."
- "Pensavo a una retribuzione complessiva indicativamente tra i 2.200 e i 2.500 euro al mese, ma vorrei avere qualche dettaglio ulteriore: se avete una revisione annuale degli stipendi, cosa potrei aspettarmi in futuro come miglioramento, cosa offrite come benefit, per esempio l'assicurazione medica o prestiti a tasso agevolato" (in genere le aziende tendono a dare benefit che rispecchiano la loro attività. Una banca potrebbe concedere prestiti agevolati, una catena alberghiera sconti per soggiorni e via dicendo).

L'intervistatore potrebbe essere abbastanza meschino nel dirvi: "A parità di qualifiche professionali, sceglieremo il candidato meno caro". Cosa rispondiamo? A me è capitato: risposi che era una scelta legittima ma, vista l'importanza della posizione, fosse dipeso da me, avrei preso il candidato più qualificato, non quello meno costoso. Mi diedero ragione. E offrirono il lavoro a un altro.

Altri fattori che influenzeranno la scelta sono le regole interne e la cultura aziendale. Innanzitutto alcune imprese non hanno problemi a negoziare: per esempio, quelle famigliari con un proprietario che decide di testa sua o le banche d'affari, dove sembra quasi che si aspettino che un candidato negozi duramente. Altre aziende, al contrario, proprio non lo possono fare, come l'amministrazione pubblica, dove gli stipendi sono spesso stabiliti dalla legge.

Un altro fattore: se cerchiamo lavoro quando *non ne abbiamo uno*, saremo in condizione negoziale di relativa debolezza a meno che non abbiamo già un'offerta di lavoro, scritta, da un'altra società. Mi raccomando, niente trucchi: indicativamente quando i candidati mi hanno detto di avere un'*altra* offerta in mano, ciò corrispondeva al vero solo il 20% delle volte. Il mio consiglio è quello di non bluffare, ma di essere sempre onesti.

E ancora: se ci hanno contattato, saremo in una posizione di forza relativa. Una volta mi capitò di essere chiamato direttamente da un'azienda perché un ex collega aveva fatto il mio nome. Durante i colloqui mi dissero chiaramente che erano in piena emergenza, avevano fretta perché il candidato interno aveva dato le dimissioni e quello esterno aveva cambiato idea all'ultimo momento per questioni di famiglia. Ero, quindi, in una posizione di relativa forza contrattuale, l'azienda in quel momento non aveva valide alternative disponibili. Risultato? Chiesi e ottenni il 30% in più di quanto mi avevano inizialmente indicato. Non feci altro che applicare la famosa *regola delle combinazioni tra rapidità, costo e qualità*: se vogliamo ottenere una cosa rapidamente e pagando poco non può essere di qualità; se la vogliamo di qualità e poco costosa, non può essere rapida; se la vogliamo rapida e di qualità, non può essere poco costosa. Lo stesso principio si applica alla selezione dei candidati e potrebbe essere un punto a nostro vantaggio: abbiamo bisogno di informazioni anche in questi frangenti.

La lista degli elementi da considerare per accettare o meno un lavoro è corposa, ma – attenzione – nessun contratto al mondo ci fornirà l'informazione più importante e significativa, senza la quale qualunque altra condizione risulta irrilevante. Quanto impareremo? Diventeremo professionisti più qualificati? Saremo in grado di aumentare il nostro *valore*, non solo professionale ma anche umano? Bisogna diventare *animali da apprendimento*, come dicono alla Google[8], e avere una passione interiore che prescinda da qualunque considerazione di tipo finanziario o contrattuale. Le motivazioni devono essere intrinseche, interiori, profondamente parte di quello che siamo e facciamo.

Detto questo, per considerare una proposta di lavoro potrebbe essere utile elencare e valutare ogni aspetto in base a due elementi: quanto sia importante per noi e il nostro grado di soddisfazione in rapporto a quello che viene offerto, per esempio su una scala tra 1 e 5. Possiamo aggiungere tutti gli elementi che ci interessano, alcuni facilmente quantificabili (stipendio), altri meno, come il grado di autonomia che avremo nel nostro lavoro. La visualizzazione di quest'analisi ci darà informazioni molto valide sulla bontà della nostra scelta, a condizione di non perdere di vista la passione che abbiamo e l'apprendimento che otterremo nel fare un determinato lavoro.

Elemento da considerare	Importanza per noi	Soddisfazione
Stipendio		
Benefit		
Vacanze		
Corsi di formazione		
Ambiente internazionale		
Titolo e posizione		
Durata del contratto		

Credo, però, che sia riduttivo pensare alla negoziazione come a un *gioco a somma zero*, dove una persona vince e una perde. Se abbiamo deciso di accettare la proposta di lavoro, dobbiamo passare *dalla negoziazione alla cooperazione*, una strategia in genere molto più efficace della lotta *muro contro muro*. Suggerisco di scrivere, o di dire a voce, al vostro futuro capo un messaggio di questo tipo:

> Gentile Dottor(essa) ...,
> La ringrazio sentitamente per l'offerta di lavoro: è per me un onore e un privilegio entrare a far parte della Vostra prestigiosa organizzazione.
> Ho letto con attenzione la Vostra proposta e Vi sono riconoscente per la fiducia che mi avete dato. Prima di firmare il contratto di lavoro, mi permetta di chiederLe se potesse concedermi cortesemente mezz'ora del suo tempo per conoscere la sua opinione e avere il suo consiglio su come risolvere alcune questioni relative al documento. Le assicuro che sono lusingato dall'offerta e che non vedo l'ora di cominciare a lavorare non appena queste questioni saranno risolte".

La frase chiave è "conoscere la sua opinione e avere il suo consiglio". Questo approccio funziona sempre: l'interlocutore vuole "chiudere" e apprezzerà il fatto di essere parte della soluzione; con un pizzico di umiltà, cercheremo di avere un miglioramento su alcuni aspetti legati al contratto. Se dovessimo dire "Vorrei uno stipendio più alto", ci risponderanno con un fermo e cortese rifiuto, quindi bisognerà adoperare un approccio diverso, per esempio dicendo: "Se dovessi rimanere nel mio attuale lavoro, mi darebbero un aumento in tre mesi tra il 3 e il 4%: apprezzerei moltissimo se lo stipendio offerto potesse essere rivisto alla luce di questa informazione". Concreto, fattuale, non emotivo, chiaro. Per chiudere con il paragone del corteggiamento, se abbiamo deciso di *sposarci* non vale la pena di litigare su chi pagherà i confetti.

Quest'approccio, il passaggio dalla negoziazione alla cooperazione nelle battute finali, funziona sempre, ve lo assicuro. Stephen Covey[9] ci incoraggia a pensare a situazioni *win-win* dove non ci sono vincitori e perdenti, ma dove tutti possono guadagnare qualcosa. Comportandoci in questo modo, inizieremo a lavorare con un alleato, la persona che ha attivamente contribuito alla soluzione di un problema, e inizieremo a sviluppare una reputazione da persona seria, ferma, cortese, intellettualmente onesta.

Se le condizioni dell'offerta iniziale non dovessero migliorare con la negoziazione, dovremo fare una riflessione e compiere una scelta ponderata. Ma nella mia esperienza, più del 90% delle proposte vengono accettate e, alla fine, si trova quasi sempre un punto d'incontro tra azienda e candidato.

Tuttavia, ricordiamoci che solo con il contratto firmato potremo festeggiare. Appena inizieremo il nuovo impiego, inviteremo per un caffè la persona che ci ha dedicato il suo tempo e il suo aiuto, e la ringrazieremo guardandola negli occhi: diventerà un prezioso alleato.

Prima, però, dobbiamo chiudere con la nostra organizzazione, con il posto di lavoro, i colleghi con cui abbiamo lavorato per tanto tempo; ne riparleremo diffusamente nel *Capitolo 8*. Dobbiamo farlo con gentilezza, classe, educazione e rispetto. Il tempo è galantuomo, non si tagliano mai i ponti o i rapporti costruiti negli anni, anche se è impossibile mantenere relazioni professionali o personali con tutti. Scriviamo la lettera di dimissioni aggiungendo un caloroso ringraziamento ai colleghi e al capo, senza retorica artificiale o peggio piccole vendette. Andiamocene con dignità, a testa alta, lavorando fino alle 17 dell'ultimo giorno, ringraziando tutti, stringendo mani, con sorrisi e sincerità. Se dovessimo avere nemici, ricordiamoci che la miglior vendetta è dimostrare di essere persone perbene, sempre: non ci abbassiamo mai al livello di chi ci ha ferito. Parlo per esperienza: la vita professionale è un po' come una maratona, 42 chilometri sono lunghi, fare uno sprint a gomitate non paga, in tutti i sensi.

COSTRUIRE LA FIDUCIA NELLE ORGANIZZAZIONI

Firmato il contratto, abbiamo un lavoro nuovo. Siamo, giustamente, soddisfatti e contenti. Forse abbiamo fatto salti di gioia quando nessuno ci vedeva, abbiamo portato la persona amata a mangiare una pizza insieme per festeggiare. Ora vogliamo iniziare bene[10] nel nostro nuovo impiego e la prima domanda che ci poniamo è: "Come faccio a ottenere la fiducia di cui ho bisogno?".

Buone notizie: se ci hanno offerto un lavoro, hanno già iniziato a fidarsi di noi. Come quando ci sposiamo: crediamo in buona fede nella nostra scelta e ce la metteremo tutta perché funzioni. Quindi partiamo da una solida base ma non abbiamo un credito illimitato ed è un bene sia così: fiducia sì, ma non "fiducia cieca" a prescindere. Partendo dalla "formula magica" descritta nel libro *The Trusted Advisor*[11] di David Maister, vi propongo a partire alla mia esperienza alcune istruzioni per l'uso; come fosse una ricetta di cucina elencherò gli ingredienti, inclusi quelli da non utilizzare, e aggiungerò alcune componenti.

A quel punto, dopo aver interiorizzato la formula, saremo in grado d'iniziare il nuovo lavoro.

Credibilità e affidabilità

Secondo Giulio Gili[12], la credibilità ha una *radice cognitiva*, in qualità di competenza legata a qualifiche riconosciute a un esperto, e una *radice etico-normativa*, ossia la condivisione di valori percepiti, quali per esempio l'integrità. Come candidati e come dipendenti dobbiamo continuamente dimostrare sia la nostra conoscenza tecnica sia un comportamento etico irreprensibile.

Il concetto di fedeltà assume spesso un significato "pratico": la persona fedele è in genere valutata anche come molto *affidabile*.

Francesco Totti, giocatore e capitano della Roma dal 1992; Javier Zanetti, giocatore e capitano dell'Inter dal 1995 al 2014; Paolo Maldini, giocatore e capitano del Milan dal 1985 al 2009; Alessandro Del Piero, giocatore e capitano della Juventus dal 1993 al 2012. Tutti grandi campioni, idoli delle rispettive tifoserie, rispettati da giocatori e tifosi avversari.

Pensiamo adesso ad altri giocatori: Christian Vieri ha giocato per 15 squadre diverse in 19 anni; Mario Balotelli, 4 squadre in 7 anni; Antonio Cassano, 8 squadre in 15 anni; polemiche, comportamenti alle volte sconcertanti, ben pochi rimpianti da parte dei tifosi che li hanno visti partire.

Se fossimo il Presidente di una squadra di calcio e potessimo *assumere* (ingaggiare) uno di questi calciatori, chi vorremmo nella nostra squadra, a chi offriremmo il lavoro? Come valuteremmo la loro fedeltà e affidabilità? Cosa pensiamo di un calciatore, o candidato, che ha cambiato squadra quasi tutti gli anni? Questi casi fanno comprendere, per esempio, che il talento è solo uno dei fattori che influenza la propensione delle aziende a offrire un lavoro. Altri elementi sono considerati più rilevanti non solo per la scelta dei candidati ma anche nello sviluppo delle carriere, tema che discuteremo più approfonditamente nei capitoli successivi.

L'affidabilità e la lealtà sono qualità molto più apprezzate rispetto all'avere magari un grande talento ma essere percepiti come mercenari o poco leali ai colori, siano di una squadra di calcio o di un'organizzazione. Quando andiamo a *giocare* in una squadra, desideriamo essere considerati come i giocatori del primo gruppo o del secondo? Gli stessi criteri che noi utilizziamo da tifosi vengono adoperati dalle aziende. Facile no?

Vicinanza

L'organizzazione Missionarie della Carità[13], fondata nel 1950 da Madre Teresa di Calcutta,premio Nobel per la pace 1979, con sedi in più di 130 nazioni e oltre 4.000 dipendenti, ha come scopo l'essere al servizio assoluto dei più poveri tra i poveri: rifugiati, malati di Aids, ex prostitute, anziani abbandonati, portatori di handicap, derelitti, scarti di una società che non considera chi è debole, senza protezione. Gli addetti dell'organizzazione lavorano gratuitamente, agendo sul campo, vivendo con umiltà al fianco delle persone bisognose dimenticate da tutti, facendo *una scelta morale prima ancora che strategica.*

George W. Bush, presidente degli Stati Uniti all'epoca dell'uragano Katrina, che colpì la zona sud degli Stati Uniti il 28 agosto 2005 mettendo in ginocchio l'intera città di New Orleans, era in vacanza al momento della catastrofe, così come i vertici della sua amministrazione. Bush scese dall'aereo a Washington con in braccio il suo cane solo dopo tre giorni, sorvolando appena le zone colpite dall'uragano. Questa immagine provocò insanabili danni politici e segnò profondamente l'immaginario collettivo della nazione traumatizzata. L'indifferenza di Bush, mista al senso di totale incompetenza e all'approssimazione nella gestione della crisi, fecero toccare il fondo alla sua presidenza: se dopo l'11 settembre il suo consenso raggiungeva più del 90%, dopo l'uragano Katrina il dato crollò a meno del 40%; un americano su due aveva cambiato opinione e non avrebbe poi probabilmente votato per i repubblicani, spianando la strada alla storica vittoria elettorale di Barack Obama del 2008.

Anche qui due storie diverse. La presenza di Madre Teresa, sempre a fianco dei diseredati, e l'assenza imbarazzante di Bush o di tanti politici quando abbiamo bisogno – non solo quando ci sono le telecamere – sono indicative. "Show up", dicono gli americani: bisogna essere presenti.

Non parlo di timbrare il cartellino o di rimanere in ufficio fino a tarda notte tutti i giorni. Credo, anzi, che passare sempre 10-12 ore al giorno in ufficio sia sbagliato e controproducente. Semplicemente dobbiamo *essere lì*, dove e quando hanno bisogno di noi. Se vogliamo fare i medici, questo può significare una disponibilità quasi totale; se facessimo i maestri, dovremmo essere disponibili quando i bambini sono a scuola; se fossimo dirigenti, quando vengono prese decisioni importanti. E per tutte le persone che lavorano con noi la vicinanza non è solo presenza fisica: può assumere il connotato morale dell'umiltà.

Vicinanza e umiltà contano molto più di quanto possiamo immaginare. Nel 1990 lavoravo a Milano: un dipartimento doveva assolutamente finire un compito amministrativo tedioso e ripetitivo entro fine anno. Era il 30 dicembre ed eravamo in ritardo preoccupante, non ce l'avremmo mai fatta. Il direttore generale, che 25 anni prima aveva iniziato esattamente a fare quel tipo di lavoro, decise di rimboccarsi le maniche e mettersi a lavorare a fianco degli impiegati, a dare una mano. Lo seguimmo tutti. Erano le 14; alle 20 ordinammo pizze per tutti; alle 7 di mattina arrivarono i cappuccini, proprio quando – stravolti – avevamo finito. Ancora mi ricordo quella notte passata in ufficio, la vicinanza stabilita in quel momento aveva fatto capire a tutti che il direttore generale era rimasto umile, uno di noi. Indimenticabile, per tutti.

Conflitto di interessi e imparzialità

Secondo la definizione di Wikipedia un conflitto di interessi[14] è "una situazione che si verifica quando viene affidata un'alta responsabilità decisionale a un soggetto che abbia interessi economici, personali o professionali in conflitto con l'imparzialità richiesta da tale responsabilità, che può venire meno visti tali interessi in causa". Nello stabilire un rapporto di fiducia, entrerà in gioco la *percezione* che ci sia, o che ci possa essere, un conflitto di interessi. Dobbiamo essere vigili e attenti che questo non succeda ed evitare qualunque ombra ci possa danneggiare.

Paul Wolfowitz[15] fu nominato presidente della Banca Mondiale nel 2005 dal presidente americano George W. Bush, una nomina molto discussa per il ruolo che Wolfowitz aveva avuto nell'entrata in guerra degli Stati Uniti contro l'Iraq. Fu costretto a dimettersi in seguito a un aumento di stipendio concesso alla sua compagna a dispetto delle regole interne della Banca Mondiale; la motivazione del licenziamento fu espressa a chiare lettere dal consiglio di amministrazione: "Paul Wolfowitz non ha accettato le regole sul conflitto di interessi, cercando di negoziare per se stesso una soluzione diversa da quelle che avrebbe applicato per qualunque altro dipendente dell'organizzazione per cui è stato selezionato come presidente". Parole pesanti come pietre, epitaffio finale di una carriera.

Casi analoghi in questo campo purtroppo non mancano, per esempio il libro *La casta* di Gian Antonio Stella e Sergio Rizzo ne fornisce a centinaia, grotteschi e, soprattutto, dolorosi da leggere. La lezione che abbiamo imparato sulla nostra pelle è che il conflitto di interessi, o la mancanza di imparzialità che esso produce anche quando è solo *percepito*, fa perdere credibilità e autorevolezza, intesa nel significato più profondo di integrità morale.

Arroganza, Ubris

A pensarci bene la storia, la letteratura e la cronaca ci hanno raccontato le vicende di moltissimi personaggi presi dalla propria *Ubris* e poi spariti nel nulla senza troppe cerimonie né rimpianti.

Abraham Lincoln, sedicesimo presidente americano, affermò che per conoscere la vera natura di un uomo bisogna osservare come usa il potere. La tentazione di farlo con arroganza lasciamola agli altri, ce ne sono già tanti e non è divertente mettersi in coda.

Piccolo segreto: molto spesso le aziende non finalizzano l'offerta di lavoro ai candidati dopo aver osservato come si sono comportati (male) con la segretaria e con la persona alla reception oppure come hanno risposto al telefono o a un'e-mail.

Risultati e aspettative

All'inizio di questo capitolo abbiamo parlato di come costruire la fiducia, che sarà corrisposta solo in maniera condizionata e relativa. Condizionata dai risultati e relativa alle aspettative create.

Felipe Scolari sembrava l'uomo più felice e fortunato del mondo: dopo una carriera di successo come allenatore di calcio, aveva già vinto i mondiali nel 2002 con il Brasile e fu scelto ancora per guidare la squadra in occasione di Brasile 2014. Il torneo iniziò, tra mille polemiche sui ritardi e le enormi spese sostenute per ospitare i Mondiali, ma questi problemi vennero in parte dimenticati perché il Brasile, secondo tutti i pronostici, si apprestava a vincere la sua quinta Coppa del Mondo. E invece il Brasile arrivò, non senza patemi, fino alla semifinale con la Germania, una partita che rimarrà nella storia non solo del calcio ma nei drammi collettivi di una nazione: il risultato finale fu 7 a 1 per la Germania; i giocatori del Brasile uscirono dal campo, chi in lacrime, chi in stato di shock; alcuni brasiliani, disperati, si tolsero la vita la sera stessa; il presidente della nazione fece un discorso drammatico alla televisione per rincuorare i cittadini. Due giorni dopo un Brasile senz'anima perse di nuovo la finale per il terzo posto, ma a quel punto non importava più niente a nessuno. Felipe Scolari fece una veloce apparizione in sala stampa, farfugliò alcune parole, si dileguò. Da allora si sono quasi perse le sue tracce: ricomincia ad allenare una squadra di medio livello, il Grêmio di Porto Alegre, poi va ad allenare in Cina, sotterrato da una valanga di aspettative non corrisposte.

Iniziando un lavoro avremmo sempre e comunque aspettative da fronteggiare, anche se non dovessimo fare promesse o proclami. I risultati ottenuti dal nostro predecessore saranno sempre paragonati alla nostra performance quando entriamo in un'azienda. Alcune aspettative saranno esplicite, del tipo "Dobbiamo fatturare almeno..."; altre risulteranno più sfumate, se non addirittura nascoste proprio a noi stessi. I nostri risultati saranno sempre valutati in relazione alle aspettative create o presunte. Sempre meglio promettere poco e fare molto di più che il contrario: errore classico della persona con poca esperienza che tende a sottostimare o non conosce affatto le difficoltà interne di un'azienda.

Cosa dobbiamo fare? Credo che la cosa migliore sia promettere solo un grande impegno e, come si dice, "volare basso", lasciando perdere i proclami e lavorando duramente. Molti concordano che tra i migliori discorsi politici mai fatti, insieme a quello di Martin Luther King "Io ho un sogno" tenuto nel 1963 a Washington, ci sia il primo discorso tenuto al Parlamento inglese da Winston Churchill il 13 maggio 1940, nel pieno della Seconda guerra mondiale: "[...] non ho nulla da offrire se non sangue, fatica, lacrime e sudore" (letteralmente "Blood, toil, tears and sweat"). Cosa chiese? Unità fra tutte le forze politiche, che ottenne. Cosa voleva? Vittoria, per fermare il nazismo definito, giustamente, una tirannia mostruosa[16]. Un'altra lezione di leadership da uno dei maggiori statisti mai esistiti.

LA FORMULA DELLA FIDUCIA

Eccoci quindi alla formula matematica che dobbiamo sempre tenere presente per conquistare la fiducia di chi ci sta intorno. La fiducia che riusciremo a ottenere è legata alla somma della nostra credibilità, affidabilità e vicinanza. Questo capitale rappresenta la nostra *reputazione,* ossia *ciò che viene detto di noi quando non siamo presenti.*

La nostra reputazione verrà poi divisa per la somma del conflitto di interesse e dell'arroganza o *Ubris.* Il risultato sarà poi moltiplicato per la differenza tra risultati che dobbiamo ottenere, e le aspettative che dobbiamo limitare. Gli *ingredienti* che ho aggiunto io sono l'arroganza, i risultati e le aspettative.

$$\frac{(\text{credibilità} + \text{affidabilità} + \text{vicinanza})}{(\text{conflitto d'interesse} + \text{arroganza})} \times (\text{risultati} - \text{aspettative}) = \text{fiducia}$$

5
L’incontro con i locali

Capire le regole del gioco

Prima cerca di capire, poi di essere capito.
Stephen R. Covey, *Le sette regole per avere successo*

WELCOME TO THE JUNGLE

Stiamo per affrontare, ora, un tema di grande rilievo: una volta entrati nell’organizzazione in cui lavoreremo, *di chi ci possiamo fidare?* Prima di poter rispondere dovremo anzitutto conoscere a fondo le persone che ne fanno parte. Vi presenterò, quindi, le tipologie di individui che incontreremo e analizzeremo come gestire il rapporto con i nuovi colleghi. Sono convinto che entreremo in uno “zoo” in cui dovremo stare attenti a evitare animali pericolosi e ad allearci con gli animali “giusti”. *Welcome to the jungle.*

Nel dicembre 1642, il capitano olandese Abel Tasman guidava una spedizione di due navi in esplorazione tra l’Oceano Indiano e l’Oceania. Arrivati nella parte nord della Nuova Zelanda, primi europei a vederne le coste, decisero di iniziare a esplorare la baia davanti alla quale avevano attraccato. Gli uomini inviati dal capitano tornarono dopo poche ore, seguiti da indigeni che, dalle loro canoe, cominciarono a produrre suoni gutturali e a suonare uno strumento a fiato, un rituale per gli europei incomprensibile. Anche gli olandesi suonarono le loro trombe e il mattino dopo cercarono di dar vita a scambi di oggetti. Tutto ciò faceva supporre che fossero pratiche e tentativi d'avvicinamento amichevoli; lo stesso capitano Tasman scriveva sul suo diario di bordo: "Queste persone, i locali, sembra proprio vogliano fare amicizia"[1]. Poche ore dopo, invece, numerose canoe degli indigeni si avvicinarono alle navi olandesi e le attaccarono, uccidendo quattro marinai a bordo di una piccola imbarcazione. Dalle due grandi navi si aprì il fuoco contro i locali, che si ritirarono verso la spiaggia. Il capitano Abel Tasman decise di salpare immediatamente; la sera stessa scrisse sul suo diario di bordo che in quel posto inospitale gli abitanti erano da considerare nemici. Chiamò il luogo *Baia degli assassini* (a metà dell'Ottocento fu ribatezzata Golden Bay e oggi è un paradiso per surfisti) e nessun europeo mise più piede in Nuova Zelanda fino al 1769, con la famosa spedizione del capitano Cook.

Quando noi "arriveremo a destinazione", nell'organizzazione che rispecchia più da vicino i nostri valori, dobbiamo evitare l'esperienza del capitano Tasman, che non sapeva nulla del posto in cui era arrivato, non ne conosceva la lingua né tantomeno gli usi e costumi, le regole del gioco, e non riuscì a comunicare in alcun modo. Tasman passò dall'ottimismo ("vogliono esserci amici") alla fuga ("sono nemici"), perdendo quattro uomini. Noi dobbiamo essere in grado di trovarci in condizioni nettamente migliori.

Nel *Capitolo 4* abbiamo imparato come guadagnare la *fiducia*, l'ingrediente più importante per ottenere successo. Questo capitolo risponde, ora, a due domande fondamentali per poter iniziare – e proseguire – con successo nella nostra carriera.

Il primo quesito è: *quali sono le qualità più importanti che dobbiamo utilizzare quando iniziamo un nuovo lavoro?* Dimostrare quanto siamo bravi dal primo momento in cui arriviamo? Parlare dei nostri successi? Lavorare 12 ore al giorno e andare in ufficio anche il sabato e la domenica? Offrire regali ai nuovi colleghi? Essere simpatici? Vestirci eleganti? Essere i primi a rispondere alle domande? Lasciar intendere che abbiamo già capito tutto? Niente di tutto questo. Piuttosto, dobbiamo entrare in punta di piedi, ricordarci i nomi delle persone che incontriamo, ascoltare con attenzione, porre domande, essere consapevoli e gestire con compassione e rispetto le emozioni che esistono sempre tra persone.

La seconda domanda è: *come facciamo a capire le regole del gioco, a sapere di chi possiamo fidarci?* Analizzeremo il comportamento delle persone in base a due caratteristiche: la loro *intelligenza politica* e la loro propensione ad agire in base a un'agenda *personale-individuale* oppure *organizzativa.*

RICORDARE I NOMI DI CHI INCONTRIAMO

Lo splendido film *Invictus*, uscito nel 2009 e diretto da Clint Eastwood, racconta il modo in cui Nelson Mandela – impersonato magistralmente da Morgan Freeman – utilizzò la squadra nazionale di rugby del Sudafrica, gli Springboks (le *springboks* sono piccole antilopi velocissime che vivono nelle savane dell'Africa meridionale e sudoccidentale), per unire la nazione divisa da anni di apartheid e di razzismo. Durante una partita contro l'Inghilterra, nel 1993, Mandela si accorse che molti suoi concittadini di colore facevano il tifo *contro* la propria nazionale perché tutti i giocatori in campo erano bianchi: *quella* squadra non li rappresentava. Quando Mandela divenne presidente del Sudafrica nel 1994, incontrò il capitano degli Springboks, François Pienaar (nel film interpretato da Matt Damon), lo invitò a leggere il poema *Invictus* (scritto nel 1875 dal poeta inglese William Ernest Henley) che lo stesso Mandela era solito recitare ad altri prigionieri durante il suo periodo di detenzione a Robben Island, e convinse Pienaar che una vittoria ai mondiali di rugby – che si sarebbero tenuti l'anno dopo proprio in Sudafrica – avrebbe potuto unificare una nazione ancora profondamente divisa. A quel tempo gli Springboks erano solamente noni nelle classifiche mondiali di rugby e gli All Blacks, la celeberrima squadra della Nuova Zelanda, erano i grandi favoriti per la vittoria finale. Prima dei mondiali, Mandela si recò agli allenamenti della squadra e, durante il viaggio in macchina, studiò a memoria tutti i nomi dei giocatori. Quando Pienaar si offrì di presentargli la squadra, Mandela si avvicinò da solo a ogni giocatore e, stringendogli la mano e guardandolo negli occhi, ne pronunciò nome e cognome. Il 24 giugno 1995, il Sudafrica vinse la finale proprio contro gli All Blacks, in quella che ancora oggi è ricordata come una partita indimenticabile, entrata nella leggenda del rugby.

Una piccola storia, che mi riguarda: quando abitavo a Washington, nel 1996, un caro amico, Roberto, mi procurò un biglietto in prima fila con un improbabile accredito come giornalista, per vedere una partita di basket, Washington Bullets contro Chicago Bulls: 20.000 persone per osservare da vicino il mitico Michael Jordan, una leggenda più che un giocatore. Pochi minuti prima che la partita iniziasse arrivò il presidente degli Stati Uniti, Bill Clinton; era a pochi metri da me, scortato da una decina di agenti dei servizi segreti. Alla fine del primo tempo, chiesi a uno degli agenti se potevo salutarlo e, con mia grande sorpresa mi furono concessi 10 secondi. Salutai il presidente, che mi chiese: "Da dove vieni e come ti chiami?"; io risposi: "Paolo, sono italiano"; Clinton aggiunse solamente: "Oh, Italy! Wonderful country". Gli strinsi la mano e, mezzo stordito per l'emozione, mi allontanai. Alla fine della partita, esibendo il badge da giornalista, mi intrufolai negli spogliatoi per vedere da vicino Michael Jordan. Era semplicemente impossibile anche solo provarci, tanto era circondato da cameramen e reporter. All'improvviso un agente dei servizi segreti entrò negli spogliatoi e urlò: "Tutti zitti e spostatevi, il presidente arriva tra un minuto". Io mi feci piccolo piccolo, ero praticamente sulla porta di uscita. Tutti rimasero in silenzio, Clinton entrò negli spogliatoi, mi vide e disse: "Hello Paolo, how are you?". Tutti si chiesero chi fossi e io credo di non essere mai stato così vicino all'infarto in vita mia.

Cosa ho imparato da questa esperienza? La prima cosa è che negli Stati Uniti, prima dell'11 settembre 2001, era più facile avvicinare il presidente che un famoso giocatore di basket. La seconda cosa che compresi era l'emozione che si prova quando qualcuno, specialmente se più importante di te, si ricorda il tuo nome.

Ricordiamoci quindi che deve essere nostro impegno imparare tutti i nomi delle persone che incontreremo quando inizieremo un nuovo lavoro. Non siamo il presidente degli Stati Uniti, certo, ma rammentare i nomi dei nostri colleghi sarà apprezzato come un atto di rispetto e considerazione, con un immenso valore emotivo. Se avremo imparato solo i nomi delle persone importanti, ma non quelli di chi ricopre posizioni meno rilevanti, riconsideriamo il nostro atteggiamento e magari, nello stringere la mano all'usciere che incontriamo ogni giorno da anni, chiediamogli il nome e offriamo le nostre scuse, con un sorriso.

SAPER ASCOLTARE

Quando mia figlia Sadika aveva circa quattro anni si irritò con me: dopo avermi raccontato cosa aveva fatto durante la giornata, alla fine, alzando la voce, mi disse: "Papà, adesso mi ripeti cosa ti ho detto!". Si era accorta che non avevo smesso di leggere il documento di lavoro che avevo tra le mani e di lanciare occhiate ai messaggi sul cellulare. Giustamente offesa per la mia mancanza di attenzione, mi aveva sfidato. Era alta meno di un metro, non arrivava a 20 chili, ma le sue parole pesavano una tonnellata. Le chiesi scusa e, da allora, cerco di ascoltarla con attenzione oppure le chiedo del tempo per terminare quello che sto facendo, prima di darle retta. Abbiamo deciso che quando ci accorgiamo che qualcuno in famiglia non ascolta diciamo "Coniglio", un codice per rimetterci ad ascoltare. I conigli hanno lunghe orecchie e, secondo il parere esperto di mia figlia, ascoltano molto bene. Credo abbia ragione e funziona.

Quante volte facciamo finta di ascoltare? Solo per fare un esempio: stiamo parlando con una persona e riceviamo una telefonata; dopo pochi minuti riprendiamo la conversazione e il nostro interlocutore ci chiede: "Dove eravamo rimasti?". Panico: non ci ricordiamo assolutamente di cosa stessimo parlando, per la semplice ragione che non stavamo ascoltando. Questo è il livello 1 dell'ascolto[2].

Siamo in una riunione di lavoro e sappiamo che prima o poi toccherà a noi parlare. Ascoltiamo in funzione del miglior momento per intervenire, alla ricerca di una frase o di una risposta per fare una buona impressione sui presenti. È una specie di ascolto interno, rivolto a noi stessi. Mentre prestiamo attenzione alle parole delle persone intorno a noi, pensiamo a come applicarle alla nostra situazione e a quali sentimenti e giudizi abbiamo in relazione a quanto detto; rispondiamo secondo i nostri canoni. Abbiamo migliaia di esempi di questo tipo davanti agli occhi, grazie ai famosi talk show, la cui traduzione significa letteralmente *mostrarsi mentre si parla*. In queste situazioni, le persone non ascoltano chi parla per intrattenere una conversazione, ma piuttosto interrompono per prevalere sugli altri. Questo è il livello 2 di ascolto.

Il livello 3 di ascolto è quello in cui siamo focalizzati ad ascoltare la persona che ci parla, senza interrompere e senza dare giudizi. Prestiamo attenzione alle parole, ma anche al tono, alla velocità, ai sentimenti espressi. Siamo a nostro agio anche se ci sono lunghi silenzi, dedichiamo il nostro interesse incondizionato, non ci sono interruzioni, abbiamo il cellulare spento, la bocca chiusa, guardiamo negli occhi chi ci parla.

Il livello 4 di ascolto è quello in cui abbiamo una visione globale, più ampia. Osserviamo il linguaggio del corpo di chi ci parla, i cambiamenti d'umore, il respiro, la dilatazione delle pupille, l'energia, le mani. Prestiamo attenzione non solo alle parole e ai silenzi ma anche a ciò che non viene pronunciato, ai sentimenti inespressi, agli sguardi, al tono, al respiro. Ci teniamo a una distanza rispettosa, non interrompiamo per dare consigli, ascoltiamo offrendo un nostro linguaggio del corpo che inspiri fiducia, rispetto, attenzione, ma non giudizio. Dimostriamo compassione e rispettiamo gli spazi, l'autonomia. Non siamo terapeuti, non ci troviamo a una seduta di coaching, stiamo semplicemente ascoltando incondizionatamente, senza distrazioni. L'ideogramma cinese per la parola "ascoltare" è composto da molte parti diverse e si traduce in questo modo: "Ti do le mie orecchie, la mia totale attenzione e il mio cuore"; Ascoltare con attenzione diventa, quindi, *un atto profondo di totale rispetto.*

Sono convinto che tutti noi abbiamo capacità di ascolto al terzo e quarto livello[3]. Torniamo con la mente al momento in cui abbiamo incontrato la persona di cui eravamo innamorati, cui abbiamo dato tutta la nostra attenzione, alle nostre capacità di ascoltare le parole dette e non dette. Oppure pensiamo all'attenzione che riserviamo ai nostri figli. Ecco, quando entriamo in un'organizzazione dovremo essere almeno al livello 3: ascoltare, con il presupposto *di capire prima di essere capiti.* Se tutte le volte che incontriamo qualcuno dovessimo dargli la nostra attenzione incondizionata anche solamente per quattro minuti, la nostra vita cambierebbe radicalmente[4]. Viviamo nell'epoca delle distrazioni, dei rumori, delle interruzioni, dei mille messaggi, dei mille amici digitali che non abbiamo mai incontrato o tantomeno ascoltato. Abbiamo perso la capacità di ascoltare, ma sappiamo che riacquistarla è possibile. Come disse lo scrittore americano Wilson Mizner "un buon ascoltatore non solo diventa popolare, dopo un po' di tempo impara qualcosa".

FARE DOMANDE PER IMPARARE

Si dice spesso che, durante i primi tre mesi di lavoro, siamo *in luna di miele* con l'organizzazione di cui facciamo parte. È un periodo[5] in cui avremo tutte le opportunità di fare domande, alcune pure ingenue, e saremo perdonati con benevola indulgenza anche quando non saranno particolarmente intelligenti. Insomma, un'occasione imperdibile per imparare e per ascoltare. Ci sono milioni di domande che possiamo fare: il modo migliore per orientarsi è, a mio parere, catalogarle in due tipologie, come descritto in uno dei miei libri preferiti: *Cambia le tue domande, cambia la tua vita*, di Marilee Adams[6]. Ci sono domande poste con l'intento di giudicare, e domande fatte per imparare. Se assumiamo un comportamento *da giudici*, con domande di tipo inquisitorio – "Perché fate così?", "Come mai...", "Di chi è la colpa..." – riceveremo con ogni probabilità risposte difensive che non ci aiuteranno a capire o a stabilire rapporti di fiducia. Ponendo invece quesiti aperti, da persona che vuole genuinamente imparare, del tipo: "Quali sono i fatti, i dati...", "Cosa è possibile migliorare?", "Come posso essere d'aiuto?", "Mi spieghi il tuo punto di vista?", apriremo porte e possibilità che inizialmente potevano apparire impossibili. Indipendentemente dal ruolo, le persone sono spesso fiere del lavoro che fanno e ci racconteranno con orgoglio le loro passioni, aspettative, speranze, frustrazioni. Porre le domande giuste è una chiave per entrare in sintonia con loro; introdurre una domanda con la frase: "Avrei bisogno del tuo aiuto" oppure: "Sono interessato ad avere la tua opinione riguardo a..." apre lo spazio alla conversazione, se ci poniamo con sincerità. Conversazione è una parola che deriva dal latino, composta dalla particella *cum*, che vuol dire "insieme" e dal verbo *versare*, che significa "andare". Conversazione significa, quindi, andare insieme nella stessa direzione.

Ricordare i nomi delle persone che incontriamo, ascoltare con attenzione, porre le domande giuste come persone che vogliono imparare. Ecco tre punti chiave per iniziare bene nel nuovo lavoro, per costruire le basi di una convivenza positiva con il nostro nuovo lavoro. E poi?

UTILIZZARE LE EMOZIONI PER COSTRUIRE RELAZIONI POSITIVE

Il libro *Beyond Reason: Using Emotions as You Negotiate* di Roger Fisher e Daniel Shapiro[7] è considerato – a ragione – una specie di testo sacro per chi si occupa di diplomazia e negoziazioni difficili, intrise di emozioni. Ebbi modo di metterne in pratica i suggerimenti in un momento molto difficile della mia carriera: dovevo infatti gestire la chiusura di un ufficio di 20 persone in un Paese in Africa dove un lavoro rappresentava molto di più di uno stipendio, era la differenza tra dare o no un futuro alla propria famiglia in un contesto economico senza speranze per alternative migliori. Non sapevo bene cosa fare: razionalmente ero cosciente che chiudere quell'ufficio era una decisione comprensibile e giustificata dai numeri, ma le persone non sono numeri. Provavo emozioni fortissime da elaborare e da gestire, stavo male al solo pensiero di comunicare a quelle persone – che non avevo mai visto in vita mia, in un Paese dove non ero mai stato – che avrebbero perso il loro impiego. Cosa avrei fatto? Decisi di applicare le regole di Fisher e Shapiro: il primo passo è comprendere il punto di vista degli altri. Non è una questione di pura cortesia, seppure utile; si tratta letteralmente di mettersi nei panni degli altri, di ascoltare la loro opinione – che non vuol dire essere d'accordo – e di comunicare che abbiamo capito, non solo con la testa ma anche con il cuore, attraverso le nostre parole e le nostre azioni.

Durante i primi due giorni, dopo aver comunicato la brutta notizia della chiusura dell'ufficio nel giro di tre mesi, ascoltai tutte le persone individualmente per capire il loro punto di vista, le loro ragioni. Non fu certo divertente ma non fu difficile trovare meriti oggettivi alle loro argomentazioni, nello scoprire dettagli e dati nuovi, non considerati da chi aveva preso la decisione in un'ora stando a 6.000 chilometri di distanza. Contemporaneamente cercai affinità autentiche, reali. Tutti abbiamo affinità con gli altri; le scopriamo ogni giorno: alle volte incontriamo sconosciuti su un treno e dopo pochi minuti scopriamo che siamo cresciuti nella stessa città, abbiamo studiato nella stessa università, facciamo il tifo per la stessa squadra, abbiamo figli della stessa età. Tutti, sempre, cerchiamo istintivamente punti in comune. Se parliamo del tempo, del traffico, di programmi televisivi, di ristoranti, sappiamo già che queste conversazioni manterranno la distanza emotiva tra le persone. Famiglia, emozioni, sogni, speranze, idee sono invece argomenti che riducono la distanza. Ascoltando queste 20 persone, scoprii numerose affinità profonde. Alla fine del secondo giorno, nonostante fossi arrivato con notizie davvero brutte, ebbi la sensazione di non essere più considerato uno sconosciuto, ma una persona di cui iniziavano a fidarsi. Il mio ruolo non poteva tuttavia limitarsi solamente all'ascolto: tutti si aspettavano da me proposte concrete per alleviare una situazione disperata. Una sera fui chiamato dalla lobby dell'albergo in cui alloggiavo, scesi e vi trovai alcuni colleghi che avrebbero perso il lavoro nel giro di poche settimane. Uscimmo a cena e loro mi proposero alcune soluzioni pratiche e interessanti che la settimana dopo, rientrato in sede, riferii alla dirigenza, che le accettò. L'ufficio in quel paese africano chiuse, ma dopo un anno anziché dopo tre mesi. Sei persone, su loro richiesta, furono trasferite in un Paese limitrofo, tre ottennero il prepensionamento, alcune vennero assunte in un'altra organizzazione grazie all'esperienza e ai contatti maturati presso la nostra società; alle persone restanti furono offerti soldi, corsi di formazione e referenze impeccabili, che le aiutarono a trovare un nuovo impiego. Grazie al consiglio di un collega, che aveva gestito una situazione simile, riuscii anche a negoziare per i dipendenti di quell'ufficio la continuazione dell'assicurazione medica per due anni.

Nel rileggere il libro di Fisher e Shapiro, mi colpirono le azioni necessarie per essere accettati in un gruppo nuovo dove è possibile che ci sia un'iniziale diffidenza, se non addirittura un aperto conflitto. *Ascoltare per capire il punto di vista degli altri, costruire affinità, rispettare l'autonomia dei ruoli e della loro importanza, scegliere una posizione e compiere azioni congruenti.* Sono regole d'oro, applicabili da tutti per un inizio positivo. Funzionano: permettono di avere conversazioni autentiche e aprire nuove opportunità.

ENTRARE NEL VILLAGGIO PER CAPIRE L'ORGANIZZAZIONE

Uno studio compiuto nel 2011 dalla società di consulenza inglese Revelation indica che "il 95% delle persone ritiene che manipolazione e obiettivi nascosti sul posto di lavoro abbiano influito sulla loro vita personale"[8]. La cosa che mi sorprende di questo studio è: *come mai solo il 95%?* Il libro *Rumor Psychology*[9] illustra efficacemente il ruolo di pettegolezzi, gossip, dicerie, se non addirittura calunnie, presenti in tutte le organizzazioni. La rete informale di comunicazione non conosce crisi: anzi, credo sia un'industria fiorente soprattutto in organizzazioni dove la narrativa e la comunicazione risultano confuse e non credibili. Quando il mercato primario non funziona, quello secondario prospera. Sappiamo tutti che le organizzazioni hanno un aspetto politico che fa parte della loro cultura: il nostro compito sarà di capire cosa succede veramente, chi comanda, chi ne fa parte, come si comportano le persone, come parlano. Chiameremo questa capacità *intelligenza politica*. "Politica" non è affatto una parola sporca; fa parte di un sistema complesso, umano, che si tratti di un'organizzazione, di una chiesa, di un circolo di bocciofili o di una scuola, dove persone con interessi, valori, prospettive diversi interagiscono.

Innanzitutto dobbiamo capire che la struttura organizzativa ufficiale non è necessariamente quella vera. Ci sono relazioni e dinamiche a noi sconosciute che dobbiamo tenere in considerazione. Per divertirci, diamo un'occhiata alla *vera struttura organizzativa* del disegno che segue. Sicuramente ci farà sorridere, ma questa struttura irriverente ci fornisce una grande verità: ci sono molteplici, spesso non evidenti, relazioni tra le persone che possono facilitare oppure ostacolare la nostra efficacia; potenziali alleati e trappole nascoste. Non dobbiamo diventare paranoici ma solo continuare a osservare, ascoltare ed evitare di finire "incagliati" tra dinamiche inutili e lotte tra faide contrapposte, in cui possiamo rischiare di prendere "pallottole vaganti" o "pillole avvelenate". Dobbiamo in pratica diventare esperti di quello che Peter M. Senge, docente MIT di management, chiama *system thinking*[10], vale a dire la consapevolezza che scaturisce dall'analizzare l'intero sistema nella sua complessità, invece di *prenderne in considerazione solo alcune componenti*, smontarle e cercare di aggiustarle singolarmente. Questo approccio implica la considerazione e l'analisi di molte prospettive diverse, l'umana curiosità intellettuale di *capire, prima di essere capiti.*

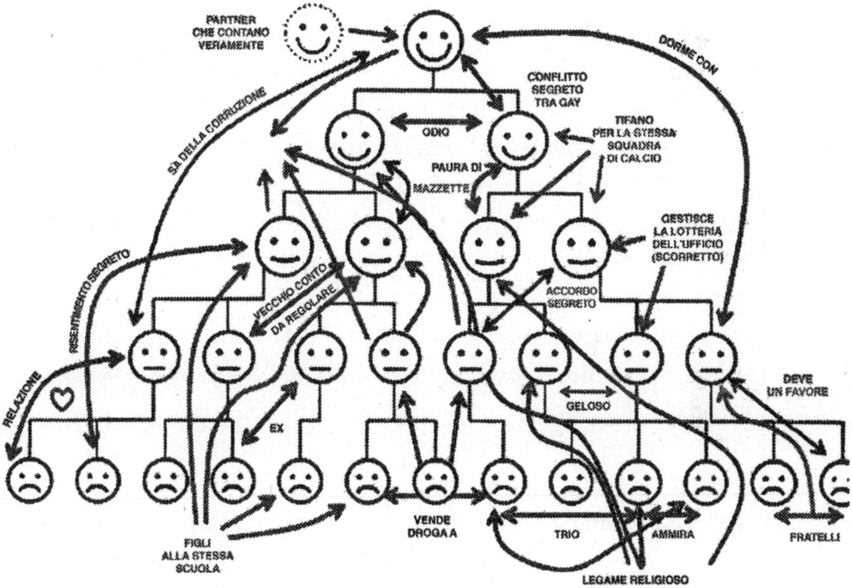

INCONTRARE I LOCALI, CHI FA PARTE DELL'ORGANIZZAZIONE

Quando giunsi in Svizzera nel marzo 2014, come nuovo cittadino mi venne donata una guida, *The Swiss Confederation: A Brief Guide*. A pagina 1 Corinna Casanova, Cancelliere Federale dalla Confederazione, raccontava: "L'ambasciatore di una nazione asiatica era arrivato in Svizzera da poche settimane. Si trovava alla stazione di Zurigo per prendere un treno che sarebbe partito per Berna dopo pochi minuti. Mentre aspettava vide un signore che correva, con la cravatta svolazzante, per prendere lo stesso treno. Era il presidente della Confederazione! Non poteva credere a due cose: che il presidente prendesse il treno come tutti i cittadini né, tantomeno, che il treno non avrebbe certo aspettato". Mi parve interessante che questa storia si trovasse all'inizio di una guida data ai nuovi arrivati, per spiegare loro come "funziona" la Confederazione: in Svizzera non esiste nessun privilegio, nemmeno per il presidente, e l'assoluta puntualità è concepita come valore morale, sintomo e simbolo di affidabilità e precisione. Questa storia mi ha aiutato molto a capire il Paese dove abito e anche l'azienda dove lavoro: da allora arrivo in orario.

Finalmente incontriamo le persone che fanno parte dell'organizzazione: come detto, ne dobbiamo imparare i nomi, ascoltarli, fare domande. Chi sono? Come facciamo a capire di chi fidarci? Nel mio primo lavoro ebbi la fortuna di incontrare una persona meravigliosa, Luigi Porta, che mi fece da mentore e a cui sono ancora riconoscente, anche se è venuto a mancare diversi anni fa. Dopo pochi giorni in ufficio, avevo solo 25 anni, mi disse: "Ci sono persone che lavorano per l'organizzazione e persone che lavorano solo per se stesse. Ci sono persone che capiscono che aria tira e persone che neanche se glielo spieghi tutti i giorni... Sta a te capire a quale categoria appartengono gli animali di questo zoo...".

Credetemi, queste parole mi sono ancora utili: disegnai un quadrato-matrice per capire gli stili di comportamento delle persone nelle organizzazioni e sono vent'anni che lo utilizzo. Le due variabili-dimensioni sono: il livello di conoscenza della cultura-politica dell'organizzazione, definita come *intelligenza politica*, e l'*orientamento a lavorare per se stessi o per l'organizzazione.*

In ognuno dei quattro spazi della matrice troveremo – siamo o non siamo in una specie di zoo? – tre animali, con caratteristiche simili. Nel primo quadrante dello zoo incontreremo gli inetti o stolti: asini, polli e pappagalli; nel secondo i fedeli-ingenui: cani, orsi e agnelli; nel terzo dovremo fare molta attenzione perché troveremo i furbi-pericolosi e in questa categoria sono inclusi narcisi e psicopatici: volpi, pavoni e serpenti velenosi; nel quarto quadrante dello zoo, infine, incroceremo i saggi: gufi, elefanti e leoni, considerati non a caso i re della foresta.

Prima però di entrare nello zoo, ecco alcune storie per focalizzare e comprendere cosa significano *intelligenza politica* e *orientamento individuale oppure organizzativo.*

INTELLIGENZA POLITICA

Anna era una brillante donna in carriera, promossa a posizioni dirigenziali prima dei 30 anni lavorando con grandi e prestigiose società di consulenza internazionale. Quando un cliente importante le offrì un impiego, accettò lusingata perché si trattava di una posizione molto interessante. Il terzo giorno di lavoro Anna espose al suo supervisore un progetto, che fu accettato dal consiglio di amministrazione con entusiasmo; la settimana seguente, Anna riunì il suo team, circa 70 persone, per presentare il piano e spiegare che andava concluso a tutti i costi in tempi che sembrarono a tutti non realistici. Durante la riunione alcune persone non nascosero le loro perplessità e un certo risentimento per non essere state nemmeno consultate; Anna si dimostrò cortese nella forma ma inflessibile nella sostanza, terminando la riunione con un tono aggressivo da "Chi non è con me è contro di me". Lei lavorava 12-14 ore al giorno, criticando apertamente chi tornava a casa prima delle 19; il suo team non rispondeva quasi mai con solerzia alle richieste di accelerare i tempi, come lei aveva stabilito e, dopo sei mesi, con il progetto in forte ritardo, Anna licenziò due persone incolpandole di errori e lungaggini. A questo punto una nutrita delegazione del team si recò – in segreto – dal supervisore di Anna chiedendo di rimpiazzarla, minacciando uno sciopero. "O lei o noi": Anna fu licenziata il giorno seguente.

Piero era considerato una specie di bambino prodigio dal suo supervisore Gianni: molto più giovane di tutti i suoi colleghi, reclutato da una banca prestigiosa, lavorava con passione e bravura. Gianni gli chiese di fare un'analisi sul team e sulle metodologie di lavoro ritenendo – non a torto – che un team di circa 30 persone dovesse raggiungere risultati migliori. Piero condusse l'analisi e propose di presentarne l'esito durante la riunione settimanale del team. Durante l'incontro Piero indicò come le continue richieste di dati, le lunghe riunioni e i rapporti scritti richiesti da Gianni avessero inciso *pesantemente* sul rendimento del gruppo. Alla fine della riunione Gianni comunicò a Piero il suo trasferimento in un dipartimento soprannominato "la Siberia", cancellandolo di fatto da qualunque piano di promozione. Piero, imbestialito, diede le dimissioni poco dopo.

Queste due brevi storie evidenziano come sia Anna sia Piero, pur tecnicamente bravi, preparati e seri professionisti, non avessero sviluppato una conoscenza "politica" dell'ambiente in cui operavano. Anna in pochi giorni si alienò il proprio team di collaboratori che le si rivoltarono contro. Piero aveva evidenziato la causa dell'inefficienza del team, ma aveva – di fatto – incolpato il suo responsabile che si era immediatamente vendicato: due cronache di morte annunciata.

ORIENTAMENTO INDIVIDUALE OPPURE ORGANIZZATIVO

Il direttore del personale Carlo era disperato: aveva appena ricevuto un messaggio in cui il terzo candidato esterno consecutivo declinava l'offerta di lavoro per un ruolo da vicepresidente. Il presidente era molto impaziente e non capiva come mai ci volessero mesi per trovare la persona giusta. Carlo chiese al suo team di verificare se non ci fossero altri candidati disponibili tra i dipendenti. In effetti, una persona c'era: Veronica sembrava qualificata, ma in termini gerarchici si trovava due gradini più in basso rispetto alla posizione richiesta. Veronica fu intervistata e poi *preparata* per il colloquio finale con il presidente, che rimase soddisfatto e ordinò di procedere con un'offerta. Carlo preparò la lettera ma con una promozione sola, poiché le regole dell'organizzazione non permettevano una doppia promozione; la seconda promozione e il 25% di aumento di stipendio erano previsti dopo un anno esatto. Veronica rifiutò l'offerta, chiedendo un aumento di almeno il 70% – in breve, esigendo la doppia promozione – succube di un effetto ancoraggio molto pronunciato. Carlo le fece una controproposta con un aumento massimo del 33%, facendole presente alcuni dati oggettivi, incluso il fatto che sarebbe stata la persona più pagata nel dipartimento. Ma Veronica rifiutò di nuovo; a quel punto, il Presidente, informato della situazione troncò la trattativa. Carlo ricominciò la sua ricerca, mentre Veronica ritornò al suo lavoro e non ricevette nessun aumento per due anni.

Questa breve storia evidenzia come Veronica, anteponendo con testardaggine i propri interessi alle regole scritte dell'organizzazione, abbia dimostrato un forte "egoismo" al punto che l'azienda la esclude per due anni da qualunque ricompensa, di fatto mettendola nell'angolo, "in castigo".

Ecco quindi la matrice con le variabili: comportamento individuale (egoista) oppure organizzativo (altruista)? Intelligenza politica profonda o superficiale? Gli stili di comportamento sono calibrati in funzione di queste due variabili, in quattro aree popolate da animali molto diversi tra loro. Siamo o non siamo in uno zoo?

La matrice degli stili di comportamento

		Orientamento	
		Individuale/egoista	**Organizzativo/altruista**
Intelligenza politica	**Profonda**	3 **Furbo-pericoloso** volpi pavoni serpenti	4 **Saggio** gufi elefanti leoni
	Superficiale	1 **Inetto-Stolto** asini pappagalli polli	2 **Fedele-ingenuo** cani orsi agnelli

Inetti e stolti: asini, pappagalli, polli

Nel 2012, la stampa riportò di un viaggio in India in prima classe di Franz-Peter Tebartz-van Elst, vescovo di Limburg in Germania dal 2008: scelta infelice, ma formalmente non proibita e, quindi, presto dimenticata. Nel marzo 2013 Jorge Mario Bergoglio fu il primo gesuita a diventare Papa, scegliendo il nome di Francesco in onore di San Francesco d'Assisi, per onorare una Chiesa al servizio dei poveri.

Ignorando la nuova direzione data alla Chiesa da Bergoglio, Tebartz-van Elst eseguì imperterrito, come se niente fosse, vari lavori di ristrutturazione i cui costi avrebbero fatto impallidire il budget di un magnate russo: spese 200.000 euro per ristrutturare i suoi appartamenti, 300.000 per la cappella privata, 20.000 per la vasca da bagno, 500.000 per gli armadi, 35.000 per un tavolo da conferenze... e la lista potrebbe ancora continuare; il conto finale fu di poco meno di 31 milioni di euro. Una volta informato, il Papa lo convocò a Roma e lo fece attendere per 9 giorni prima di rimuoverlo dal suo incarico. Credo che Franz-Peter Tebartz-van Elst sia un esempio perfetto di una persona che mette i propri interessi prima degli interessi dell'organizzazione, in questo caso la Chiesa, e che possa essere meritevolmente inserito, con menzione d'onore, nel quadrato rappresentato dagli *asini*. Persone che ignorano, o fanno finta di ignorare, quali siano le regole comportamentali rilevanti in una organizzazione e che, per giunta, agiscono nella maniera opposta a esse durano poco e, in genere, vengono anche messe alla gogna con sistemi più o meno raffinati, in base al livello di sofisticazione dell'organizzazione.

I *pappagalli* sono animali ornamentali che hanno il vezzo di ripetere meccanicamente quello che sentono dire dai loro padroni. Troveremo questi volatili in qualunque organizzazione lavoriamo. Si vestono come i capi, indossano lo stesso tipo di occhiali, si muovono nello stesso modo, si fanno crescere i capelli o barba e baffi nella medesima foggia, i più bravi parlano anche con lo stesso accento. I pappagalli sono tanti e fanno quasi tenerezza, incapaci di considerare che anche loro *potrebbero* avere un'opinione personale. Si riconoscono facilmente perché nelle riunioni non dicono mai: "Io penso che..." ma sempre "come direbbe il nostro bravissimo amministratore generale, presidente...". Il pappagallo lavora solo per se stesso, innamorato delle proprie piume multicolore, in genere roso dall'invidia, pronto a cambiare padrone se gli conviene. La lista di pappagalli aziendali è lunga: non vale la pena raccontare una storia. Solo un piccolo avvertimento: se il numero di pappagalli è superiore all'1% in un'organizzazione, siamo finiti nel posto sbagliato, meglio volare via velocemente prima di finire in gabbia.

Di seguito, invece ecco un esempio di comportamento da *pollo*. Mettiamo il caso che l'azienda comunichi ai dipendenti una riduzione di budget e tagli che saranno eseguiti con l'obiettivo di risparmiare. Il pollo è quello che il giorno seguente chiede al proprio capo un aumento di stipendio e la possibilità di andare a fare un corso d'aggiornamento in una località turistica: pollo che sarà arrostito velocemente.

Asini, pappagalli e polli hanno la tendenza a chiedere molto in termini di tempo, attenzione, energia ma a dare in cambio poco o nulla. Non credo ci sia bisogno di dire che dobbiamo evitare contatti prolungati con chi appartiene a questo quadrante: un cortese saluto sarà sufficiente.

Fedeli e innocenti: cani, orsi e agnelli

Il presidente americano Harry Truman disse: "Se vuoi un amico a Washington, prenditi un cane". I *cani* sono famosi per la fedeltà assoluta nei confronti dei loro padroni; spesso si leggono sui giornali storie commoventi di questi animali che vegliano il padrone malato o che aspettano il suo ritorno per giorni. Molte persone nelle organizzazioni si comportano nello stesso modo, dimostrando una dedizione assoluta ai *colori sociali*. Le aziende celebrano – giustamente – queste forme di attaccamento tipico di dipendenti fedelissimi. Il quadrante con i *cani* va quindi inteso come un valore *assolutamente positivo*: sono queste le persone che fanno andare avanti le organizzazioni, in genere ci lavorano per anni o per tutta la loro vita da dipendenti, senza mai mettere in dubbio il mantra aziendale.

Alle volte però i cani si trasformano in *orsi* solitari, persone molto prese dal loro lavoro ma ignare di ciò che succede realmente al di sopra delle loro teste. Questa mancanza d'interesse verso quello che accade, indice di una scarsa intelligenza politica, porta a trascurare aspetti fondamentali della cultura di cui fanno parte e ad avere un grado di consapevolezza limitato *al proprio orticello*. Se c'è una nuova dirigenza, una ristrutturazione, un'opportunità di promozione o di un lavoro meglio retribuito, saranno sempre gli ultimi a saperlo, diventando così agnelli sacrificali. Dopo un po' di tempo le organizzazioni iniziano a considerare queste persone come se facessero parte dell'arredamento, tirando avanti senza passione come nella dinamica di una coppia sposata da lungo tempo. Chi ricorda Giovanni Drogo, personaggio principale de *Il deserto dei Tartari*? Giovane tenente arrivato alla Fortezza Bastiani carico di speranze e aspettative, passò tutta la sua esistenza in quel luogo dove non accadeva assolutamente nulla, se non lo scandire di giornate sempre uguali. Nel momento in cui Drogo iniziò *a fare un gradino alla volta* accorgendosi che la giovinezza era ormai passata, era troppo tardi. Spesso queste persone vengono relegate in un angolo o rimosse senza troppi riguardi o, come nel libro di Buzzati, *muoiono*, dimenticate, da sole.

La trasformazione da cane a orso solitario, per poi diventare *agnello*, avviene quando queste persone sono infine *sacrificate*.

Gli agnelli sono persone che hanno un forte orientamento a lavorare per l'istituzione di cui fanno parte senza però avere un adeguato grado di conoscenza riguardo a cosa stia succedendo, magari aspettando chissà quali eventi miracolosi. Le persone di questa categoria vanno rispettate; sono spesso fonte di conoscenza tecnica ed essendo molto generose saranno disponibili a darci una mano e a dedicarci il loro tempo prezioso. Potremmo ricambiare mettendole al corrente di quello che *noi* sappiamo e aiutandole ad avere una visione più ampia rispetto al lavoro che svolgono in maniera esemplare, con orgoglio e forte senso del dovere.

Furbi pericolosi: volpi, pavoni e serpenti

Se avete il cuore debole, saltate queste pagine, per riprendere a leggere solo al paragrafo successivo. Ci saranno immagini e descrizioni cupe, ma se resistete troverete strategie per evitare di finire vittime di persone senza scrupoli.

La prima cosa da sapere sulle *volpi*: la loro immagine e reputazione formale conta per questi individui più di qualunque cosa. Sono selettivi con le informazioni, manipolano senza scrupoli le regole a proprio vantaggio, sono talmente intelligenti che non lasciano *mai* tracce. Quando c'è un lavoro sporco da svolgere delegano un agnello o un cane e poi negano sia stata una loro idea, incolpando il malcapitato esecutore. Formano alleanze di qualunque tipo, anche con nemici storici, pur di vincere la propria battaglia. Le volpi non hanno nessuna forma di fedeltà ad alcun ideale, né tantomeno alle persone. Sono bravissime nel formare coalizioni speciali, ma non durature. Se qualcosa va male, sanno scegliere immediatamente una vittima cui dare la colpa, in genere un agnello da sacrificare. Non fanno mai passi falsi in termini di apparenze e formalismi ma sono micidiali in termini di sostanza. Se fanno un complimento, state certi che arriva la richiesta di un grande favore. Puniscono saltuariamente i loro *sottoposti* – li chiamano così – giusto per far ricordare a tutti chi comanda e chi no. Melliflui, non prendono mai una posizione netta su alcun argomento ma si arrogano tutti i meriti, non accettano critiche che vengono interpretate come vilipendio e poi punite pubblicamente.

Benvenuti nella pericolosa tana delle volpi, persone senza scrupoli, totalmente dedite alla propria causa, dotate di un fiuto politico da manuale. La descrizione delle volpi assomiglia molto alla figura del Principe di Machiavelli o, se preferite, al diabolico Francis Underwood, personaggio principale della serie *House of Cards*, politico mefistofelico, assetato di potere, interpretato da un Kevin Spacey da applausi. Ognuno di noi ha sicuramente incontrato una volpe – o magari ne ha anche votata una, in un attimo di debolezza – perché molte persone ai vertici hanno esattamente questo tipo di profilo psicologico. In genere le volpi scelgono di lavorare con persone fedeli e un po' ingenue, caratteristiche di cani e orsi, divorano polli a volontà, sacrificano agnelli e si circondano, divertendosi, di pappagalli compiacenti.

I *pavoni* sono in genere narcisisti e mettono al centro del mondo la loro immagine. Ossessionati dalla propria visibilità, disponibili a qualunque nefandezza pur di apparire sui giornali, in Internet, nei convegni, nelle riunioni. Il loro terrore è di essere dimenticati. Sono persone che hanno un grande punto debole nel loro narcisismo patologico. Sono un po' come tossicodipendenti, la cui mancanza di visibilità e ammirazione porta a crisi d'astinenza. Sono spesso circondati da un numero più alto della media di pappagalli, che usano come consulenti e ai quali rivolgono la seguente domanda: "Specchio, specchio delle mie brame, chi è il più bello del reame?". I pappagalli svolgono un altro ruolo molto importante: ridere a crepapelle per le battute del pavone, anche quando si tratta di barzellette stantie e imbarazzanti.

Sandy Hotchkiss ha scritto un vero e proprio manuale, *Why It Is Always About You?*[11] per capire e sopravvivere a persone affette da narcisismo patologico. Nella parte finale del libro, l'autrice descrive i pavoni-narcisisti in ambito lavorativo, particolarmente pericolosi se hanno potere, letali se hanno potere assoluto. Innanzitutto i narcisisti hanno una specie di potere seduttivo e manipolativo e, in loro presenza, svaniscono i confini tra vita privata e professionale. Si aspettano che saremo comunque sempre disponibili per loro, Natale incluso. In secondo luogo, in presenza di un problema non cercheranno la soluzione, ma piuttosto la persona a cui dare la colpa perché, per definizione, non sarà mai colpa loro. Infine, come se non bastasse, i pavoni-narcisisti hanno una visione messianica e vaga.

Per esempio, un politico con queste caratteristiche non s'impegnerà mai ad approvare una legge specifica per aiutare giovani studenti in cerca del primo lavoro ma pontificherà, con toni apocalittici, riguardo all'ipotesi di creare un milione di posti di lavoro, lasciando i dettagli di tale piano ai suoi fedelissimi cani e agnelli. Le visioni, i grandi piani dei narcisisti, sono spesso irrealizzabili o non quantificabili, risultato di un'ambizione sfrenata; possono essere concretizzati solo sottoponendo le persone che stanno loro intorno a orari infernali, esaurimenti nervosi, burn-out, in un vortice di produttività fine a se stessa. Chi non ce la fa più viene bollato come un debole, incapace.

I pavoni-narcisisti non vedono le persone come esseri umani ma solamente come strumenti per ottenere quello che vogliono, sfruttando senza ritegno chi collabora con loro: nessuna intelligenza emotiva quindi, ma solo un senso di vago paternalismo, che ne conferma il potere. I pavoni-narcisisti, come bambini piccoli, sono soggetti a grandi sbalzi di umore e a scatti di collera incontrollati, ricercano in modo ossessivo ammirazione incondizionata, non sopportano chi possa, anche lontanamente, rubare loro la scena. Chi crede di essere il numero due, pronto a subentrare, viene fatto uscire di scena molto rapidamente e poco elegantemente. Non sono interessati a fatti, verità, dati o statistiche a meno che non confermino quello che già hanno in testa. Nel caso uno dei loro *sottoposti* raggiunga un obiettivo, se ne prenderanno il merito. Terrorizzati dall'invecchiamento, fanno di tutto per apparire più giovani negando l'inesorabile passare del tempo, alle volte ricorrendo a stratagemmi chirurgici o estetici di dubbio gusto.

Se riusciamo a riconoscere i pavoni, conosciamo anche il loro punto debole: per vivere in pace bisogna lasciare a loro il palcoscenico e far credere che sono *veramente* i più belli del reame, non criticarli mai. Michael Maccoby ha scritto un articolo rilevante sulla *Harvard Business Review* intitolato appunto "Narcissistic Leaders"[12]: egli ritiene che abbiano punti di debolezza come essere poco inclini a critiche, non ascoltare, non provare empatia, avere un feroce desiderio di competere. Nella mia esperienza ho capito che questo tipo di persone non dà suggerimenti ma ordini precisi da eseguire, con urgenza; conta solo la loro agenda. Ci troveremo alle volte a recitare per sopravvivere. Una volta avevo organizzato un seminario di lavoro e un giornalista mi contattò per scrivere un articolo con intervista su questo evento. Sapendo che il mio capo era un vanesio incorreggibile, mandai il reporter a intervistare lui. Narciso ebbe così il suo nome con tanto di fotografia sulla stampa: era al settimo cielo e in seguito seppi che aveva acquistato 100 copie del giornale da distribuire al suo team, che era composto da meno di 20 persone. Mitico, un vero Narciso.

I *serpenti* esistono in società e quindi anche in ogni organizzazione; sono gli psicopatici, persone affette da un disordine della personalità a cui manca totalmente qualunque traccia di empatia e capacità di mettersi nei panni degli altri, senza scrupoli e rimorsi, fedeli solo a se stessi. Il primo libro che si occupò direttamente degli psicopatici fu scritto da Hervey Cleckley nel 1941, *The Mask of Sanity*[13], seguito poi da *Psicopatia* di Robert D. Hare[14], che fece alcuni esperimenti per scoprire chi, tra i detenuti di una prigione, fosse psicopatico. L'esperimento consisteva nel far leggere alcune parole con un alto contenuto emotivo come "sangue", "coltello", "stupro" e termini con un basso contenuto emotivo quali "albero", "tavolo", "sasso". Gli psicopatici non dimostrarono emozioni di nessun genere, totalmente indifferenti a tutte le parole[15]. Truman Capote, nel suo romanzo-indagine *A sangue freddo*, descrisse la mente di assassini psicopatici. Per i serpenti *gli altri non sono persone* ma semplicemente strumenti da utilizzare, limoni da spremere, ostacoli da eliminare; sono bravissimi nel manipolare persone e situazioni, ovviamente sempre a loro vantaggio. I peggiori eccidi della storia sono stati compiuti da psicopatici, serpenti totalmente indifferenti alla sorte delle loro vittime.

Ne conobbi uno. Quando entrai in ufficio, capii che era successo qualcosa. Alcuni piangevano: mi informarono che un collega era morto ma non sapevamo le circostanze. Seguirono confusione, dolore, lacrime; alcuni agenti di polizia vennero nel mio ufficio a comunicarmi che la persona era stata uccisa o forse si era suicidata. Quando uscirono, io non riuscivo a respirare, chiesi un bicchiere d'acqua e mi sedetti sul pavimento, barcollando come se avessi preso un pugno in faccia. Quando mi ripresi, andai di corsa a parlare con il direttore generale per informarlo. Con la voce rotta e gli occhi lucidi, insieme ad altri due colleghi, gli comunicammo la brutta notizia. Ci rispose, senza batter ciglio: "Filippo può sostituirlo, da domani". Non ci potevo credere, nonostante la notizia della morte di un collega, non fece una piega. Un serpente o, peggio, un anaconda che ingoia persone come fossero caramelle, indifferente a qualunque dolore o emozione.

Cosa fare quindi quando si incontrano volpi, pavoni, serpenti? Dobbiamo starne alla larga, fornire meno informazioni possibile, non aprirci. Loro hanno una maschera, noi dobbiamo infilarci una corazza, sorridendo. Volpi, pavoni e soprattutto serpenti sono persone *a-morali* e spregiudicate, che non fanno dipendere il proprio comportamento da valutazioni di tipo etico, poiché considerano la morale come una zavorra, una suppellettile inutile. Se li conosci, li eviti.

Credo che il modo migliore di descrivere questa categoria di volpi, pavoni e serpenti sia quello di Guido Piovene nella prefazione del suo primo romanzo, *Lettere di una novizia*:

> I personaggi di questo romanzo, sebbene diversi tra loro, hanno tutti un punto in comune: tutti ripugnano dal conoscersi a fondo. Ognuno capisce se stesso solo quando gli occorre, ognuno tiene i suoi pensieri sospesi, fluidi, indecifrati, pronti a mutare secondo la sua convenienza [...] ognuno sembra pensare la propria anima non come sua essenzialmente ma come un altro essere con cui convive, seguendo una regola di diplomazia [...] Se noi, più esatti o meno pietosi di lui, vogliamo dare a questo comportamento il nome che gli compete, siamo forse costretti a definirlo malafede. La malafede è un'arte di non conoscersi, o meglio di regolare la conoscenza di noi stessi sul metro della convenienza [...] dico che un uomo è sempre, o mai, in malafede. La malafede non è uno stato dell'animo, è una sua qualità.

I saggi e i veri leader: gufi, elefanti e leoni

Il potere può essere gestito bene: i *gufi* sono persone dotate di un'alta intelligenza politica oltre ad avere un comportamento orientato al successo dell'organizzazione di cui fanno parte. Incoraggiano lo scambio di informazioni per migliorare rapporti e risultati, enfatizzano l'apprendimento, non la critica. Non hanno problemi nel gestire opinioni diverse, contrariamente alle volpi che hanno una logica del tipo "Con me o contro di me". Cercano soluzioni in cui tutti possano trarre beneficio e tentano di salvaguardare la dignità delle persone. Aiutano gli altri e si rendono disponibili. La caratteristica più rilevante è che sono persone guidate da forti valori morali e che non tradiscono, a meno che non siano state tradite. Non *sparano* mai per primi perché credono nel dialogo, rifuggono da sotterfugi, trucchi, sgambetti, bugie. Difendono colleghi e dipendenti pubblicamente e in privato, hanno le antenne ben dritte, parlano poco, ma quando parlano tutti ascoltano.

I gufi diventano poi *elefanti* quando acquisiscono esperienza, *gravitas* (una parola latina che significa peso, dignità e connota profondità di carattere). Gli elefanti hanno una memoria prodigiosa e nelle organizzazioni sono persone rispettate non tanto per la loro posizione ma per la loro saggezza e autorevolezza. Si possono individuare gli elefanti nelle organizzazioni grazie al loro peso morale: "Hai consultato il signor...?", "Hai sentito cosa ne pensa...?", "Dobbiamo prima parlarne con..." sono tutte frasi che si riferiscono a questi personaggi e che possono esserci utili a scoprire gli elefanti, noti anche come *opinion leader*, soggetti che con la loro capacità di giudizio influenzano il modo di pensare nelle organizzazioni. Quando individuiamo un elefante, la prima regola è andare a trovarlo con il dovuto rispetto. I pavoni cercano adulazione, gli elefanti incutono rispetto e sobrietà. La seconda regola ci riporta alla nostra capacità di ascoltare e fare domande, di chiedere consigli. La strategia migliore è convincere gli elefanti a farci da guida, come fece Virgilio con Dante, guida morale e spirituale nel viaggio della *Divina Commedia*.

I *leoni* sono gli unici veri leader delle organizzazioni. Qui entra in gioco il paradosso del leader che, da una parte, deve rappresentare i valori dell'organizzazione e, dall'altra, deve riuscire a cambiarla. Quando penso a questo paradosso, mi viene in mente Papa Francesco: da un lato, capo di un'organizzazione, la Chiesa, con 2.000 anni di storia, dall'altro guida di un cambiamento straordinario relativamente alla corruzione e all'apertura a temi considerati tabù dalla Chiesa fino a poco tempo fa. Un vero leader, che personifica perfettamente il paradosso.

Che cos'hanno di diverso i leoni, in più rispetto a gufi ed elefanti? *Il coraggio delle proprie convinzioni*, costi quel che costi, la qualità più rilevante in un leader. Vi presento tre leonesse e due leoni, ognuno con una frase presa dalle proprie vite straordinarie.

> *Madre Teresa di Calcutta*, fondatrice delle Missionarie della Carità, Premio Nobel per la Pace nel 1979: "Ho trovato il paradosso: se ami fino a quando fa male, non ci sarà più dolore ma solo più amore".
> *Rosa Parks*, attivista statunitense dei diritti civili, che il 1° dicembre 1955 si rifiutò di obbedire agli ordini di un autista di bus che le intimava di lasciare il suo posto a un bianco, secondo le leggi razziste in vigore all'epoca: "Non devi avere paura di quello che fai, quando è la cosa giusta da fare".
> *Aung San Suu Kyi*, attivista politica del Myanmar, che ha trascorso 15 anni tra prigione e arresti domiciliari, premio Nobel per la Pace nel 1991: "L'unica vera prigione è la paura e l'unica vera

libertà è la libertà dalla paura. La paura è un'abitudine e io non ho paura". Frase da rileggere. Io non ho paura.
Mahatma Ghandi, leader politico-religioso indiano, che guidò il proprio Paese dal colonialismo inglese all'indipendenza: "All'inizio ti ignorano, poi ti deridono, poi ti combattono, poi vinci".
Giorgio Perlasca, uomo d'affari italiano che durante la Seconda guerra mondiale, con la collaborazione di diplomatici spagnoli, salvò dallo sterminio e dalla deportazione in campi di concentramento 5.218 ebrei. A chi gli chiedeva perché lo aveva fatto rispondeva: "Ma lei, avendo la possibilità di fare qualcosa, cosa avrebbe fatto vedendo uomini, donne e bambini massacrati senza alcun motivo, tranne l'odio?".

Non dimentichiamoci poi altre persone, meno conosciute ma non meno eroiche: le vittime del terrorismo, come Luigi Marangoni, direttore sanitario del Policlinico di Milano, o Walter Tobagi, giornalista scomodo, uccisi agli inizi degli anni Ottanta dalle Brigate Rosse; Elisabetta Tripodi, eletta nel 2010 Sindaco di Rosarno, in Calabria, che, come Roberto Saviano, ha vissuto per anni sotto scorta per aver descritto come operano la mafia e la 'ndrangheta. La lista, purtroppo, potrebbe continuare.

WE CAN BE HEROES... TUTTI POSSONO ESSERE EROI

I leoni hanno quindi il *coraggio delle proprie convinzioni*: queste persone si sono consumate nel nome dei propri ideali, sono state in prigione o uccise. Dobbiamo quindi seguire la stessa sorte che, per quanto eroica possa essere, non è di certo molto appetibile? Sono convinto che tutti, tranne volpi, pavoni e serpenti, siano potenzialmente leoni. Non solo: se guardiamo bene ci sono migliaia di leoni intorno a noi, forse noi stessi lo siamo già, senza saperlo. Io ne sono convinto; voi non mi credete?

È un leone l'uomo di mezza età che perde il lavoro, e quindi la sua identità, ma ha la forza di rimettersi in gioco, disponibile a ripartire da zero, con dignità, pur di farcela. È una leonessa la donna sola, vedova o divorziata, che con un forte senso di responsabilità riesce ad andare avanti giorno dopo giorno per offrire un futuro migliore ai propri figli. È un leone il giovane che, nonostante un tasso di disoccupazione da far tremare le vene dei polsi, lotta per avere un lavoro dignitoso, continua a studiare o crea un'azienda o una start-up. È un leone l'operaio che si spacca la schiena per uno stipendio dignitoso, lavorando di notte, prendendo lo stesso tram da 30 anni alle 5 del mattino. È una leonessa la signora delle pulizie che, lavorando con dignità prima delle 8 del mattino e dopo le 20, ci fa trovare i nostri uffici puliti e in ordine. È un leone l'immigrato venuto da un Paese lontano, che con decoro svolge compiti o mansioni modeste anche se magari è un avvocato o un maestro, inviando alla famiglia tutto quello che guadagna. È un leone il bambino adottato perché abbandonato o il figlio di una coppia divorziata che riesce a non perdere la fiducia negli adulti, nel loro amore, nella vita. Sono leoni il prete o la suora che aiutano i diseredati, i dimenticati, gli invisibili. Sono leoni il medico, il professore, il giudice, l'infermiere, il poliziotto che, spesso con stipendi modesti, si occupano della salute, della sicurezza o dell'educazione degli altri. È un leone l'imprenditore che, tra mille vessazioni burocratiche o soprusi delle mafie, manda avanti la propria azienda e offre un lavoro a chi lo merita. È un leone chi, colpito da un evento terribile, si adopera per aiutare le persone che hanno avuto un destino simile, insegnando che si possono superare anche momenti duri. Sono leoni il giornalista o l'artista che adoperano la propria arte e conoscenza per raccontare, denunciare, servire, rincuorare. È un leone chi protegge il nostro ambiente, i nostri tesori artistici da speculatori senza scrupoli. È un leone il pensionato che dopo 40 anni di lavoro prende una pensione da fame, ma vive con dignità e s'impegna a essere un nonno per i propri nipoti. È un leone chi, discriminato in base alle preferenze sessuali, religiose, razziali o politiche, cammina comunque a testa alta e prosegue con convinzione per la propria strada, senza annullare la propria dignità e identità. È un leone chi non accetta sfruttatori, mafia, corruzione, imbrogli, carte truccate a scapito di chi merita. È un leone chi dedica il proprio tempo ad aiutare come volontario anziani abbandonati, donne sfruttate, bambini dimenticati, carcerati, prostitute, persone sole.

È arrivato il tempo di cambiare il nostro modello di eroismo. Ecco quindi che *essere un leone* non diventa una categoria mitica riservata a supereroi da fumetto o limitata a poche figure leggendarie o, peggio, a pavoni che passano le giornate davanti agli specchi o sotto i riflettori. Essere leoni diventa il nostro modo di essere: non abbiamo bisogno di atti eroici ma di dignità quotidiana. Il nostro lavoro diventa, quindi, non una mera occupazione ma la nostra identità più profonda e autentica. Sono convinto che anche tu sei un leone o che stai per diventarlo.

Non dimentichiamo: "Cammina a testa alta o non camminare affatto"[16].

6
Il patto con il diavolo

Il prezzo da pagare per la propria carriera

La bellezza è misteriosa e terribile allo stesso modo.
Dio e il Diavolo combattono per vincere,
il campo di battaglia è il nostro cuore.
Fëdor Dostoevskij

IL PREZZO DA PAGARE

Voglio trarre ispirazione da due titoli di celeberrimi capolavori del rock per riflettere su due questioni fondamentali.

La prima canzone, *The Price You Pay*, scritta da Bruce Springsteen, ci porta a riflettere sul quesito: *qual è il prezzo che dobbiamo pagare per fare carriera?* Attenzione: ci sarà sempre e comunque un prezzo da pagare; ci sono prezzi ragionevoli e altri semplicemente inaccettabili; alcuni, inconsapevolmente, li facciamo pagare ad altre persone.

Con la seconda canzone, *Sympathy For The Devil* dei Rolling Stones, sorge invece la domanda: *abbiamo fatto un patto con il diavolo per fare carriera?*

Il capitolo si concluderà con una riflessione in merito all'arte di negoziare con noi stessi – e con chi ci sta vicino – il prezzo che siamo pronti a pagare per la nostra carriera, ed evitare di stringere un patto con il diavolo in nome di qualcosa di imprescindibile: la nostra anima e la nostra libertà.

Resto convinto che sia molto più rilevante elaborare le giuste domande piuttosto che indovinare risposte plausibili. Nel mio lavoro un quesito che mi è stato rivolto frequentemente è: "Come faccio a essere promosso?".

Problema: questa non è la domanda giusta. Svolgere il proprio lavoro con soddisfazione e amore è una gioia profonda della vita ed è assolutamente legittimo e giusto cercare di avanzare nella propria carriera. Se si accetta questo presupposto, bisogna anche chiedersi quale sia il prezzo da pagare, non soltanto lo stipendio che prenderemo.

Spesso mi sono chiesto come mai questo concetto, così chiaro nella vita quotidiana, non sia applicato per questioni di più ampio respiro. Se, per esempio, siamo in pizzeria e notiamo che la pizza margherita costa 100 euro, la ordiniamo? Certo che no; saremo forse disposti a pagare fino a 10-15 euro, se magari ci troviamo in una località caratteristica, per esempio con vista sul mare, ma 100 euro sono da escludere. Altro caso: è domenica sera, ci siamo appena accorti che non abbiamo latte in frigorifero e l'unico supermercato aperto è a 10 minuti di macchina da casa; piove, fa freddo ed è già buio. Dopo una rapida analisi costi-benefici, concluderemo che non ne vale la pena.

Riusciamo ad applicare la stessa metodologia alla nostra carriera? Riusciamo a individuare fino a che punto *possa valere la pena*? In sintesi, pagare un prezzo per la carriera significa mettere sul piatto della bilancia anche i trade-off, le scelte che ci sentiamo di fare – o di non fare – e le conseguenti rinunce. Scegliere vuol dire rinunciare.

QUANTO È ABBASTANZA?

Iniziamo da una panoramica generale: Robert ed Edward Skidelsky, padre e figlio, uno economista e l'altro filosofo, hanno scritto insieme un testo avvincente, ricco di spunti di riflessione partendo da una domanda: *Quanto è abbastanza?*[1] Di quanto necessitiamo veramente per goderci la vita? Questi due autori hanno preso in esame la questione da diverse angolazioni, valutando il punto di vista della filosofia, della religione, dell'economia, distinguendo i cosiddetti *bisogni* (per esempio un tetto, un piatto caldo), dai *desideri*. La differenza è semplice: i bisogni sono finiti, quantificabili e limitati mentre i desideri sono illimitati. In poche parole, *abbiamo bisogno* di 2.500 calorie al giorno per vivere ma *vogliamo* mangiare l'aragosta. Come scrive Bruce Springsteen nella canzone *Badlands*, contenuta nell'album *Darkness on the Edge of Town* del 1978, un vero capolavoro: "L'uomo povero vuole diventare ricco, il ricco vuole diventare Re, il Re non è contento fino a quando non regna su tutto", descrivendo in una riga un problema fondamentale: il malessere esistenziale del non accontentarsi mai.

Se prendiamo in considerazione la correlazione tra aumento del reddito e livello di felicità percepito, in Gran Bretagna, per esempio, tra il 1973 e il 2007 il reddito è raddoppiato, mentre il livello di soddisfazione è rimasto uguale; allo stesso tempo il grado di disuguaglianza nella distribuzione della ricchezza è aumentato sensibilmente, insieme a obesità, morti da alcolismo, divorzi. Nel luglio 2015 *la Repubblica* ha intitolato un articolo "Si stava meglio quando si stava peggio: felicità e crescita non vanno di pari passo"[2]: da un'analisi dell'Università Politecnica delle Marche sulla correlazione tra crescita economica e qualità dalla vita, è emerso che fino agli anni Sessanta il trend era positivo, mentre da quasi 50 anni è negativo. Presentati così, questi rapporti possono sembrare solo statistiche che non ci coinvolgono davvero; ma, in pratica, cosa succede alle persone normali come noi?

La relazione tra stress e produttività è stata studiata dai tempi della Rivoluzione industriale. Già nel 1908 due psicologi americani, Robert Yerkes e John Dodson dimostrarono empiricamente l'esistenza di un rapporto diretto tra questi due fenomeni: senza nessuno stimolo, comunemente chiamato *stress*, la produttività è bassa, ma se siamo eccessivamente stimolati, cioè *troppo stressati*, la produttività si riduce fino a essere nulla. La legge di Yerkes-Dodson enuncia che *fino a un certo punto*, lo stress è positivo perché ci aiuta a focalizzare e restare concentrati. Passato questo limite, lo stress diventa negativo e mette a rischio la prestazione. Qual è questo punto? E che succede se andiamo troppo oltre?

Per cercare di saperne di più, mi sono confrontato con il dottor Jim Stricker, psicologo e terapeuta alla Banca Mondiale per 17 anni. Parlammo la prima volta in occasione della sua candidatura come manager di un team che si occupava di misurare e gestire lo stress di circa 17.000 dipendenti. Gli chiesi di *quantificare* in qualche modo il prezzo, comprensivo di stress e costi psicologici, che i dipendenti della Banca Mondiale dovevano pagare, visto e considerato che lavorano sempre sotto pressione. L'analisi compiuta da Stricker fu piuttosto chiarificatrice. Alla Banca Mondiale tutti i dipendenti sono altamente qualificati, hanno conseguito titoli universitari e dottorati, parlano correntemente tre lingue e hanno all'attivo una congrua esperienza nel loro Paese d'origine. In breve, stiamo parlando di un ambiente molto competitivo, fatto di persone idealiste, fiduciose della missione della Banca Mondiale. Inoltre, i dipendenti devono viaggiare di frequente per lavorare su progetti in tutto il mondo. Io stesso ero abituato a circa 150 giorni di viaggio in missione ogni anno.

In termini di prezzo pagato per far carriera, tutto ciò significa che le persone s'impegnano fino allo spasimo e alle volte succede che l'idealismo si trasformi in cinismo di fronte alla lentezza esasperante di alcuni progetti, oppure osservando la corruzione dilagante in alcuni Paesi, quando il jet-lag e la fatica fisica delle lunghe ore di viaggio prendono il sopravvento e le famiglie a casa protestano, a ragione, per essere state trascurate. All'inizio, qualsiasi professionista motivato e competente va avanti, cercando di gestire la situazione al meglio, ma a un certo punto si rischia il crollo improvviso, l'esaurimento da troppo lavoro, che conduce a tempi di recupero lunghi e a spiacevoli conseguenze: depressione, malattie, divorzi. Ecco qual è il punto che non andrebbe mai superato, il prezzo troppo alto da pagare. Per cominciare, è richiesta una buona dose di consapevolezza e saggezza nella gestione di tempo e di energie. Avere le priorità giuste, poter contare su amicizie che supportano costruttivamente, sapersi prendere cura di se stessi, nel corpo e nello spirito. È giusto cercare la motivazione interiore e lavorare duro, ma ci sono limiti, anche fisici.

Quindi, il nostro obiettivo è capire come fare a mantenere salda la nostra motivazione interiore senza dover pagare un prezzo troppo alto da sopportare.

Per sviluppare più in profondità il tema relativo a quale sia il *giusto* prezzo da pagare, nel prossimo paragrafo ricorrerò all'aiuto di due cari amici, uno russo e uno siciliano, che tutti conosciamo.

DI QUANTA TERRA HA BISOGNO UN UOMO?

Di quanta terra ha bisogno un uomo? è il titolo di un racconto scritto nel 1886 da un gigante della letteratura mondiale, Lev Tolstoj, scrittore e filosofo russo. È la storia di Pachom, un contadino ossessionato dal possedere quanto più terreno possibile. Alla ricerca di terreni da acquistare, Pachom apprende che per 1.000 rubli potrebbe comprare un appezzamento di terreno pari al perimetro che riesce a coprire in una giornata di cammino. Recatosi nel paese dove dovrebbe concludere l'affare, si presenta alle prime luci dell'alba per affrontare questa sfida, cercando di delimitare quanta più terra possibile e correndo fino all'ultimo respiro per ore e ore. Quando giunge il momento di tornare indietro, Pachom scorge un bosco al quale, accecato dall'avidità, non riesce a rinunciare; ricomincia a correre, pur rendendosi conto di allontanarsi sempre di più, spremendosi fino all'ultima goccia di energia, perché non concludere il perimetro significa perdere la scommessa. Pensa: "Ce la devo fare assolutamente". E ce la fa, arriva giusto in tempo per vincere il suo terreno, ma mentre stringe le mani a tutti gli abitanti del villaggio che vogliono congratularsi con lui, esausto per la fatica, stramazza a terra, morto stecchito.

Di quanta terra ha bisogno un uomo? "Circa 2 metri" è l'ironica risposta di Tolstoj: giusto lo spazio per la fossa al cimitero.

Anche Giovanni Verga, grande scrittore siciliano, scrive una novella simile: *La roba.* Il protagonista è di nuovo un contadino, Mazzarò, "uomo privo sia di difetti sia di affetti, dalla testa lucida, la pancia gonfia e ricco come un maiale". La sua ossessione ad accumulare "roba" lo conduce fino alla pazzia; quando gli viene detto che dovrebbe preoccuparsi di salvare la propria anima visto che sta per morire, inizia ad ammazzare gli animali della sua fattoria gridando: "Roba mia, vienitene con me".

Quanti Pachom, quanti Mazzarò abbiamo incontrato sulla nostra strada? Ci siamo comportati come loro?

LA CORSA DEI TOPI

La storia che segue è una mia esperienza diretta. Il mio capo mi informa che una brava collega, Emily, ha dato le dimissioni e che, se lo desidero, mi affiderà il suo incarico, dandomi una promozione, un bell'aumento e un team di circa 30 persone da gestire, a fronte di viaggi regolari e frequenti. La mia risposta è immediata, un "sì" convinto ed entusiasta. Pochi giorni dopo ricevo una lettera con il mio nuovo stipendio, 20% in più, e il titolo prestigioso di vicepresidente. Nel giro di poco tempo, però, capisco come funziona il gioco: devo fare due ore di spostamento per recarmi nel nuovo ufficio, lavoro 12-13 ore al giorno, devo viaggiare due volte alla settimana con aerei che partono alle 6 del mattino, mi hanno cancellato le vacanze. Un collega mi confida che Emily, in realtà, non ha dato le dimissioni, ma si trova in ospedale per farsi curare un esaurimento nervoso. Raggiungo il culmine quando, in un'occasione, esco dall'ufficio alle 2 del mattino per andare direttamente all'aeroporto a prendere l'ennesimo aereo: ho appena compiuto 30 anni ma mi sembra di averne il doppio, tremo dalla stanchezza, mi sento un perfetto idiota ad aver accettato un lavoro che ho finito per odiare, ho ormai esaurito le forze e mi sono pentito amaramente di aver fatto una scelta senza riflettere, accecato dai vari "specchietti per le allodole" prospettatimi. Me ne vado poco tempo dopo aver preso la promozione che tanto avevo desiderato.

Ritmi eccessivi anche per i *lupi*, persone con una feroce voglia di avanzare nella propria carriera[3]: G.M., americano, lavorava per JP Morgan, vicepresidente del dipartimento delle Tecnologie; W.B., anche lui americano, ex dirigente della Deutsche Bank, doveva essere promosso capo degli investimenti ad alto rischio, ma la promozione venne bloccata; T.D., direttore comunicazioni dell'assicurazione Swiss Re; P.W., capo finanza di un altro gruppo assicurativo svizzero. Che cosa hanno in comune queste persone? Lavoravano a Londra, avevano stipendi da favola, si sono suicidati tutti e quattro.

La famosa banca d'investimento Goldman Sachs corre ai ripari[4] dettando le regole per gli stagisti che, come ogni estate, andranno a lavorare presso l'istituto sperando poi di essere assunti: non si può arrivare prima delle 7 del mattino e si deve tassativamente uscire entro mezzanotte. Immagino lo ritengano un orario flessibile, "solo" 17 ore al giorno: una specie di vacanza!

Robert Reich è stato ministro del Lavoro per il presidente americano Bill Clinton dal 1993 al 1997, professore universitario a Berkley, California, autore di libri avvincenti e del documentario *Inequality for All* (Disuguaglianza per tutti), assolutamente da non perdere. Come molte persone che amano il proprio lavoro, passava almeno 14 ore al giorno in ufficio. Finché una sera, durante l'ennesima telefonata alla famiglia per avvisare del mancato rientro per cena, il figlio più piccolo gli chiese di svegliarlo comunque quando fosse arrivato a casa, anche se non era necessario perché si sarebbero visti per la colazione il mattino seguente. "Svegliami papà: voglio solo sapere che sei qui a casa, con noi". Queste parole fecero comprendere a Reich che doveva lasciare il suo lavoro: il prezzo da pagare era diventato troppo alto[5].

Henry è un caro amico; ha passato quasi 15 anni a lavorare circa 80 ore alla settimana in una famosa banca d'investimento. Il suo obiettivo nella vita era guadagnare una certa cifra, a mio avviso pazzesca, prima di compiere 45 anni. Me lo ricordo durante un pranzo del Ringraziamento, passato interamente a rispondere a chiamate di lavoro, trascurando la tavola imbandita con tanta cura da sua moglie, irritata e avvilita. La bella notizia è che Henry è talmente bravo che è riuscito a guadagnare la somma stratosferica che si era prefissato; la brutta notizia: in 10 anni non ha mai trascorso più di tre giorni consecutivi con la famiglia ed è diventato un perfetto estraneo per i suoi figli. Ovviamente la moglie l'ha lasciato per sfinimento e – ironia della sorte – ha ottenuto quasi tutti i soldi, dopo anni di feroci lotte legali.

La domanda di Tolstoj rimane scolpita nella nostra testa: *di quanta terra ha bisogno un uomo?* Il concetto di *far carriera* è facilmente paragonabile all'idea della *rats race*, la corsa dei topi. Siamo talmente preoccupati di vincere questa corsa che dimentichiamo di essere topi? Se pensiamo che la carriera sia una scala in cui dobbiamo salire i gradini, dobbiamo anche valutare che la scala non sia appoggiata al muro sbagliato.

UN PRANZO INSIEME, IN VENTOTTO ANNI

Eugene O'Kelly – amministratore delegato della società di consulenza KPMG, un lavoro da sogno, con ufficio sulla Fifth Avenue a New York – ha scritto un libro[6]: fin qui niente di strano. Quello che lascia a bocca aperta è *il momento* in cui ha deciso di scriverlo: il giorno stesso in cui il medico gli ha diagnosticato un tumore al cervello. Stadio terminale, niente da fare. La prima riga di questo testo ci lascia senza fiato. Eugene scrive: "Sono benedetto, fortunato: mi hanno detto che ho tre mesi da vivere". La sua storia mi rimarrà dentro per il resto della vita: racconta degli addii struggenti che Eugene ha dedicato alle persone che avevano fatto parte della sua vita: conoscenti, colleghi, amici stretti, famiglia, figli. L'addio più intenso rimane quello alla moglie Corinne, che ha anche scritto le ultime pagine del libro, quando Eugene non era più in grado di farlo. In ogni riga di questa storia straordinaria si avverte un sentimento di orgoglio per una carriera a dir poco splendida, ma anche il senso del tempo perduto, delle parole non dette, dei baci non dati, delle cene saltate, dei figli dimenticati, dei compleanni non celebrati, dei tempi forsennati, di una vita sempre di corsa. Mi viene in mente una bellissima frase del poeta e filosofo libanese Khalil Gibran, che scrisse: "Tra quello detto, ma non sentito e quello sentito, ma non detto, troviamo l'amore sprecato". Del libro di Eugene mi colpì un ricordo: "In 28 anni di lavoro ho pranzato con mia moglie in un giorno feriale una sola volta". *Una volta in 28 anni!*

Eugene si è ritenuto fortunato quando ha scoperto di avere tre mesi di vita. Noi siamo ancora più fortunati avendo l'opportunità d'imparare la lezione da un uomo straordinario che ci ha insegnato con dolcezza e compassione cosa conta nella vita. *Oggi* è il giorno giusto per pranzare con la persona che amiamo. Oggi, non domani.

IL PREZZO DEL POTERE

Ci sono altri prezzi da pagare per fare carriera. Costi nascosti nella spasmodica ricerca del potere. Jeffrey Pfeffer, nel suo libro *Power*[7], spiega che avere potere aumenta la visibilità e pone sotto i riflettori, come succede alle persone famose. Sappiamo tutto di loro: dove vanno in vacanza, come vestono, con chi escono, cosa hanno fatto ieri. Avanzando in carriera, acquisendo potere, saremo osservati attentamente, anche quando non saremo presenti.

La perdita di autonomia è un altro costo da tenere in considerazione. James March, studioso di organizzazioni e politica, disse che si può avere potere oppure avere autonomia, ma non entrambi. Di per sé il potere può provocare dipendenza, come una droga di cui si deve aumentare la dose, sempre più forte e intensa.

Un costo ulteriore da pagare è la solitudine. Francesco Bogliari ha curato un volume intitolato non a caso *Chi comanda è solo*[8], un ritratto di Sergio Marchionne: una delle conseguenze del potere è la solitudine.

Ne consegue il dilemma della fiducia: di chi fidarsi? Le persone potenti sviluppano, comprensibilmente, una specie di corazza con cui si proteggono, propendono per non dare fiducia a chi sta loro intorno. Sarebbe interessante valutare la correlazione tra grado di potere e diffidenza nei confronti del prossimo. Jennifer Chapman, dell'Università di Berkeley, ha fatto esperimenti per valutare fino a che punto l'adulazione nei confronti dei potenti è efficace. Lo studio ha concluso scientificamente che l'adulazione funziona *sempre*, non ci sono limiti, in particolare quando si tratta di lavorare con un pavone-narcisista. Io la immagino come una specie di maledizione del potere. Da un lato, il potere spinge a non fidarsi degli altri, ma nel contempo fa credere alla loro adulazione. Che tristezza arrivare in alto per ascoltare solo gli adulatori pappagalli, giullari e cicisbei e diffidare di tutti gli altri. Osservando e valutando il comportamento di certe moderne corti imperiali, chiamate anche management team o consigli di amministrazione, si capisce perché l'adulazione sia tenuta in così alta considerazione e utilizzata tanto di frequente.

ORGANIZZAZIONI COME ALLEVAMENTI DI RANE?

Nel 1956 William H. Whyte scrisse un libro intitolato *The Organization Man*, un ritratto degli Stati Uniti diventato poi un manifesto della trasformazione sociale in atto nella burocrazia di quel tempo, che puntava ad annullare gli individui per creare perfetti burocrati, capaci di superare qualsiasi test di conformismo. Se potessi, renderei obbligatoria la lettura dell'articolo di Jerry B. Harvey, professore di Management alla George Washington University, intitolato "Organizations as phrog farms", organizzazioni come allevamenti di rane[9]. Harvey utilizza quello che appare un errore –in inglese rana si scrive *frog*, non *phrog*–

proprio per indicare un processo di modificazione applicabile al mondo umano ma non a quello animale. Modificare individui autonomi in ranocchietti obbedienti, ognuno a gracidare sulla propria foglia nello stagno, sembra una caratteristica limitata alle organizzazioni. L'articolo è semplicemente spassoso ma spiega che anche noi possiamo essere trasformati in rane. Per esempio, in diverse organizzazioni risulta molto più importante seguire la catena di comando che agire in modo sensato, con giudizio e maturità. In effetti, è proprio così: uno dei peccati mortali in qualunque organizzazione consiste nel parlare direttamente con il capo del proprio capo senza che quest'ultimo lo sappia.

Non posso non citare un passaggio dell'articolo di Harvey: "Esiste una leggenda che narra che il baciare una rana possa tramutarla in principe. Credo debba essere invece previsto che, in generale, baciare una rana porti ad avere solamente irritazioni cutanee. Se però alcuni decidessero comunque di baciare una rana, credo sia opportuno avvertirli che è difficile stabilire quale sia la sua faccia e quale sia il didietro". Un passo geniale per spiegare come funzionano le dinamiche adulatorie nelle organizzazioni. Sono come una modificazione genetica lenta ma inesorabile dei nostri comportamenti.

Harvey poi descrive come le lotte interne siano del tutto simili ai tranelli che avvengono nello stagno delle rane, le quali hanno la predisposizione a tendersi trappole a vicenda. Detto in maniera diversa, se ci accingiamo a preparare una trappola per rane, per i nostri simili, *noi siamo già dentro questa trappola.*

Inoltre le rane possiedono un'altra caratteristica da cui tenersi bene in guardia: la paura di pensare autonomamente. Le rane lasciano che decidano gli altri e questa rinuncia presenta alcuni indubbi vantaggi legati alla totale assenza percepita di responsabilità. Quante volte abbiamo sentito la frase: "Obbedivo solo a ordini imposti dall'alto?". Molte volte, per esempio durante il processo contro i criminali nazisti tenuto a Norimberga alla fine della Seconda guerra mondiale o dalla bocca degli imputati ai vari processi di corruzione. Questi esseri umani, tramutati in ranocchie velenose, dicevano – e succede ancora oggi – che quando ammazzavano innocenti oppure rubavano in nome del partito, stavano solo eseguendo ordini, come se fosse stato impossibile dire di no. Voi ci credete?

VIAGGIO IN CINA

Nel settembre 2014 ho visitato, insieme a una sessantina di giovani imprenditori del Young Global Leaders – una comunità coordinata dal World Economic Forum –, la Scuola Centrale del Partito comunista a Pechino, istituzione fondamentale nel complesso sistema politico cinese. Una volta all'interno mi sono stupito molto, mi sembrava di essere in un campus universitario in Inghilterra o negli Stati Uniti: palazzi moderni, prati ben curati, ordine, pulizia, perfino un bellissimo laghetto artificiale. La scuola è il luogo dove vengono formati e catechizzati i circa 1.300 dirigenti di alto livello di una nazione che conta 1,3 miliardi di abitanti, persone che andranno a occupare posizioni essenziali nella società cinese. Per essere ammessi in questa scuola bisogna superare sistemi di selezione molto competitivi. Mi ha colpito l'altissimo livello di apertura mentale e di curiosità: per esempio, da molti anni la scuola invita da tutto il mondo persone degli ambiti finanziario, industriale, politico per imparare, osservare. Certamente l'ideologia del Partito comunista rimane assolutamente salda e incontestabile, ma l'apertura e l'interesse a imparare da chi viene da fuori è evidente e gli studenti non mi sono affatto sembrati "rane nello stagno", per tornare all'analogia di Harvey, bensì teste pensanti – certo, con un perimetro di pensiero ben limitato da un'ideologia non discutibile – pronti a conquistare il mondo con una determinazione assoluta, da ammirare e da far venire i brividi.

Quando pensiamo al prezzo che stiamo pagando per far carriera dobbiamo porci questa domanda: lavoriamo in un'organizzazione che assomiglia a un allevamento di rane? Godiamo di spazi ampi ma *recintati* da un'ideologia che non si può discutere, come alla Scuola del Partito comunista? Lavoriamo in un'organizzazione dove possiamo essere noi stessi, in una palestra per sviluppare il nostro talento? Se sentite gracidare, o peggio voi stessi avete iniziato a gracidare, fate un bel salto e uscite. La storia ci ha insegnato che ci sono davvero poche probabilità di essere baciati da un principe o da una principessa.

TRE MILLENNI DI SAGGEZZA E AUTENTICITÀ

Il prezzo da pagare non riguarda solo noi, ma pesa anche sulle persone con cui condividiamo la nostra esistenza. La domanda quindi diventa: qual è il prezzo che facciamo pagare *agli altri*?

Il Men's Club (il Club degli Uomini) è un gruppo di una quarantina di persone tra i 65 e i 90 anni che da un trentennio si ritrovano in Virginia, vicino a Washington, due volte al mese, di sabato, dalle 7.30 alle 9 del mattino. Si sono conosciuti alla fine degli anni Ottanta perché frequentavano la stessa chiesa; uno di loro propose di continuare a discutere insieme a casa sua e divenne una tradizione, al punto che anche le loro mogli ne iniziarono una simile. Tra i partecipanti, a turno, due portavano il caffè, due l'aranciata, alcuni i famosi bagel, le ciambelle americane. Tutti arrivano puntualissimi, ognuno con la propria sedia portata da casa. Fui invitato a partecipare dal mio amico e vicino di casa, Rick, un uomo energico e positivo di più di 70 anni. Accettai più per educazione che altro; ero di gran lunga il più giovane, ma dal primo appuntamento non mancai più a una riunione per i successivi quattro anni. Il gruppo seguiva regole strette. Primo: non si parlava di lavoro e non si facevano affari. Secondo: si poteva parlare di tutto *quello che si aveva nel cuore*. Terzo: alle 9 in punto la riunione terminava con una preghiera per ringraziare di essere ancora vivi, ancora vicini alle persone che amavamo, ricordando le persone che soffrono. Non mi sono perso una riunione in quattro anni perché, oltre a farmi sentire veramente benvenuto, protetto e rispettato, m'interessava capire quali rimpianti, sogni, aspirazioni potessero avere questi uomini autentici giunti al termine delle loro carriere.

Non dovetti aspettare molto. John, uno dei partecipanti, aveva divorziato anni prima e per lungo tempo aveva avuto solo contatti saltuari con la figlia ormai trentenne. Un giorno la giovane donna gli fece una telefonata con una voce triste ma lui, sempre occupato a lavorare, era troppo preso e promise di richiamarla presto. La richiamò dopo alcuni giorni ma era troppo tardi. L'ex moglie lo informò che la figlia si era suicidata, senza un'apparente ragione. Ricevuta la terribile notizia a pochi giorni da uno dei nostri incontri, John pensò di condividerla con il Men's Club per avere conforto e supporto. Al termine del triste racconto di John, seguirono alcuni minuti di silenzio assordante, tra i più lunghi della mia vita. La storia della figlia del nostro amico, devastante, influenzò le nostre conversazioni nei mesi seguenti. Che prezzo abbiamo fatto pagare agli altri? Siamo stati presenti e disponibili quando altre persone hanno avuto bisogno di noi? Abbiamo ascoltato non solo cosa dicevano, ma anche come lo dicevano? *Le persone si dimenticano cosa hanno ascoltato ma si ricordano come si sono sentite*. Mi accorsi che gli uomini di questo club, di estrazione sociale e religioni diverse, avevano in comune il rimpianto per il tempo che non avevano trascorso con le proprie mogli, i figli, i nipoti. Non una sola volta in quattro anni ho sentito questi uomini parlare di rimpianti legati alla carriera. Ho capito – con il cuore prima che con la testa – che quello che ci preoccupa e occupa il cervello a 30, 40 o 50 anni ("Devo aumentare le vendite, ridurre il budget, ottenere una promozione, comperare una macchina, rispondere alle e-mail...") non è tema di rilievo quando facciamo *veramente* i conti con la nostra vita.

Quando fu il mio turno a ospitare la riunione, feci una domanda al gruppo: "Siete riusciti a realizzare il *sogno* che avevate da giovani?". Vi lascio immaginare l'intensità e la bellezza di quelle conversazioni.

Durante queste riunioni mi sono anche fatto le più belle risate della mia vita dai tempi del liceo. Peter – 82 anni, in testa sempre il cappello della sua squadra di baseball – durante una riunione annunciò a tutti noi che pensava di avere un tumore alla prostata, chiedendoci di pregare per lui. Due settimane dopo, Peter arrivò alla riunione e gridò a squarciagola: "Amici, belle notizie: grazie a Dio, sono solo emorroidi!". Ridemmo tutti a crepapelle, urlando di gioia e abbracciandolo felici. In questo caso, ho capito che essere in buona salute è fonte di felicità e come invece noi la diamo per scontata. Mi rendo conto di quanto sia importante avere un gruppo di supporto, di persone che ti ascoltano e non ti giudicano. Comprendo la gioia di essere autentici invece di "recitare" per convincere gli altri, di costruirsi un'immagine che non corrisponde alla realtà. Nella vita si impara che si incontrano tante maschere ma pochi volti, come scrisse Pirandello.

Quando lasciai Washington, abbracciai con affetto e riconoscenza quei 40 uomini meravigliosi, uno a uno, cercando di scolpire nella memoria quei volti sapendo che ci vuole coraggio a non indossare una maschera.

Men's Club, quelle persone autentiche mi mancano proprio:

abbiamo da imparare da esseri umani come loro, una miniera di esperienze e d'amore. Con le loro storie incredibili, mi hanno insegnato cosa conta veramente nella vita.

IL TAXI ARANCIONE

È l'anniversario di matrimonio mio e di mia moglie. Porto Lalia in un bel ristorante per festeggiare. Arriva il momento del brindisi: le do un bacio con tenerezza, dentro di me penso che mia moglie possa essere una candidata alla beatificazione per aver sopportato uno come me. Sono stati 10 anni meravigliosi, la ringrazio con riconoscenza. Lalia puntualizza: "Sono solo sette anni, non dieci". Esito per un istante, poi le rispondo che, no, sono proprio 10 anni. Lei, senza alcun tono di rimprovero, mi ricorda i miei 75 viaggi di lavoro, in media due settimane di durata: 150 settimane, tre anni in viaggio lontano da casa, in più di 50 Paesi diversi. Ha ragione lei. Che prezzo ho pagato? Che prezzo *ho fatto pagare alle persone che amo*?

All'aeroporto, al ritorno dal viaggio successivo, osservo tanti papà e mamme che comprano regali ai propri figli. Compro anch' io un regalo inutile, dentro di me so bene che mia figlia non vuole regali ma desidera solo passare più tempo con me. Mi viene in mente quando mio padre, io avevo sette anni, mi portò al cinema a vedere un film e poi a mangiare una pizza insieme, solo io e lui. Di quel giorno mi ricordo assolutamente tutto: era il 1971, pioveva, mio padre aveva i pantaloni di velluto marroni, un'occasione del genere non si è mai più ripetuta. Lui lavorava 15 ore al giorno, l'ha fatto per 35 anni. Allo stesso modo, una volta avevo portato mia figlia Sadika a vedere un film scelto da lei. Sadika, cinque anni appena, si era voluta sedere in braccio a me e io non mi sarei potuto sentire più felice.

Ecco che in aeroporto mi torna in mente quel momento: ricordando il respiro di mia figlia, il calore del suo corpicino di 20 chili, decido di lasciare un lavoro che pur mi piace, ma che mi sta portando troppo lontano dalla mia bambina. Decido di cercare un lavoro in cui non devo più viaggiare così tanto, che non mi costringe più a prendere il taxi arancione che mi porta all'aeroporto la domenica mattina mentre tutti e tre facciamo uno sforzo emotivo pazzesco per non piangere.

Ringrazio il cielo di aver avuto questa possibilità, così come sono riconoscente a Lalia e Sadika, che mi sono vicine e mi hanno aiutato a capire con il loro amore il prezzo che, come famiglia, stavamo pagando. Pentito? Sì, di non averlo fatto prima.

Di quanta terra ha bisogno un uomo? Sappiamo bene quale sia il prezzo da pagare per fare carriera? Fino a che punto ci possiamo spingere? Vogliamo veramente vincere la corsa dei topi? L'analisi costi-benefici non dovrebbe essere solo economica, ma anche emotiva e personale. Cominciando dai costi che imponiamo agli altri, spesso per soddisfare solamente il nostro egoismo e la nostra vanità. Di quanta terra abbiamo bisogno?

IL PATTO CON IL DIAVOLO

Che cosa significa stringere un patto con il diavolo? Per spiegarlo non possiamo non fare riferimento a due classici della letteratura: il *Faust* di Goethe e *Il ritratto di Dorian Gray* di Oscar Wilde. Nel primo, Faust stipula un patto con il diavolo Mefistofele, non per ottenere favori o ricchezze, ma per lenire quel senso profondo d'insoddisfazione che descrive così precisamente l'animo dell'uomo moderno. Faust vende la propria anima a Mefistofele e viene graziato da Dio solo in punto di morte per la sua continua aspirazione all'infinito. Nel secondo, il protagonista, ossessionato dal culto della propria bellezza e giovinezza, stipula un patto con il diavolo per rimanere eternamente bello e giovane, mentre un suo ritratto, nascosto in soffitta, porta i segni del suo decadimento fisico e della corruzione e depravazione morale della sua anima. Lacerato dai rimorsi, Gray squarcia con un coltello il dipinto, uccidendo se stesso. Il giorno seguente, infatti, l'uomo viene trovato morto, con il coltello conficcato nel cuore, invecchiato e imbruttito, mentre il dipinto lo ritrae bello e nel pieno della sua giovinezza.

Passando alla storia, quindi a fatti realmente accaduti, voglio invece ricordare la vicenda di Stanley Milgram, psicologo americano che, non riuscendo a capacitarsi dell'orrore dei campi di concentramento nazisti, nel 1962, all'Università di Yale, condusse un esperimento che fece tremare il mondo, non solo accademico. Milgram voleva indagare su un quesito: se una persona con autorità chiedesse a un individuo comune, normale, di impartire una scossa elettrica fino a 450 volt a un'altra persona, l'individuo comune cosa farebbe? L'esperimento fu condotto con 40 volontari, chiamati "insegnanti", supervisionati da un "ricercatore" in camice bianco, che impartivano a "studenti" scosse elettriche di crescente intensità in caso di risposte sbagliate a domande prestabilite. In realtà le scosse elettriche erano fittizie, gli "studenti" erano attori che facevano parte dell'esperimento, ma gli "insegnanti" non ne erano al corrente. Al progredire dell'esperimento, gli effetti – fittizi – prodotti dalle scosse elettriche creavano problemi agli "insegnanti" che si rifiutavano di continuare; a quel punto il "ricercatore" in camice bianco, per spingerli a continuare utilizzava frasi precise: "Continui, per favore", "L'esperimento richiede che lei continui", "È importante che lei continui", "Lei non ha scelta: deve andare avanti". Nel 65% dei casi gli "insegnanti" proseguirono con le scosse fino a impartire quella più pericolosa. Al termine dell'esperimento l'84% degli "insegnanti" si disse contento di aver partecipato. Com'è possibile che persone considerate normali diventino perverse o sadiche? Secondo lo studio condotto a Yale, i fattori legati all'obbedienza sono diversi, ma in generale la maggioranza delle persone tende a obbedire in presenza di pressioni esercitate da una persona o da un gruppo con autorità.

Alle volte, come negli esperimenti di Milgram, le scosse elettriche sono fittizie; altre la storia ci ha mostrato come persone considerate normali possano diventare complici in eventi di cui nessuno avrebbe mai dovuto far parte. Lo testimonia, per esempio, il libro di Daniel Goldhagen *I volenterosi carnefici di Hitler*[10], nel quale l'autore si domanda come abbia potuto il popolo tedesco compiere il più mostruoso genocidio mai avvenuto. Obbedienza cieca. Il solo *pensare* a una possibile punizione porta all'obbedienza assoluta e a rimuovere il principio che abbiamo in realtà *sempre* una scelta, quella di *non obbedire* di fronte a certi ordini privi di senso. L'aspetto legale può essere preso in considerazione fino a un certo punto: quasi tutto quello che fece Hitler fu *legale*, dopo che aveva fatto approvare leggi inconcepibili e inumane.

Un caso estremo può essere considerato, infine, quello di Eric Fair[11] e della sua incapacità di ribellarsi all'autorità che lo portò a compiere azioni orribili. Arruolato nell'esercito come interprete di arabo, Eric ha lavorato in Iraq come interrogatore a contratto nei primi mesi del 2004. Viene inviato insieme ad altri colleghi nelle prigioni di Fallujah e di Abu Ghraib (l'infame prigione di Saddam Hussein) per interrogare circa 1.000 prigionieri. Turni di 12 ore, sei giorni alla settimana. Eric deve tenerli svegli per ore, metterli sotto pressione, sfiancarli, urlare, umiliarli, in altre parole, torturarli. E lo fa. Quell'esperienza e il rimorso di non aver avuto il coraggio di ribellarsi a quelle pratiche inumane di interrogatorio lo divorano giorno dopo giorno e per questo, nel 2007, decide di scrivere una lettera al *Washington Post*[12] per denunciare le nefandezze compiute, il suo dolore e gli incubi che lo perseguitano. Della sua lettera mi colpisce la frase: "Ho fallito perché non ho avuto il coraggio di disobbedire a ordini infami e senza senso". Per la legge del contrappasso, ora è lui a non dormire più, a non vivere più per aver venduto la sua anima "al Dio della tortura".

DISOBBEDIENZA O SCELTA?

Tornando a Milgram, esperimenti successivi dimostrarono l'importanza della ribellione: quando un soggetto si rifiutò in pubblico di obbedire, il 90% degli altri soggetti di studio si fermò prima di impartire alle vittime shock gravi. Se ci pensiamo bene, la storia dell'umanità è fatta da persone che non hanno obbedito, che hanno detto NO. Rosa Parks, attivista dei diritti civili, non si è alzata dalla sedia di quell'autobus, dando inizio così a un movimento che ha portato alla fine della segregazione razziale; Martin Luther King, anche lui, non ha accettato la segregazione razziale; lo studente cinese non si è mosso davanti al carro armato che avanzava in Piazza Tienanmen; Nelson Mandela non ha piegato la schiena; il Mahatma Gandhi non si è sottomesso alla colonizzazione inglese; Giacomo Matteotti non si è piegato al fascismo; Dalla Chiesa, Falcone e Borsellino – e molti con loro – non sono rimasti in silenzio contro la mafia. Che cosa abbiamo imparato da queste persone?

Grazie al cielo, non siamo in condizioni così estreme. Non siamo in guerra, non siamo ostaggi di dittature feroci, non siamo detenuti in luoghi dimenticati da tutti. Ci sono storie che possono aiutarci a capire come anche in situazioni lavorative *normali* possiamo scendere a patti con il diavolo e trovare il nostro inferno interiore. Per questo, voglio condividerle con voi.

A un convegno incontro Gianni, un mio ex collega anche lui responsabile del personale, che non vedevo da circa tre anni, dato che nel frattempo tutti e due avevamo cambiato azienda. Lo trovo invecchiato, ingrigito, triste. Fissiamo un appuntamento per bere qualcosa insieme dopo la cena di lavoro, e mi racconta cosa è successo relativamente al suo più recente allontanamento dall'azienda in cui lavoravamo. Gianni mi racconta che il suo superiore gli aveva chiesto di approvare un aumento di stipendio alla sua compagna; lui aveva risposto che non era una buona idea e che avrebbe dovuto aspettare la revisione annuale degli stipendi, ma il capo aveva insistito e Gianni aveva finito per accontentarlo. Tutti vennero però a sapere del famoso aumento e quando il responsabile si trovò in una situazione difficile incolpò Gianni, che venne costretto a dare le dimissioni; solo successivamente anche il capo venne licenziato. Gianni mi racconta, tremando come una foglia, di come quell'esperienza lo abbia lasciato traumatizzato. Pensava di aver stabilito con il suo superiore una relazione di fiducia, ma questi non aveva esitato un solo secondo a incolparlo pur di salvare la propria pelle: un vero serpente. Gianni mi confessa che si è pentito di non aver disobbedito, di non aver messo per iscritto che non avrebbe concesso quell'aumento insensato. Assecondando le pressioni del suo responsabile, aveva firmato la sua condanna.

Qualche tempo dopo questo episodio, il mio capo mi chiede di assumere una persona a un alto livello e a uno stipendio generoso, senza seguire il consueto processo di selezione e senza avere disponibilità né di una posizione aperta né tantomeno di budget. La persona in questione non ha neppure i titoli accademici e l'esperienza necessari per essere assunta a quel livello. Rispondo al mio superiore che, secondo le regole interne da lui stesso approvate, non possiamo procedere. Lui mi intima, con tono severo e indispettito, di ripensarci bene. La notte mi sveglio di colpo ricordandomi della storia di Gianni e, alle 3 del mattino, mando un'e-mail scrivendo i motivi per cui non dobbiamo procedere: due pagine fitte di note. Penso, sbagliandomi, che il problema sia risolto. Vado in vacanza e quando ritorno in ufficio mi trovo tra i vari documenti da firmare la lettera di assunzione *per quella persona*. Chiamo il mio superiore per parlargli, lui non risponde e la sua fedelissima assistente mi dice in maniera sbrigativa di firmare la lettera, che tanto non mi costa nulla: "Solo un autografo, cinque secondi di lavoro". Io non la firmo, lascio la lettera direttamente sulla scrivania del mio capo, aggiungendo con fermezza che può firmarsela da solo. Vengo poi a sapere che lui non chiede a un altro dirigente di farlo. Dopo un anno, alcuni giornali parlano non certo positivamente di quest'assunzione, definita sorprendente; vengo convocato dal mio capo per fornire spiegazioni in una riunione che definirei surreale, durante la quale mi chiede di dare le dimissioni immediatamente per questo fatto increscioso, offrendomi una generosa buonuscita perché me ne vada velocemente e silenziosamente. Gli porgo le fotocopie sia dell'e-mail che avevo mandato sia della lettera che *non* avevo firmato e non dico una sola parola. Sembra di essere in un film, una specie di duello. Esco dall'ufficio del mio capo come un pugile suonato: ho bisogno di sedermi per terra, mi gira la testa. Il mio superiore smette di parlarmi, se m'incontra in ascensore fa finta di non vedermi, il suo silenzio e la sua indifferenza mi feriscono. Mi rendo conto che me ne devo andare il prima possibile. A distanza di tanti anni, *'l modo ancor m'offende*[13]. Ne ho sofferto moltissimo, ma non me ne sono mai pentito.

NOI COSA AVREMMO FATTO?

Ora proporrò alcune brevi situazioni, con l'intento di porci di fronte a dilemmi che riguardano l'opportunità, l'eticità dell'assumere determinate scelte.

- Siamo revisori di conti in una prestigiosa società. Veniamo incaricati di effettuare una revisione per un'azienda farmaceutica, cliente molto importante. Nel fare la nostra analisi ci accorgiamo che sono stati messi a bilancio 2 milioni di euro per medicinali scaduti da molti anni; eliminare questo valore dal bilancio significherebbe far chiudere il bilancio in perdita all'azienda. Lo diciamo al nostro capo che, in maniera diretta, ci dice di lasciar perdere *perché non possiamo permetterci di perdere un cliente come loro*. Alla sera il cliente ci porta a cena, ordina cibi e vini costosi e ci regala una penna d'oro massiccio contando sulla nostra *discreta collaborazione*.
- Lavoriamo nell'ufficio legale e ci accorgiamo che l'appalto per una commessa molto importante è stato vinto da una società il cui proprietario è parente stretto dell'amministratore delegato.
- Organizziamo un corso di formazione in un Paese straniero, con circa 120 partecipanti che arrivano da tutto il mondo. Il materiale didattico che abbiamo spedito viene fermato alla frontiera senza alcuna ragione. Ci informano che le pratiche doganali possono essere risolte solo a fronte di un pagamento di 5.000 dollari in contanti, altrimenti saremo obbligati a cancellare il corso.
- Un nostro collega ha scritto un libro e ne ordina 300 copie a spese dell'azienda, da distribuire come materiale didattico a un corso da lui organizzato.

- Scopriamo che i sistemi informatici della nostra azienda sono stati craccati da hacker. Avvertiamo il nostro capo che però ci chiede di non parlarne con nessuno, dicendoci che sta per decidere proprio in questi giorni per una nostra promozione.
- Siamo medici. Una nota azienda farmaceutica ci invita a una crociera ai Caraibi, a patto che le nostre ricette indichino solo le loro medicine.
- Dobbiamo fare una ricerca di personale per un tot di assunzioni. Una società di consulenza ci contatta offrendoci una cifra pari a 6 mesi del nostro stipendio se affidiamo l'incarico a loro.
- Un dipendente manda un certificato medico per tre mesi, da giugno a settembre. Caso vuole che lo incontriamo a fine luglio nel villaggio turistico dove andiamo a trascorrere le vacanze: sano e abbronzato, vi lavora come musicista. Il dipendente, parente del gestore del villaggio turistico, ci offre la vacanza gratuita, a patto di tacere su quell'incontro.
- Rappresentiamo la nostra azienda per un importante appalto. Una persona di un'azienda concorrente che partecipa allo stesso appalto ci offre una bella macchina nuova. La condizione: noi dovremo proporre come base d'appalto una cifra talmente alta da far certamente perdere l'appalto alla nostra azienda.
- (E ora la mia storia preferita, accaduta realmente.) Insieme ad altri colleghi, dobbiamo negoziare la ristrutturazione di un debito per un'azienda di medie dimensioni. Dopo un lungo viaggio arrivo in un albergo di proprietà dell'azienda nostra cliente. Sto dormendo, quando verso mezzanotte bussano alla porta. Apro seccato: è una prostituta che si offre di passare la notte con me, gentile omaggio dell'albergo. Rido, ringrazio, declino l'offerta e ritorno a dormire. Due ore do-

po, bussano ancora alla porta: è la stessa signorina e offre il medesimo servizio, io le chiudo la porta in faccia. Alle 4 del mattino, bussano di nuovo; questa volta sono imbufalito. Ma quando apro mi trovo davanti un uomo, che mi dice che visto che ovviamente non mi piacciono le donne, la direzione dell'albergo ha deciso di differenziare l'offerta.

RIFLESSIONI PER RIMANERE LIBERI

Tutte storie vere, molte sono capitate a me o ad amici carissimi. Quale lezione ne traiamo? La prima osservazione è legata alla nostra totale impreparazione a gestire queste situazioni: non esistono corsi universitari adeguati, rimangono *solo i nostri valori e le scelte che facciamo.*

La seconda osservazione: stiamo parlando di corruzione, il diavolo può assumere sembianze diverse o di qualcosa di più profondo? Sono convinto che si tratti non solo di fare una scelta tra corruzione e onestà ma soprattutto di decidere se **essere o non essere liberi**. Accettando una raccomandazione, diventeremo debitori; chi ha debiti non è libero; accettando una vacanza, un regalo costoso, un favore di qualunque tipo, saremo ricattabili, automaticamente non più liberi di agire, pensare, scrivere quello che vediamo. Diventeremo prigionieri, venderemo la nostra integrità, la nostra libertà. Lasceremo Mefistofele vincere e prendere la nostra anima o riusciremo a fare la scelta giusta? Viktor Frankl, autore del fondamentale libro *Uno psicologo nei lager*[14], disse che in qualunque situazione abbiamo comunque la libertà di scelta e la possibilità di trovare un significato, anche e soprattutto nella sofferenza.

Siamo partiti da due domande. Che prezzo paghiamo – e facciamo pagare – per fare carriera? Quale prezzo paghiamo a scendere a patti con il diavolo? Tanti racconti veri, alcuni esempi forse estremi per spiegare cos'è il patto con il diavolo. Le storie nelle aziende sono simili: spinti dall'autorità o in nome di un falso dio, molti vendono l'anima senza valutarne le conseguenze: dirigenti di aziende che falsano i bilanci per intascare bonus; politici che intascano mazzette; concorsi truccati a danno di persone preparate e serie; posti di lavoro dati in cambio di favori di vario tipo; raccomandazioni per far assumere il parente a scapito del candidato bravo e preparato; appalti truccati. E la lista può ancora continuare.

Il patto con il diavolo esiste, potenzialmente, dentro tutti noi. Gli esperimenti di Milgram sono stati scioccanti e devastanti perché ci hanno obbligati a osservarci davanti a uno specchio e ad ammettere che avremmo potuto essere proprio noi a impartire quelle scosse elettriche o molto peggio. La distanza da Auschwitz non era poi così tanta. Nell'esserne pienamente consapevoli, nel valutarne le conseguenze, eviteremo "l'abbraccio fatale" del patto diabolico, conservando la nostra anima.

Stipuliamo un patto con il diavolo quando, lasciando decidere gli altri per noi, obbediamo ciecamente ed *eseguiamo gli ordini* abdicando al nostro libero arbitrio, alla capacità di compiere scelte – il dono maggiore che abbiamo ricevuto – aspettandoci ricompense di qualunque tipo. Non si tratta di diventare bastian contrari, rompiscatole oppure di comportarci come sabbia negli ingranaggi. Si tratta di tenere sempre ben vigile il nostro livello di allerta, i nostri valori etici e morali, evitando di scendere a compromessi inaccettabili che possono presentarsi sotto varie forme seducenti e pericolose. Mai inserire il pilota automatico quando guidiamo in strade pericolose.

Siamo d'accordo sul fatto che non sia facile *resistere*, ma abbiamo veramente un'altra scelta valida? Stiamo parlando della nostra anima, della nostra libertà come esseri umani. Libertà non significa assolutamente fare quello che si vuole quando si vuole a scapito degli altri, ma piuttosto compiere scelte ponderate che permettano di rimanere autonomi e indipendenti, nel rispetto delle regole e, soprattutto, degli altri: perché gli altri siamo noi.

Credetemi, ho visto molte persone che hanno firmato un patto con il diavolo, finendo poi dimenticate e abbruttite in soffitta come il ritratto di Dorian Gray o, peggio, inghiottite dagli inferi, senza speranza, come il Don Giovanni di Mozart.

Parte terza

Libertà

7
Il successo all'interno del villaggio

Come fare carriera rimanendo persone perbene

Successo è l'abilità di passare da un fallimento
a un altro senza perdere l'entusiasmo.
Winston Churchill

I PASSI PER FARE CARRIERA

Non è difficile fare carriera. Può essere, invece, complicato fare carriera rimanendo autentici, fedeli ai nostri valori, evitando di diventare portaborse, di trasformarci in serpenti.

Ci sono solo due modi per fare carriera: da persone perbene oppure da persone non-perbene. Questo capitolo descrive solo il primo modo, ma insegna come proteggerci da chi agisce con altri criteri.

Per capire come si fa carriera dobbiamo, nell'ordine:

- smettere di credere che esista Babbo Natale;
- capire chi detiene il potere;
- gestire la relazione con il nostro capo;
- investire sul nostro capitale relazionale e sulla nostra presenza.

Vi racconterò tante storie vere: siate pronti a tenervi forte, questo è un capitolo ad alto contenuto emotivo.

CREDIAMO ANCORA A BABBO NATALE?

Ignác Semmelweis nasce nel 1818 vicino a Budapest. Laureato in Medicina a 26 anni, si specializza in ostetricia e nel 1846 inizia a lavorare in uno dei due reparti maternità dell'Ospedale generale di Vienna, ma durante il primo mese di attività rimane traumatizzato: su 208 donne ricoverate: 36 muoiono, un tasso di mortalità del 17%. Benché l'ospedale sia gratuito, costruito per le persone indigenti, molte donne preferiscono far nascere i propri figli per strada, a causa della pessima reputazione della struttura sanitaria. Semmelweis, inoltre, osserva che nell'altro reparto maternità il tasso di mortalità è nettamente inferiore. Non accontentandosi delle spiegazioni ufficiali ma prive di qualsiasi base scientifica, Semmelweis cerca cause rigorose e accertabili che chiariscano il fenomeno: nota che vicino al reparto maternità c'è l'obitorio e che molti medici hanno preso l'abitudine sia di praticare le autopsie sia di assistere ai parti. Quando un collega si taglia con uno scalpello utilizzato per un'autopsia e muore in pochi giorni, Semmelweis nota che le ferite e l'infezione sono uguali a quelle delle donne che muoiono in sala parto e intuisce finalmente l'origine del problema. Ordina immediatamente a tutti i medici e agli infermieri di lavarsi le mani molte volte al giorno con acqua clorata e ottiene così che il tasso di mortalità si riduca drasticamente, raggiungendo il livello zero dopo due anni.

La sua scoperta (che sembra scontata a noi, ma non lo era a quel tempo) salva migliaia di vite. Ignác condivide i risultati della sua scoperta con l'élite medica di Vienna, affermando che il semplice atto di disinfettarsi le mani ha sconfitto la piaga della mortalità materna. Se fosse esistito all'epoca il premio Nobel per la medicina, non credete che l'avrebbe meritato?

E invece Semmelweis si accorge ben presto che i suoi insegnamenti non sono ben accetti nella comunità medica di Vienna, dalla quale è attaccato e deriso. Lascia l'Ospedale generale che, un anno dopo, ritorna al suo precedente tasso di mortalità. La comunità medica viennese diviene apertamente ostile, e il suo libro *Die Ätiologie, der Begriff und die Prophylaxe des Kindbettfiebers*, pubblicato nel 1861, viene sbeffeggiato in quanto ritenuto assolutamente privo di valore. Semmelweis contrattacca scrivendo lettere infuocate nelle quali accusa i medici di essere assassini; persino la moglie comincia a dubitare della sua salute mentale. Nel 1865, con un tranello, viene invitato a visitare un manicomio, dove viene rinchiuso contro la sua volontà; intrappolato in una camicia di forza, malmenato da infermieri sadici, dimenticato da tutti, Semmelweis muore dopo due settimane. Ha avuto il merito di una scoperta scientifica eccezionale ma il torto di essersi inimicato i colleghi: un errore fatale, nel vero senso del termine.

Pensiamo a Winston Churchill, uno dei più grandi statisti mai esistiti. Fu il Primo ministro più amato in Gran Bretagna, sconfisse i nazisti, vinse la guerra, eppure perse le elezioni del 1945.

Moltissime persone, nel mondo dello sport, della politica, del business, della scuola, vengono *rimosse* dopo aver conseguito risultati brillanti oppure rimangono al loro posto dopo fallimenti clamorosi.

Ho 25 anni; primo lavoro e prima crisi aziendale. L'unica opzione per salvare la filiale italiana è quella di ridurre i costi licenziando il 50% delle persone, con tempi quasi impossibili. Sono chiaramente impreparato a gestire una situazione così drammatica. Il mio superiore, che dovrebbe prendere in mano le redini dall'alto della sua esperienza trentennale e con uno stipendio pari a 10 volte il mio, lascia l'azienda nel giro di una settimana e se ne va senza salutare. Non riesco a dormire di notte, sono spaventato. Sarebbe un miracolo riuscire a tenere aperta la filiale e salvare 300 posti di lavoro su circa 600. Lavoro 14-16 ore al giorno, 7 giorni su 7, ogni mattina mi aspetto di essere licenziato. Dopo 8 mesi di negoziazioni, discussioni, lotte feroci con colleghi, sindacati e con la centrale americana, ci informano che la filiale, pesantemente ristrutturata, può rimanere aperta: un mezzo miracolo. Persone qualificate perdono il lavoro e vengono mandate a casa; altre, più scaltre e furbe, trovano il modo di restare.

Quel giorno *ho perso* la mia innocenza: si è sgretolata la mia utopica idea che fa carriera – o mantiene il posto – solo chi lo merita e ha lavorato duro. Mi sono sentito come un bambino che scopre non solo che Babbo Natale non esiste, ma che è stato un vero gonzo a crederci. Un proverbio tedesco dice: "Una guerra lascia come eredità un esercito di morti, uno di zoppi e uno di ladri"; secondo me, anche una feroce ristrutturazione aziendale ha quasi gli stessi devastanti effetti.

Lavoro come direttore del personale da tanti anni. Indipendentemente dall'azienda dove ho svolto i miei incarichi, mi ha sempre colpito osservare la bassa correlazione tra risultati, talento e carriera. Avere talento e ottenere risultati sono condizioni necessarie ma non sufficienti per *arrivare in alto*. Se crediamo, quindi, che per fare carriera sia sufficiente essere bravi e lavorare duramente, è arrivato il momento di capire che non sempre è così: Babbo Natale non esiste.

È difficile mantenere la fede quando si perde la propria innocenza. Siamo abbastanza adulti da aver sperimentato che la vita non è necessariamente *fair*, giusta. Questa consapevolezza non deve spingerci alla depressione o a trasformarci in cinici pessimisti. Al contrario, di arrendersi non se ne parla neanche:

dobbiamo inserire una marcia in più, consapevoli delle difficoltà che ci attendono ma anche delle nostre capacità, del talento, delle passioni, del cuore, della competenza, del merito, dell'integrità che ci muovono. E del sudore, tanto sudore, necessario.

CAPIRE CHI DETIENE IL POTERE

In una delle aziende dove sono stato assunto, passo le prime settimane a incontrare *le persone più importanti*. Ogni giorno ascolto 5-6 direttori e vicepresidenti, tutti con grandi uffici e simboli di potere evidenti. Noto che tutti mi riferiscono di una persona *che dovrei assolutamente incontrare*: si chiama Manuela, una ragazza minuta, il suo ufficio è in un angolo, nascosto da una pianta. La incontro e mi accorgo che mantiene un profilo molto basso, si presenta in maniera semplice, non si trucca, viene al lavoro in bicicletta, parla poco e sottovoce, ma sempre con intelligenza e profondità. Nonostante Manuela sia due livelli più in basso dei vicepresidenti nella scala gerarchica, è rispettata, consultata e benvoluta dai colleghi e anche da ex dipendenti che continuano a confidare nella sua capacità di giudizio. Manuela è sicuramente la persona più influente in tutta l'organizzazione, lei lo sa e gestisce questo ascendente con grazia, umiltà e un pizzico di umorismo.

L'errore in cui cadono molti principianti è quello di pensare che il livello gerarchico sia il solo fattore che stabilisce il potere di una persona all'interno di un'organizzazione. Come dimostrato dall'esempio appena citato, un altro elemento importantissimo è il *grado d'influenza* di una persona. In base a queste considerazioni, possiamo *visualizzare* una semplice matrice del potere[1] con un asse che indica il livello gerarchico della posizione ricoperta nell'organizzazione e con l'altro il grado d'influenza.

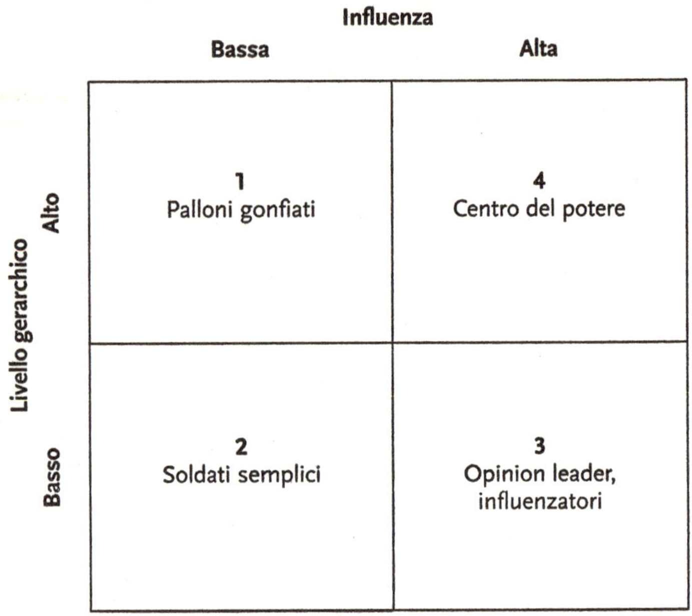

In questa matrice, nel quadrante 1 abbiamo i palloni gonfiati, simili ai pavoni del *Capitolo 5*, persone che hanno titoli altisonanti (e che dicono poco, tipo "vicepresidente progetti globali e strategici"), senza però avere un peso specifico né una qualche influenza. Abitualmente queste persone sono in una fase difficile nella loro carriera, altre volte sono sulla rampa d'uscita e questa zona della matrice viene chiamata anche "cimitero degli elefanti".

Nel quadrante 2, simile a quello dei fedeli cani, incontriamo i soldati semplici, persone con un grado di influenza limitato al loro piccolo orticello.

Spostandoci a destra in direzione del potere, nel quadrante 3 troviamo persone come Manuela, con una grande influenza ma non necessariamente a un livello gerarchico alto nell'organizzazione. Possiamo paragonare questa categoria ai gufi, saggi, influenzatori, opinion leader.

Indubbiamente nel quadrante numero 4 si colloca il centro del potere di un'organizzazione: persone che hanno sia un livello gerarchico alto sia l'influenza per gestire il potere. E cosa fanno queste persone oltre a decidere e comandare? Il loro *vero mestiere è creare o mantenere la cultura dell'organizzazione*. Questo elemento diventa evidente quando si lavora in un'azienda a conduzione famigliare, dove esiste un costante indottrinamento per ribadire gli insegnamenti del fondatore.

Per capire il potere di una persona in un'organizzazione dobbiamo tener conto anche di altri fattori: anni fa non mi spiegavo come mai una giovane segretaria riuscisse a esercitare un potere tanto sproporzionato rispetto al proprio ruolo; ne sottovalutai l'influenza fino a quando non la vidi baciarsi appassionatamente con un vicepresidente.

In sintesi, abbiamo appurato che Babbo Natale non esiste e abbiamo acquisito uno strumento per decifrare chi detiene il potere in base a livello gerarchico e grado d'influenza. Chi risulterà più influente nella nostra carriera? Le prime persone saremo noi; il secondo soggetto sarà il nostro capo.

GESTIRE LA RELAZIONE CON IL NOSTRO CAPO

Quando entriamo a far parte di un'organizzazione, vi troviamo sempre un "capo", in inglese *boss*. Nella mia carriera, io ne ho avuti 17, di 13 nazionalità diverse, e sono stato io stesso il superiore di molte persone. Quando pensiamo a questa figura, in genere, ci sentiamo vulnerabili, in balìa dei vezzi di un'altra persona, a volte vittime, altre volte più fortunati.

In realtà dobbiamo *imparare a gestire la relazione con il nostro capo*, sapendo che siamo legati da uno scopo comune: i nostri risultati positivi faranno comodo anche a lui/lei. Dobbiamo quindi partire da una concezione diversa: il nostro superiore non va inteso come un nemico o come persona da evitare, ma come qualcuno con cui dobbiamo interagire positivamente, sapendo che siamo noi a doverci adattare a lui e non viceversa; è una relazione da vivere come un'interdipendenza tra due persone con le loro debolezze, le mancanze, i difetti, le aspirazioni, le diverse culture[2].

Innanzitutto, e lo dico per esperienza, non dobbiamo aspettarci troppo dal nostro capo, non per malafede ma perché il suo tempo e le sue energie non sono infinite. Quando iniziai a lavorare alla Banca Mondiale feci un enorme errore: promisi che avrei incontrato tutte le persone del mio team. Il problema era che erano circa 120 e ci misi quasi un anno a mantenere la mia promessa. Quando finalmente ebbi conosciuto tutti i collaboratori, mi resi conto che molti si erano irritati perché avevano aspettato troppo a lungo per il primo incontro, altri perché subito dopo li avevo trascurati per mesi. Pur avendocela messa tutta, so di aver deluso diverse persone: commisi un grande errore.

Che cosa dobbiamo fare per avere una buona relazione con il nostro superiore? Iniziamo osservando il suo stile di direzione e la sua personalità.

Peter Drucker divide i capi in due categorie: quelli che preferiscono leggere e quelli che preferiscono parlare e ascoltare[3]. Diventa fondamentale capire le loro abitudini: alcuni amano avere frequenti e informali conversazioni, altri vogliono parlare con noi solo previo appuntamento.

Bisogna apprendere il loro linguaggio. Per capire il nostro capo, è importante osservare chi è, che cosa fa, qual è il suo stile di direzione. Bisogna fare domande a chi gli sta vicino da anni: come lavora? A che ora arriva? Cosa gli piace fare? In che termini preferisce delegare? Che cosa ritiene importante e cosa secondario? È una persona formale o informale? Da dove arriva? Cosa ha studiato? Quanti anni ha, ha famiglia? Come e quando parla? Comunica con e-mail, SMS, a voce, al telefono, tramite intermediari? Gli piace articolare la conversazione o preferisce un linguaggio telegrafico? Cosa non sopporta? Cosa lo fa andare in bestia? Quali sono gli argomenti che lo entusiasmano e quali sono quelli da non menzionare?

Ho avuto un superiore originario del Texas che sembrava una caricatura del cowboy. Stivali di coccodrillo, sigaro, parolacce, entrava nel mio ufficio senza bussare, raccontando barzellette sporche ad alta voce. Venne sostituito dal figlio viziato e genuinamente antipatico di un diplomatico, che parlava un linguaggio forbito e mi riceveva solo il mercoledì alle 9 del mattino per un quarto d'ora, non un minuto di più; se si presentava un problema urgente da risolvere il giovedì, dovevo aspettare una settimana per parlargli. Stavo diventando matto, poi ho capito che ero *io* che dovevo adattarmi alle sue regole, non lui alle mie.

Inoltre, è necessario tenere in considerazione lo sviluppo e la completezza della personalità dei singoli individui: alcuni capi sono persone mature e ragionevoli, altri non lo sono affatto.

Una teoria straordinariamente utile in questo senso, per decifrare e capire il nostro capo e per valutare anche noi stessi, ce la fornisce Susanne R. Cook-Greuter, autrice di uno splendido articolo[4] in cui dimostra che le fasi di sviluppo psicologico di un adulto sono sequenziali e molteplici. Nella fase convenzionale dello sviluppo psicologico degli adulti, troveremo molte *persone opportuniste oppure persone interessate esclusivamente a loro stesse e che vedono gli altri solo come strumenti per ottenere risultati. Questo può valere per chiunque, a maggior ragione per il nostro superiore.* Continuando su questo percorso, noi adulti entriamo in una seconda fase, quella *diplomatica*, in cui ci rendiamo conto che non siamo soli e dobbiamo interagire con i nostri simili. In generale, tutti poi aspiriamo a diventare bravi in qualcosa e a costruire una precisa identità professionale, passando quindi alla fase dell'*esperto*. Nell'ultima fase convenzionale dello sviluppo degli adulti, diventiamo *conquistatori*, persone che spingono l'acceleratore a tutto gas pur di raggiungere i propri obiettivi. Alcuni, circa il 15%, riescono ad avere uno sviluppo psicologico più profondo e completo e riescono a diventare *alchimisti*, capaci di trasformare non solo se stessi ma anche le persone intorno a loro e i sistemi organizzativi di cui fanno parte. Ho avuto solo 3 capi su 17 in grado di operare ed *essere* a tale livello: queste persone mi hanno aiutato a trasformarmi con il loro modo di gestire. Altri sono stati opportunisti o diplomatici, terrorizzati da ogni forma di conflitto o incapaci di prendere una decisione importante.

Nella relazione stabilita con i nostri capi, è importante capire e chiarire le reciproche aspettative, soprattutto riguardo ai risultati da conseguire; utilizzerò una storia per spiegare meglio l'argomento.

Il direttore vendite, Silvio, mi chiama nel suo ufficio con urgenza e io capisco dal suo tono irritato che non sarà una conversazione piacevole. "Dobbiamo licenziare Luca! Quel lazzarone arriva in ufficio all'ora di pranzo, quando tutti gli altri arrivano ben prima delle 9: uno scandalo! Caccialo via, oggi stesso!" È inferocito e non sembra lasciare spazio alla negoziazione. Esco preoccupato e mi reco nell'ufficio di Luca: sono le 10 del mattino e i colleghi mi confermano che *non arriva mai prima di mezzogiorno*. Gli lascio vari messaggi ma vengo ricontattato da lui solo nel primo pomeriggio. Il suo destino sembra inevitabile, le accuse di Silvio sembrano fondate. Fisso un incontro al bar fuori dall'ufficio e Luca ordina un triplo espresso. In effetti, sembra veramente stanco. Dentro di me penso: "Non solo arriva alle 2 del pomeriggio, ora ha pure bisogno di un triplo espresso per stare sveglio. Ma cosa diavolo fa?". Presto però scopro che esiste una spiegazione razionale a tutto ciò: infatti, sono circa otto mesi che Luca si occupa di clienti asiatici. "Lo faccio volentieri" mi dice "ma sono obbligato a lavorare secondo il loro fuso orario. Stanotte per esempio ho parlato con due clienti, uno in Cina uno in Giappone e ho finito alle 6 del mattino, ho dormito qualche ora ed eccomi qui. Sono mesi che lavoro da mezzogiorno fino all'alba, non ce la faccio più, bevo 10 caffè al giorno, ma non basta: mi potete aiutare?"

Luca non è quasi mai riuscito a parlare con il suo capo Silvio, che ovviamente non è al corrente della situazione: "Ci ho provato molte volte, ma ha sempre cancellato all'ultimo minuto; la settimana scorsa mi ha fatto aspettare per due ore senza poi ricevermi". Due ore dopo sono nell'ufficio di Silvio. Quando entro mi chiede se ho licenziato *quel buono a nulla*: ora Silvio è costretto ad ascoltarmi mentre gli spiego i motivi per cui Luca merita un premio piuttosto che il licenziamento. Silvio cade quasi dalla sedia, ma poi autorizza il premio e accetta di venire a pranzo con me e Luca. È la prima volta che si parlano nell'arco di 15 mesi.

Devo fare una confessione: ho aiutato organizzazioni e team con un esercizio molto semplice. Lavorando, per esempio, con un team di medie dimensioni, circa 30 persone, inizio separando fisicamente il manager (o il gruppo dei manager) dal resto del team. Al manager chiedo quali siano le tre cose più importanti da realizzare per i membri del gruppo. Poi chiedo al team quali siano secondo loro le tre cose più importanti da realizzare, in base a quelle che ritengono essere le aspettative del capo. Sono più di 20 anni che faccio questo esercizio e vi lascio immaginare la sorpresa quando si scopre che gli obiettivi fissati dai capi sono sempre, e dico *sempre*, diversi da quello che perseguono, in buona fede, i componenti del team. Ciò accade non perché le persone sono ottuse o in cattiva fede, ma semplicemente a causa di varie motivazioni: scarsa comunicazione, barriere culturali, mancanza di tempo sono alcuni dei continui ostacoli alla corretta interpretazione degli obiettivi da conseguire. È un concetto facile da capire, ma rimane alla radice della maggior parte dei problemi tra manager e dipendente: la mancanza di chiarezza sugli obbiettivi e sulle aspettative reciproche.

Ho trascorso i primi sei anni della mia carriera in una banca dove il mio mandato era di dover, sempre e comunque, far risparmiare soldi all'organizzazione. Poi sono arrivato alla Banca Mondiale, che non avrebbe potuto essere più diversa, con un capo la cui massima aspirazione nei confronti dei dipendenti era di ricevere documenti lunghissimi e impeccabili. Nessuno parlava di costi da ridurre; anzi, se li menzionavo, ricevevo occhiate ostili, come se avessi detto qualcosa di fuori luogo, di volgare. Vi consiglio di discutere con il vostro superiore sugli obiettivi almeno una volta al mese, anche più spesso nel caso in cui la relazione professionale sia solo agli inizi. Bisogna chiarire le aspettative reciproche, chiarire cosa vuol dire "successo". Stabilire aspettative reciproche vuol dire conquistare la fiducia del proprio capo che, come abbiamo visto nel *Capitolo 4*, è l'ingrediente chiave di una relazione professionale costruttiva.

Alle volte la relazione con il capo peggiora diventando fonte di frustrazioni e ansietà e può concludersi con il licenziamento. Ho visto centinaia di questi casi, *divorzi* dolorosi sia per i dipendenti sia per le organizzazioni e costosi in termini economici ed emotivi. Che cosa fare? Un approccio che in genere funziona è quello di sedersi a un tavolo non subito dopo un litigio, ma appena le acque si sono calmate e cercare di capire cosa è andato storto. La domanda da porsi non è "Di chi è la colpa?" ma piuttosto "Cosa possiamo fare per migliorare la situazione attuale?", consapevoli che saremo *anche noi* a offrire soluzioni e suggerimenti. Di solito la relazione con il capo inizia con il piede giusto; in fondo è lui che ci ha selezionato o, anche se non l'avesse fatto in prima persona, sarà comunque interessato al nostro successo perché lui stesso ne otterrà benefici. A nessuno fa piacere avere nel team una persona che non ottiene risultati: dobbiamo riconoscere l'obiettivo condiviso e lavorare insieme per superare gli ostacoli comuni.

Queste considerazioni presuppongono una relazione professionale nell'ambito della normalità. Alle volte non è così semplice, le dinamiche di potere danno luogo a vere e proprie molestie e violenze morali[5]. Il bullismo a scuola, il nonnismo dei servizi militari, la discriminazione, il sarcasmo, l'umiliazione, il disprezzo, la derisione, l'esclusione, l'ostracismo, il razzismo, la volgarità in ambito lavorativo esistono eccome. Può capitare di avere uno psicopatico come capo, una persona che appartiene a pieno titolo alla categoria dei serpenti del *Capitolo 5*; io stesso ne ho avuto uno che mi ha fatto molto soffrire. Sappiate che gli psicopatici scelgono le vittime con astuzia e malvagità: sono veri e propri mostri da cui liberarsi per riprenderci la vita nelle nostre mani, chiedendo aiuto a professionisti, ricorrendo alla legge, facendoci sostenere da chi ci vuole bene. Ho visto troppa sofferenza, esistenze danneggiate, in alcuni casi distrutte. Noi abbiamo sempre e comunque la possibilità di scegliere di non essere la vittima. In casi estremi, è opportuno chiedere un trasferimento o anche perdere il lavoro piuttosto che la salute, l'autostima, l'amore per la vita. Si deve combattere, non essere vittime.

COME SOPRAVVIVERE AL NUOVO CAPO

Quando arriva un nuovo capo, il rischio di non far parte del suo team aumenta in maniera esponenziale, come illustrato in un articolo di Kevin ed Edward Coyne sulla *Harvard Business Review* del maggio 2007[6]. Secondo uno studio condotto in aziende americane, se il nuovo responsabile è una persona promossa dall'interno, il turnover passa da circa l'8% al 12%, per arrivare al 26% se il nuovo capo arriva dall'esterno. (Il turnover è la percentuale di dipendenti che lasciano una organizzazione durante un determinato periodo di tempo. Per esempio, un'azienda con 100 dipendenti, in cui 8 rassegnano le dimissioni in un anno, avrà un turnover dell'8%.)

In genere il nuovo capo decide chi tenere e chi mandare via entro i primi due mesi, quindi dare un'ottima prima impressione diventa fondamentale. Quando arriva il nuovo capo, valgono le indicazioni dei paragrafi precedenti: *studiarne lo stile di direzione e capire quale sia la sua agenda; l'importante è dimostrare che siamo utili, che saremo parte della soluzione, non del problema*; ascoltare, fare domande, essere attivi, proporre idee. Avere un nuovo capo può apportare nuova energia, soprattutto se il suo predecessore era in fase di prepensionamento e/o di pigrizia mentale. Detto questo, alcune volte i programmi del nuovo superiore sono diversi da quello che ci aspettavamo e proprio non ce la facciamo a lavorare con lui.

MAI OFFUSCARE IL RE SOLE

Nicolas Fouquet fu il potente ministro delle Finanze francese tra il 1653 e il 1661, sotto il regno di Luigi XIV, noto anche come Re Sole, passato alla storia non certo per la sua umiltà, fulgido esempio di monarchia assoluta che pontificava: "Lo Stato sono io". Il 17 agosto 1661 Fouquet, uomo molto ricco grazie a due fortunati matrimoni, organizzò nel proprio castello alle porte di Parigi una festa straordinaria in onore del Re Sole, considerata tra i ricevimenti più fastosi di tutti i tempi, con 3.000 invitati, nel corso della quale Molière fece debuttare una sua nuova opera, *Gli importuni*. Fouquet ricevette i complimenti dagli ospiti, l'élite monarchica francese, deliziati da cibi e vini raffinatissimi e dagli spettacoli teatrali, pirotecnici e musicali. Luigi XIV si offese profondamente sentendosi messo in ombra da tale grandiosità. Jean-Batpiste Colbert, consigliere del re, personaggio grigio e avaro, approfittò della situazione e fece credere al Re Sole che Fouquet si appropriasse di tasse del regno. Luigi XIV fece arrestare il ministro delle Finanze, che morì nelle prigioni regie, dopo esserci rimasto per 20 anni. Voltaire scrisse che "il 17 agosto alle 6 di sera Fouquet era il vero Re di Francia, alle 2 del mattino dopo non era più nessuno". Robert Green, nel suo libro *Le 48 leggi del potere*[7], ne enuncia la prima: mai mettere in ombra il proprio capo. La seconda legge, aggiungerei io, è di ricordarsi bene la prima. La terza legge dice che, se dimentichi le prime due regole, mandano i soldati a prenderti per sbatterti in una cella e dimenticarti (in senso ovviamente figurato): le corti composte da nani, ballerine, buffoni, ruffiani, cortigiane e parrucconi non sono del tutto scomparse dopo il regno di Luigi XIV, esistono tuttora, credetemi. Il business model del Re Sole rimane un modello organizzativo molto, per dirla alla francese, *en vogue*. Un metodo quasi infallibile per capire se siamo finiti in una "corte" è osservare se le persone che ne fanno parte provano ed esprimono *Schadenfreude*, parola tedesca che significa provare piacere, gioia nell'assistere alle disgrazie altrui, un misto di sadismo e di cattiveria.

SINTESI DI TIPOLOGIE DI CAPI

In qualsiasi organizzazione andremo a lavorare, avremo sempre un capo. Dobbiamo imparare a lavorare con lui, non andarci in vacanza insieme. Possiamo incontrare capi splendidi, veri e propri allenatori che ci faranno crescere. Michael Jordan, il leggendario giocatore di basket, ha ricordato il suo primo allenatore come qualcuno "sempre disponibile quando ne avevo bisogno"[8]. Io sono ancora in contatto con un superiore che ho avuto 15 anni fa, una persona straordinariamente generosa con il suo tempo e la sua saggezza, a cui mi rivolgo spesso per avere un consiglio; non mi vergogno a scrivere che gli voglio bene.

In casi estremi si trovano anche capi psicopatici, i peggiori in assoluto. Uno studio recente dell'Università di San Gallo in Svizzera[9] spiega che alcuni operatori in Borsa sono più interessati a danneggiare i propri colleghi che a fare bene il proprio lavoro. Troveremo capi indifferenti, pigri o anche superiori tipo Steve Jobs, passati alla storia per aver chiesto a collaboratori e dipendenti di raggiungere traguardi impossibili con tempistiche da pazzi; per Jobs, chi resisteva poteva far parte della sua cerchia ristretta, molti però gettavano la spugna, fagocitati da un genio assoluto che non esitava a distruggere senza riguardi chi riteneva non fosse al suo livello[10].

Poi ci sono capi che vogliono controllare tutto e non si fideranno mai; altri che si comporteranno come giocatori di poker senza darci nessun tipo di feedback; individui privi di emozioni o distratti; superiori dannati o con problemi personali grandi come montagne; responsabili narcisi, ingenui (che però non durano mai a lungo), generosi e affidabili.

Ora dedicheremo alcuni minuti di tempo per analizzare due categorie particolari di capi che possiamo trovarci ad affrontare: quella degli *stronzi* e quella degli *stupidi*.

Alla prima categoria, gli stronzi, Aaron James ha dedicato un libro divertentissimo[11]. La caratteristica principale di queste persone è che sono profondamente convinte di essere a un livello superiore rispetto ai comuni mortali, arrogandosi privilegi con senso di impunità perché si ritengono "unti dal Signore", immuni dalle lamentele altrui e probabilmente da eventuali sanzioni. Si distinguono per il loro linguaggio forbito e farcito da emerite, appunto, *stronzate*. Nel libro *Stronzate. Un saggio filosofico* di Harry Frankfurt si discute a proposito di genesi, teoria e scopo di quest'argomento[12]. La categoria umana degli stronzi è talmente diffusa e universale che negli Stati Uniti hanno avuto l'idea di farne un dizionario, davvero molto esilarante se non fosse che alle volte una dose, più o meno massiccia, di stronzate ce la dobbiamo sorbire personalmente[13]. Il pericolo è che, dopo averne digerite tante, non riusciamo più a distinguerle e quindi, come le radiazioni delle centrali nucleari, non le *vediamo* più ma hanno ugualmente un effetto nefasto: ne diventiamo "portatori sani" o, in casi più gravi, iniziamo persino a pensare, vestirci come i "produttori", non sani, di stronzate. Nei casi estremi lavoriamo per loro o, anche se sembra impossibile, votiamo per loro per ritrovarli poi in Parlamento a rappresentarci. Il cerchio, ma forse dovrei scrivere *il cappio*, si chiude.

Ho avuto modo di leggere una lettera mandata da un CEO di una grande azienda ai suoi dipendenti, scritta in terza persona, in cui paragonava quanto fatto durante il *suo regno* a un'opera architettonica meravigliosa ma incompiuta e chiamava *nani* tutte le persone che non condividevano le sue idee, indubbiamente meravigliose. Quando lessi la lettera, all'inizio risi come un matto, poi fui obbligato ad ammettere che questi personaggi esistono, non sono cartoni animati, e quanto sia difficile lavorare con loro.

Per capire la categoria degli *stupidi*, il libro di Carlo Cipolla *Allegro ma non troppo*[14] rimane un capolavoro assoluto, un'opera degna di un genio. Alcuni dei comportamenti citati possono farci venire il dubbio di far parte di questo gruppo e ci inducono a ragionare su alcuni errori che commettiamo. La "legge aurea" della stupidità sostiene che "uno stupido è una persona che causa un danno ad altri senza ricavarne alcun vantaggio o addirittura producendo una perdita. Di conseguenza lo stupido può essere pericolosissimo, molto più del bandito e del delinquente".

Per capire se il nostro capo faccia parte di questa categoria, basta osservarne le azioni. Se ha la capacità di sfiancare tutti, di mettere le persone in lotta tra di loro, di creare un clima di guerra, una sorta di "tutti contro tutti", di combattere battaglie senza quartiere contro altri dipartimenti, ci sono alte possibilità che sia un capo *stupido.*

DIRE LO STRETTO NECESSARIO

"Il silenzio è un amico vero che non tradisce mai" affermava Confucio. Ricordiamoci: *siamo schiavi delle nostre parole ma padroni dei nostri silenzi.* O, come sosteneva Oscar Wilde, alle volte è meglio tacere e sembrare stupidi che aprire bocca e togliere ogni dubbio. Se ripenso alla mia carriera, quante volte mi sono pentito di aver detto – o scritto – qualcosa? Mille volte. Quante volte mi sono pentito di non aver parlato? Credo due o tre volte. Dire lo stretto necessario, o come si diceva a scuola, parlare solo se interrogati, ci eviterà grattacapi, malintesi e pettegolezzi. Inoltre, dovremmo evitare di essere troppo aperti anche per diverse altre ragioni: la prima è che rivelando troppo di noi e delle nostre intenzioni, per esempio confessando quanto possa essere importante una promozione, diventeremo vulnerabili. Sempre Oscar Wilde sosteneva che un pizzico di sincerità è pericoloso, mentre totale sincerità diventa assolutamente fatale.

Il bellissimo film del 1994, *Le ali della libertà*, racconta una storia di speranza e redenzione di due prigionieri condannati all'ergastolo, interpretati da Morgan Freeman e da Tim Robbins. Non svelerò il finale, nel caso non l'abbiate ancora visto. In breve, ogni cinque anni gli ergastolani sono interrogati da una commissione che valuta se si sono sinceramente pentiti e possono essere rilasciati. Ben inteso, i prigionieri fanno del loro meglio per dimostrare di essere pentiti ma invariabilmente la commissione nega loro la libertà. Finché Morgan Freeman, invece di propinare la solita storia, afferma di non avere più alcun interesse per la libertà, di essere felice di stare in prigione e che, francamente, non gli importa un bel niente dell'opinione della commissione. Sarà l'unico a essere liberato. È solo un film ma contiene una grande verità: se spingiamo troppo per la famigerata promozione, per esempio, potrebbero farcela agognare per anni. Non parliamone proprio e, quando arriverà, facciamo anche finta di essere sorpresi.

Reputazione

Che cosa c'entrano Gioacchino Rossini e *Il barbiere di Siviglia* (composto a soli 24 anni, nel 1816) con il nostro percorso? Leggiamo, magari canticchiando, le parole dell'aria "La calunnia è un venticello".

> La calunnia è un venticello,/un'auretta assai gentile/che insensibile, sottile,/leggermente, dolcemente,/incomincia a sussurrar. Piano piano, terra terra,/sottovoce, sibilando,/va scorrendo, va ronzando;/nelle orecchie della gente/s'introduce destramente,/e le teste ed i cervelli/fa stordire e fa gonfiar.
> Dalla bocca fuori uscendo/lo schiamazzo va crescendo,/prende forza a poco a poco,/vola già di loco in loco;/sembra il tuono, la tempesta/che nel sen della foresta/va fischiando, brontolando/e ti fa d'orror gelar.

Alla fin trabocca e scoppia,/si propaga, si raddoppia/e produce un'esplosione/come un colpo di cannone,/un tremuoto, un temporale,/un tumulto generale,/che fa l'aria rimbombar.
E il meschino calunniato,/avvilito, calpestato,/sotto il pubblico flagello/per gran sorte va a crepar.

Vi ricordate dell'*effetto scala* illustrato nel *Capitolo 4*? Dobbiamo essere consapevoli che basta un'informazione distorta per rovinarci la reputazione, quindi non dobbiamo mai dare adito a possibili critiche o calunnie e dobbiamo evitare le situazioni potenzialmente pericolose. Prima di compiere qualunque passo, domandiamo a noi stessi: "Se lo venissero a sapere il mio capo, i miei colleghi, la mia famiglia, il mio migliore amico, cosa succederebbe?". Se la risposta è *assolutamente niente,* allora abbiamo semaforo verde. Se la risposta è diversa, invece, meglio pensarci su due volte; senza diventare paranoici, beninteso, ma nel mio lavoro ho notato che molte carriere sono state danneggiate, a volte in maniera irreparabile, da calunnie o azioni compiute con leggerezza senza che prima ne fossero state valutate le conseguenze. Ho dato un passaggio in macchina a una collega per tre settimane: ho dovuto smettere quando mi hanno riferito che tutti pensavano fosse diventata la mia amante. *La calunnia è un venticello.*

Nel gennaio 1998 tutti commentavano la relazione tra il presidente Bill Clinton e la stagista Monica Lewinsky. Ero negli Stati Uniti e mi ricordo ancora le barzellette crudeli e boccaccesche che circolavano in quantità industriale. Fu il primo scandalo digitale, diffuso in tutto il mondo alla velocità della luce. Fino a poco prima esistevano solo giornali, radio e televisione; l'arrivo di Internet e i social media produssero il noto scandalo. La Lewinsky raccontò quell'esperienza, condividendo momenti devastanti in un toccante discorso trasmesso su

TED[15]: la sua colpa, essersi innamorata dell'uomo sbagliato a 22 anni, la pubblica umiliazione e derisione, la reputazione fatta a pezzi, la mortificazione, l'annichilimento; un miracolo l'essere ancora viva. Sono convinto che difendere la propria reputazione sia senza ombra di dubbio un principio di vita, non solo professionale. Mi ha colpito come il celeberrimo libro per bambini *Oh, the Places You'll Go!* del Dr. Seuss[16] inizi proprio da questo punto, *la scelta di non andare* in posti popolati da mostri che ci possono distruggere, evitare situazioni che possono metterci nei guai.

INVESTIRE SUL NOSTRO CAPITALE RELAZIONALE

Nel *Capitolo 1* abbiamo parlato della finestra di Johari; tutti abbiamo qualche punto cieco, zone a noi stessi sconosciute, aspetti del nostro modo di agire di cui non siamo consapevoli ma che sono palesi per gli altri. Diventa quindi fondamentale prenderne coscienza e il metodo migliore è quello di lavorare con un coach oppure raccogliere feedback dalle persone di cui ci fidiamo. Soprattutto quando s'inizia a operare in un'organizzazione, risulta importante imparare sia come funzionano le cose sia come siamo percepiti.

Buone notizie: in tanti anni ho sempre – dico sempre – trovato persone disponibili a dare feedback, consigli, "dritte". In genere sono persone che lavorano da anni nello stesso posto e che saranno ben felici di farci da consiglieri. Basterà porre una domanda con umiltà: "Sei qui da tanti anni, hai visto tante persone che hanno fallito, altre che sono sopravvissute, altre ancora che hanno avuto successo. Qual è la differenza tra di loro?". Chiediamo apertamente, ascoltiamo attivamente e impareremo con rapidità cosa vuol dire avere successo. Il libro *Never eat alone* ("Non mangiare mai da solo") di Keith Ferrazzi[17], illustra l'importanza di costruire relazioni durevoli, ci invita a non perdere mai un'occasione per interagire positivamente con le persone. Molti pensano a fare network solo quando ne hanno bisogno, invece dobbiamo investire almeno il 10% del nostro tempo costruendo relazioni, chiedendo feedback, dando la nostra disponibilità. Ognuno di noi possiede un *capitale relazionale* che può avere un valore immenso se coltivato con intelligenza, rispetto, generosità. Stiamo investendo per aumentare questo capitale relazionale?

AFFILIAZIONE MA CON PRUDENZA

Qual è la prima cosa che facciamo quando incontriamo una persona nuova? Cerchiamo punti in comune: abbiamo studiato nella stessa università? Veniamo dalla stessa città? Andiamo in vacanza nello stesso posto? La ricerca di punti in comune faciliterà l'approvazione nel nuovo gruppo e ci semplificherà la vita. Detto questo, dobbiamo fare attenzione a non essere fagocitati, assimilati al punto di dimenticarci dei nostri valori pur di essere accettati. Nel film *Pane e cioccolata*, diretto da Franco Brusati nel 1973, Nino Manfredi interpreta un cameriere italiano emigrato in Svizzera: fa di tutto per essere accettato dai locali, si tinge persino i capelli di biondo, ma si fa comunque "beccare" esultando per un goal dell'Italia durante una partita di calcio. Lezione: se cerchiamo di omologarci in maniera solamente superficiale, alla fine la nostra vera natura spunterà fuori.

Henry Fairlie, giornalista inglese, coniò negli anni Cinquanta la parola *establishment* per descrivere il collegamento tra tradizione, istituzioni e potere[18]. Essere accettati dall'establishment, dalla classe dirigente, non sarà mai facile. La vera difficoltà scaturirà dalla necessità di trovare un equilibrio tra essere accettati e contemporaneamente rimanere se stessi.

PRESENZA

Presenza è un concetto che si riferisce a comunicazione, *gravitas*, immagine e credibilità di una persona. Un'analisi interessante è quella proposta da Sylvia Ann Hewlett[19], che valuta come sia proprio la presenza l'anello di congiunzione tra merito e successo in una carriera ben riuscita. La presenza risulta essere una combinazione di diversi elementi: come una persona si comporta, come comunica e che immagine ha. Credo si possano aggiungere l'intelligenza emotiva e l'*intelligenza contestuale*, ossia la capacità di *leggere* la situazione, di fare collegamenti tra concetti diversi, di capire chi ci sta vicino. Esempio classico: quando si fanno presentazioni, il punto di partenza è capire chi ci ascolta, non solo cosa noi vogliamo dire e ottenere. Saper ascoltare, veramente. Inoltre, anche se l'immagine non deve essere limitata all'aspetto formale, dobbiamo essere consapevoli che saremo giudicati in base alla nostra immagine in una frazione di secondo.

In questo capitolo abbiamo imparato che Babbo Natale non esiste, che dobbiamo sapere chi comanda, gestire il nostro capo, essere prudenti, salvaguardare la nostra reputazione, costruire relazioni ed essere accettati pur rimanendo ancorati ai nostri valori. Se questo capitolo ha chiarito cosa dobbiamo fare, il capitolo seguente si focalizzerà su una domanda: *Should I stay or should I go?*, sulla decisione di restare o andarcene dall'organizzazione di cui facciamo parte.

8
Should I stay or should I go?

Decidere se rimanere o andare altrove

Una decisione saggia è basata sulla conoscenza,
non sui numeri.
Platone

ANDARE VERSO O FUGGIRE VIA

I titoli delle canzoni che menzionerò in questo capitolo offrono il pretesto per riflettere su dove ci troviamo e su dove vogliamo andare. La canzone della band punk inglese dei Clash, *Should I stay or should I go?* ("Dovrei restare o andare via?"), è del lontano 1982: sono passati più di 30 anni ma l'indecisione quando si tratta di scegliere se rimanere sul proprio posto di lavoro oppure cambiare è rimasta la stessa. Come negli affari di cuore, anche nel rapporto di lavoro entrambe le parti possono decidere di terminare la relazione. Per decidere se è meglio *rimanere o andare via* dobbiamo valutare per prima cosa se ci troviamo in una situazione rischiosa, quante possibilità reali ci sono di essere licenziati, se siamo finiti su un binario morto, se stiamo perdendo il treno, se abbiamo concrete opportunità di crescita. Una stima non sarà mai realistica se non prende in considerazione come ci giudicano *veramente* le aziende. Voglio svelarvi alcuni trucchi del mestiere e metodologie utilizzate *da tutte le organizzazioni* per valutare i dipendenti. Per superare indenni questo momento, sarà di rigore un breve esame introspettivo utile a determinare, criticamente e con onestà intellettuale, se siamo diventati *Comfortably numb*, "piacevolmente intorpiditi" – come recita il titolo di una canzone leggendaria dei Pink Floyd – oppure se stiamo facendo *Roar*, ossia ruggendo – come suggerisce la canzone di Katy Perry – cioè crescendo senza arroganza, con piena convinzione dei nostri mezzi.

Valuteremo anche uno scenario diverso, quello in cui siamo noi a decidere di andare via. Una scelta difficile, da fare con piena coscienza delle nostre motivazioni interiori, le quali a loro volta potrebbero essere prettamente negative, come fuggire da una situazione insostenibile, sentirsi come un pesce fuor d'acqua nel nostro stesso ambiente lavorativo, essere attirati da specchietti per le allodole o, ancora peggio, scontrarsi contro una cultura organizzativa che consideriamo moralmente inaccettabile.

Una volta presa coscienza che siamo motivati positivamente dal desiderio di *andare verso* qualcosa di nuovo, piuttosto che *fuggire da* una routine che non ci sta più bene, potremo confermare la decisione di dare le dimissioni senza esitazione, procedendo verso la realizzazione del progetto che abbiamo per noi e per le persone che ci stanno intorno. Anche in quel caso, esistono tempi e modi appropriati per separarci dall'azienda senza strappi, mantenendo intatta la nostra reputazione.

SUPERSTAR CON LA PISTOLA

Gilbert Arenas inizia a giocare a basket al college in Arizona, emergendo rapidamente per talento e velocità. Nel 2001 realizza il sogno di entrare a far parte del campionato professionistico americano, la NBA. Gioca per due anni con i Golden State Warriors, in California, poi viene acquistato dai Washington Bullets. Per sei anni è un crescendo rossiniano, un trionfo dietro l'altro di vittorie, record, premi, riconoscimenti e una vita vissuta al massimo da tutti i punti di vista, tanto da guadagnarsi spesso l'attenzione della stampa fuori dal campo, come quando, per il suo compleanno, organizza una festa da un milione di dollari.

All'improvviso, un infortunio al ginocchio lo costringe a rallentare e a giocare pochissimo nella stagione; nonostante la sua squadra gli offra un rinnovo di contratto a cifre da capogiro e a prova di bomba, i fan lo adorino e la stampa sia sempre a suo favore, Arenas alterna performance positive a partite scadenti, facendo rivedere solo a sprazzi il suo talento. Inoltre, cominciano a trapelare alcuni suoi comportamenti bizzosi anche fuori dal campo, al punto che i media cambiano tono e iniziano a criticare apertamente la sua condotta. Il culmine è raggiunto quando scoprono che Arenas ha portato armi nello spogliatoio durante un allenamento, a suo dire per "regolare" debiti di gioco con i compagni di squadra. La notizia trapela, la polizia investiga e il cestista viene dichiarato colpevole di detenzione di armi in luogo pubblico. Scatta la sospensione da parte della squadra e dell'NBA e, al suo ritorno, ignorato o fischiato dai fan, inizia il declino: viene ceduto ad altre squadre, giocando sempre con risultati molto deludenti, finché non emigra inutilmente in Cina a giocare per la squadra dello Shanghai. La sua carriera è finita, è un professionista distrutto e la sua reputazione è a pezzi.

Al momento non si sa dove abiti né che cosa stia facendo: Arenas si è letteralmente volatilizzato.

Che errori ha fatto Arenas? In primo luogo, ha avuto un comportamento demenziale, circondato da cattivi consiglieri. Lo sbaglio più grave è stato quello di adagiarsi sui risultati positivi del passato e sulla popolarità altissima, credendo che fossero condizioni necessarie e sufficienti per rimanere al sicuro. All'epoca in cui i giornali documentavano i suoi eccessi, come la famosa festa di compleanno da un milione di dollari, lo facevano con un tono gioviale, del tipo: "Queste sono ragazzate, lasciamolo divertire, se lo merita". Iniziata la discesa dalle stelle alle stalle, la stessa festa di compleanno venne tirata fuori come esempio di mancanza di giudizio, uno scandalo, un insulto alla povertà: un avvenimento analizzato con due lenti completamente diverse. Quando le persone cadono in disgrazia, non si perdona loro niente, inclusi gli atteggiamenti giudicati tollerabili fino a poco tempo prima.

Arenas si faceva forte di una sorta d'impunità, ma si sbagliava; non aveva capito che per qualunque organizzazione non conta solo *quanto* facciamo – i nostri risultati – ma *soprattutto come* lo facciamo, il nostro comportamento, la nostra capacità di adattarci alle regole del gioco. Quando siamo a Roma, facciamo come i romani, vero? Dobbiamo quindi capire quali sono i comportamenti socialmente accettabili in un dato posto, che sia una città, una squadra di basket o un'organizzazione. Performance e risultati sono sicuramente fondamentali ma il nostro comportamento è più importante.

CHE COSA HO IMPARATO A DAVOS?

Lavoro al World Economic Forum, famoso a livello mondiale per il meeting annuale che si tiene a Davos, in Svizzera, secondo una tradizione consolidata da 44 anni, l'ultima settimana di gennaio; nel corso dell'evento s'incontrano, discutono, lavorano, scambiano idee e progetti personalità del gotha internazionale: premier, ministri, amministratori delegati delle aziende più importanti del globo, premi Nobel, accademici, esponenti del mondo sindacale, religioso, artistico. Si respira un'aria diversa, non a caso definita *lo spirito di Davos*, un'atmosfera positiva, carica di energia, dove circa 3.000 persone con ruoli chiave arrivano da tutto il mondo per quattro giorni straordinariamente intensi.

L'edizione di Davos del 2015 è stata per me la prima come dipendente e, credetemi, non è la stessa cosa: sicuramente ho focalizzato molti elementi, tra cui cosa succede *dietro le quinte*, osservando i comportamenti dei miei colleghi. Mi ha colpito l'organizzazione straordinariamente capillare, l'immenso sforzo collettivo di tutti i dipendenti del Forum sul piano sia concettuale sia organizzativo. Nessun dettaglio è lasciato al caso. Il meeting annuale inizia: tutti i dipendenti sono convocati alle 8, siamo circa 500, ognuno con un proprio ruolo ben definito. Klaus Schwab, fondatore e presidente del World Economic Forum, ci ricorda in parole semplici che siamo i padroni di casa e come tali dobbiamo fare in modo che i nostri ospiti vivano un'esperienza indimenticabile, che dobbiamo essere al loro servizio con gentilezza, professionalità e calore. Nei giorni successivi non faremo il consueto lavoro quotidiano di Ginevra, ma ci impegneremo dall'alba fino a tarda sera per realizzare il miglior Davos di sempre. Con l'arrivo imminente dei partecipanti, sento l'adrenalina scorrere a fiumi, l'eccitazione che cresce, noi tutti concentrati al massimo. Che cosa ho osservato in termini di comportamento da parte dei miei colleghi? Tutti lavorano *almeno* 14-16 ore al giorno, sorridono sempre e c'è una grande solidarietà. Se un partecipante ha una richiesta particolare, tutti si fanno in quattro per soddisfarla, non importa quale sia l'esigenza. Esempi banali ma indicativi: un ministro dice a un collega che il dottore gli ha ordinato di bere una spremuta di arancia 3 volte al giorno e il mio collega gli porta la spremuta per tutta la durata del meeting; il presidente di un'organizzazione si accorge di aver smarrito una penna preziosa, ritrovata da un collega dopo mille ricerche e restituita il giorno seguente; una delegazione numerosa si accorge di non aver preso la borsa contenente programma e materiale congressuale. Sono le 20, è buio pesto e la temperatura è scesa di alcuni gradi sotto zero. "Paolo, saresti così gentile da portare queste borse alla delegazione direttamente al loro albergo?" ed è così che mi ritrovo insieme ad altri colleghi a camminare nel gelo per circa venti minuti; arriviamo paonazzi dal freddo ma col sorriso e ci fermiamo a bere una cioccolata calda offerta dalla delegazione. Uno di loro mi racconta di essere professore universitario, parliamo 10 minuti; il giorno dopo scopro che è vincitore di un premio Nobel.

Il comportamento che tutti devono avere come dipendenti del Forum è – molto semplicemente – quello di essere al servizio dei propri ospiti, sempre e comunque. Dopo una settimana torniamo tutti a Ginevra, stravolti dalla stanchezza ma soddisfatti perché tutti hanno dato tutto, col sorriso. Siamo convinti sia stato il miglior Davos di sempre, ma sappiamo anche che il prossimo sarà, e dovrà essere, ancora meglio. Capisco e imparo che una persona viene assunta per le qualifiche e per l'esperienza, ma rimane e fa carriera al World Economic Forum solo se lascia il proprio ego fuori dalla porta. Decido di rimanere a lavorare al World Economic Forum dopo aver compreso quale sia il comportamento premiante: quello di dimostrare una certa dose di umiltà, incluso portare spremute d'arancia, se necessario. Sorridendo.

COME SIAMO *VERAMENTE* VALUTATI?

Quali sono i comportamenti vincenti nella nostra organizzazione? La cosa più intelligente da fare è osservare i *vecchi saggi*, le persone che hanno fatto carriera e sono rispettate, ma non temute, per la reputazione che hanno costruito. Come si comportano? Come hanno guadagnato fiducia? Come si muovono? Capiremo meglio la cultura organizzativa studiando con attenzione chi fa carriera e molti comportamenti vincenti che sono facilmente riconoscibili. Entriamo in punta di piedi, senza far rumore, e facciamo domande; in altre parole, diventa importante passare i primi mesi ad ascoltare e imparare, senza trarre conclusioni affrettate. Rispettiamo la gerarchia, diamoci da fare tenendo conto dei nostri ruoli. Come funziona per il conto in banca, dobbiamo *prima depositare poi potremo prelevare*: all'inizio non abbiamo ancora la linea di credito né tantomeno abbiamo guadagnato sufficiente reputazione.

Ho fatto un grande errore quando ho iniziato a lavorare alla Banca Mondiale. Avevo appena compiuto 30 anni e, nel giro di poche settimane, credevo di aver capito tutto. Inviai un messaggio ai miei colleghi dicendo dove sbagliavano. Dal punto di vista puramente tecnico avevo anche ragione, ma così facendo mi inimicai quasi tutti i miei colleghi. Ci volle tempo per ricucire rapporti personali che sembravano compromessi. A nessuno piace essere criticato dall'ultimo arrivato, ancor peggio se ha ragione.

Volete sapere come la maggior parte delle aziende valuta i propri dipendenti? Osserviamo la matrice che segue. Sull'asse orizzontale troviamo il comportamento, su quello verticale i risultati. Anche in assenza di una codificazione o di un'utilizzazione esplicita di tale strumento, le persone sono sempre e comunque valutate in base a queste due dimensioni. Questa matrice viene anche utilizzata per il famoso *performance appraisal*, la valutazione annuale fatta ai dipendenti. Cosa significa? Non conta solo quanto facciamo, *i risultati*, ma anche come lo facciamo, i comportamenti che – non smetterò mai di sottolinearlo – dovranno essere in linea con la cultura dell'organizzazione. Ho moderato, condotto e facilitato almeno un centinaio di riunioni in cui dirigenti di alto livello dovevano decidere chi promuovere e chi invece "fermare" per un giro, a chi dare un futuro o a chi far lasciare l'azienda. Invariabilmente queste riunioni, sempre molto difficili e dense di tensione, si focalizzano sull'aspetto comportamentale e sull'intelligenza emotiva delle persone. Ho visto carriere accelerate, distrutte, sospese, a

Matrice risultati vs comportamento

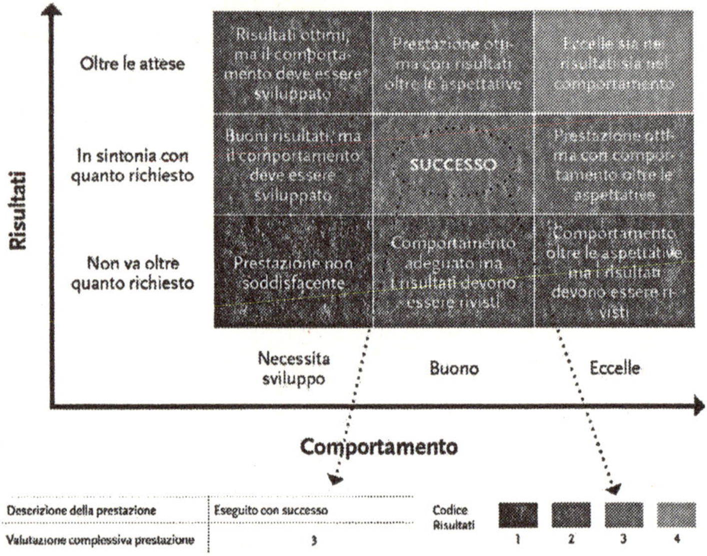

causa del comportamento reale o percepito della persona, più che in base ai risultati. La domanda chiave è sempre la stessa: "Ci possiamo fidare di questa persona?".

COMFORTABLY NUMB O LEONI RUGGENTI?

Manuela e Silvano lavorano da 20 anni nella stessa azienda, la filiale italiana di una grossa società tedesca, con 600 persone impiegate, che negli ultimi due anni ha registrato perdite consistenti. La casa madre ha ripianato i debiti, chiarendo che sarà l'ultima volta. Silvano ha lo stesso capo da 10 anni, con cui va assolutamente d'accordo ma che andrà in pensione tra pochi mesi. Ha sempre ricevuto discreti aumenti di stipendio, il suo salario è circa il 20% in più della media di mercato e ha sempre avuto valutazioni positive, ma non eccezionali. Arriva in ufficio alle 8.30 in punto ed esce sempre alle 17. Assunto perché parlava bene il tedesco, lo ha dimenticato non adoperandolo quasi mai. Il suo lavoro: amministrazione paghe e stipendi, controllo assenze e malattie. Pochi anni prima gli era stata offerta l'opportunità di passare alcuni mesi nella sede centrale dell'azienda ma aveva gentilmente rifiutato perché l'idea di traslocare in Germania in inverno non lo entusiasmava. Diplomato, ha fatto alcuni corsi di aggiornamento su nuovi sistemi tecnologici ma con il suo capo aveva deciso di mantenere il vecchio sistema. Silvano va d'accordo con tutti ma non ha legato in maniera particolare con nessuno, tranne che con un collega con cui va a vedere spesso partite di calcio.

Manuela ha iniziato a soli 18 anni come segretaria, ama parlare l'inglese e fa corsi serali per imparare bene il tedesco e il francese. Appassionata di tecnologia, con l'aiuto del fidanzato è diventata web designer da autodidatta. Venuta a conoscenza dell'opportunità di passare alcuni mesi in Germania, ha convinto il suo capo a farla partire al posto di Silvano e i sei mesi al quartier generale sono diventati un anno. Quando Manuela torna, parla benissimo il tedesco. Un anno più tardi, aiuta il nuovo capo della divisione a ridisegnare la pagina web del dipartimento, dimostrando la sua versatilità. Riesce a ottenere una delle borse di studio messe a disposizione dall'azienda, s'iscrive all'università serale e si laurea. Anche se il suo stipendio è piuttosto basso, Manuela è curiosa e tutti i giorni va a pranzo con i colleghi per essere aggiornata su cosa sta succedendo. A causa della crisi, l'azienda inizia un piano di riduzione di costi: vengono tagliati non solo promozioni e aumenti di stipendio ma anche corsi di formazione, viaggi e progetti, incluso quello sulla nuova pagina web su cui stava lavorando Manuela. Il suo capo l'avverte che deve limitarsi a fare la segretaria e che arriveranno tempi difficili.

Julie e Chris lavorano da due anni in una start-up. I ritmi di lavoro sono pazzeschi ma ci sono tantissime opportunità di fare cose nuove, progetti che spuntano come funghi, alle volte un po' di confusione, ambiente dinamico, stressante, divertente. Julie non sembra molto felice, perché il nuovo capo ha iniziato molti nuovi progetti e lei si lamenta spesso dell'enorme mole di lavoro. Ha ragione, ma anche se la regola vale per tutti, Julie non accetta responsabilità senza che ci sia un accordo chiaro sui vantaggi che ne deriveranno: se le viene chiesto di lavorare su progetti extra declina gentilmente, ripete spesso che è sottopagata rispetto alle sue mansioni. Un giorno Julie viene a sapere che una collega appena assunta guadagna più di lei e, indispettita, si mette in malattia per due settimane.

Chris lavora nel settore finanza ma, finite le proprie incombenze, passa molto tempo a dare una mano in tre progetti che non fanno parte del suo dipartimento, su cui riesce però a contribuire in maniera significativa. Esce dall'ufficio molto tardi, ma non sembra stanco come Julie. Inoltre ha iniziato un master e sta preparando la tesi su un argomento molto importante per l'azienda, in previsione della presentazione dei risultati ai dirigenti.

Osserviamo con attenzione la matrice: sull'asse orizzontale abbiamo il comportamento della persona. Da un lato osserviamo un atteggiamento *Comfortably Numb*, vale a dire intorpidito, mentalmente pigro, assuefatto a una routine pluriennale; dall'altro un atteggiamento *Roar*, da persona che ruggisce, sempre pronta a balzare come una tigre su opportunità d'ap-

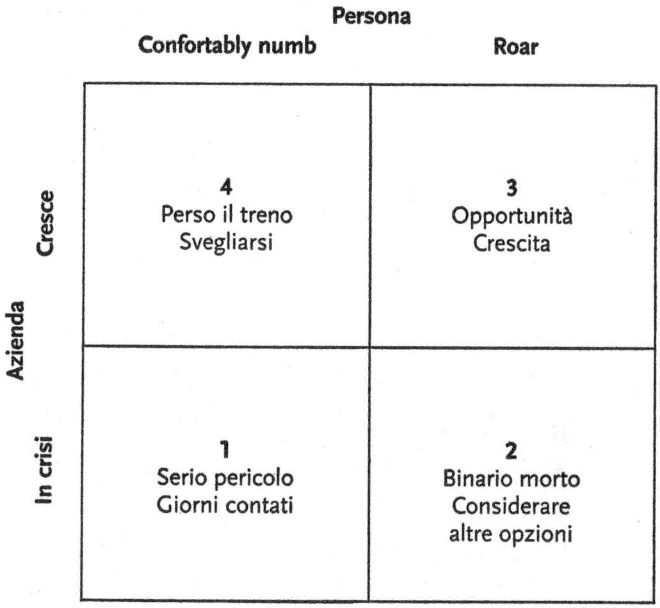

prendimento, che investe, con fatica e con piacere, sul miglioramento continuo anche in ambiti non strettamente legati alla propria mansione.

Osserviamo il punto di vista dell'azienda sull'asse verticale: è in crescita, dinamica, pronta a investire sui propri talenti oppure sta lentamente spegnendosi, taglia costi in maniera indiscriminata, considera le persone solo come costi invece di talenti da sviluppare? In quale quadrante di questa matrice possiamo posizionare Silvano, Manuela, Julie e Chris? Riflettiamoci un attimo prima di continuare a leggere.

- **Silvano, quadrante 1.** Mi dispiace scriverlo con crudezza, ma Silvano ha i giorni contati. Ha uno stipendio più alto della media; non solo non ha imparato niente di nuovo, ma ha addirittura dimenticato quello che sapeva; la protezione offerta dal suo capo finirà presto e, complice una seria revisione dei costi, verrà molto probabilmente licenziato. Purtroppo Silvano non si accorge neanche di quello che sta succedendo, isolato da tutti più per scelta sua che per altri motivi. Silvano avrà anche seri problemi a trovare un nuovo posto di lavoro alle stesse condizioni. Uscirà presto, senza valide alternative. È diventato *Comfortably Numb*, piacevolmente insensibile, inconsapevole che, senza investire sulla propria crescita professionale, si finisce in soffitta come le vecchie radio che non servono più.

- **Manuela, quadrante 2.** Persona curiosa, intraprendente, grande lavoratrice. Nonostante la crisi, l'azienda cercherà di trattenere Manuela. Lei però dovrà chiedersi se vale la pena restare: senza prospettive di crescita, né tantomeno di carriera, cosa imparerà di nuovo nel continuare il proprio lavoro da segretaria dopo aver fatto passi da gigante? È finita su un binario morto, senza possibilità di avanzamento, relegata a un ruolo limitato. Forse sarebbe meglio uscire e capitalizzare in un'altra azienda. In fondo parla tre lingue, è laureata, esperta di web design, ha ancora uno stipendio basso e non farà fatica a trovare un altro posto di lavoro dove sviluppare ulteriormente il suo talento e la sua naturale curiosità intellettuale.

- **Chris, quadrante 3.** Chris è nel posto giusto, sta cogliendo molte opportunità di crescita, sta imparando, investe molte energie. Lavora in una società in buona salute e avrà presto l'occasione di crescere ulteriormente, non solo economicamente, ma anche in termini di responsabilità, fiducia, prospettive.

- **Julie, quadrante 4.** Julie ha perso il treno. Perennemente insoddisfatta, sembra non capire le opportunità che le stanno intorno, sopravvive invece di prendere l'iniziativa. Pur comprendendo preoccupazioni legate al carico di lavoro, sembra abbia un approccio meccanico e per certi versi mercenario. Isolata, non perde occasione per lamentarsi; continuando in questa direzione sarà probabilmente dimenticata da tutti gli altri, occupati a lavorare divertendosi.

Riusciamo ad analizzare la nostra situazione alla luce di questa matrice? In che tipo di organizzazione stiamo lavorando? Come ci siamo comportati? Se ci guardiamo dentro, con onestà, siamo più simili a Silvano, a Manuela, a Julie oppure a Chris?

Mi permetto di dare un consiglio. Pensiamo a noi stessi come se fossimo una bellissima casa con un giardino pieno di fiori meravigliosi. Per mantenere belli e funzionali sia casa sia giardino, dobbiamo continuamente investire tempo, energie e risorse, capire cosa bisogna fare a seconda delle stagioni. Dopo un certo numero di anni, abbiamo migliorato o peggiorato la casa? Se la vendessimo, quale prezzo potremmo realizzare? Non investendo oggi, non succede nulla; non investendo mai, la casa cadrà a pezzi, varrà di meno. Sono certo che tutti desideriamo investire su noi stessi e crescere soprattutto come persone. Sarebbe un vero peccato se non lasciassimo sbocciare i fiori che abbiamo dentro.

PERCHÉ CE NE ANDIAMO?

Il turnover, la rotazione del personale, è un costo rilevante per le aziende, quantificato da vari studi tra uno e due anni di stipendio annuale. Si calcola, come già spiegato nel *Capitolo 7*, dividendo il numero di persone che escono da un'organizzazione per il numero totale dei dipendenti: per fare un esempio, un'azienda di 1.000 dipendenti in cui ogni anno se ne vanno in 150 avrà un turnover del 15%.

Attenzione però: le aziende valutano anche la qualità del turnover. Questo significa che le aziende cercano di "trattenere" chi viene considerato bravo, chi porta risultati e si comporta in linea con la cultura dell'organizzazione. Leigh Branham, nel libro *The 7 Hidden Reasons Employees Leave*[1], condivide alcune statistiche significative nel mercato di lavoro degli Stati Uniti: il 4% delle persone lascia il lavoro il primo giorno e il 50% durante i primi sei mesi. Chiaramente qualcosa non va, se tante persone si pentono così in fretta della propria scelta. La Gallup[2], storica società di ricerche di mercato, ha calcolato che circa solo il 30% delle persone è *engaged*, inteso come interessato o partecipe nel proprio lavoro, il 15% è addirittura a un passo dal diventare un vero e proprio sabotatore, arrivando quasi a odiare il proprio lavoro. Secondo uno studio compiuto dall'Università di Phoenix, in Arizona[3], solamente il 14% delle persone ritiene di avere un lavoro da sogno, il 73% è convinto di non fare il lavoro che pensava di dover fare. Tutto questo si tramuta in costi finanziari enormi per le organizzazioni, ma anche in costi personali devastanti per noi tutti in termini di relazioni professionali stancamente trascinate.

Alcuni anni fa ho avuto l'opportunità di fare parte di un progetto della Banca Mondiale in Etiopia, un Paese straordinario con quasi 100 milioni di abitanti. Lo scopo di questo progetto era analizzare le cause del turnover del personale statale e fornire soluzioni pratiche. Le cause di questo fenomeno erano molteplici, tra cui l'inadeguatezza dei salari. Rimasi colpito ascoltando Alemayeuh, medico chirurgo, uno dei pochi rimasti a lavorare in Etiopia: da questo Paese, i laureati preferiscono emigrare negli Stati Uniti o in Europa, dove ci sono opportunità di carriera e stipendi 10 volte maggiori. Strada facendo, si nota che l'incapacità delle organizzazioni, siano esse pubbliche o private, di tenere e motivare i propri dipendenti è un ostacolo enorme per il raggiungimento degli obiettivi di base, quale la soddisfazione dei dipendenti che ne fanno parte. Insomma: ci perdono tutti.

Sono circa 20 anni che mi occupo di quella che è comunemente chiamata *exit interview*, il colloquio di uscita. Non dovrebbe essere una seduta terapeutica – non sono uno psicologo – ma si traduce spesso in un'intensa, lunga conversazione in cui chiedo una cosa sola: "Che cosa ti avrebbe fatto rimanere?", invece della classica e ripetitiva domanda: "Perché te ne vai?".

Nel corso di uno studio fatto dal Saratoga Institute in California[4], è stato chiesto ai manager: "Quale credi che sia la ragione principale per cui le persone danno le dimissioni?"; poi è stato domandato ai dipendenti: "Come mai te ne sei andato?". L'89% dei manager pensa che le persone diano le dimissioni per motivi economici, mentre l'88% delle persone se ne va per ragioni *che non hanno niente a che fare con i soldi*: interessante, non è vero?

Sono sicuro che siete curiosi di scoprire, alla luce di tutti questi studi, e tenendo in considerazione la mia esperienza personale, cosa farei io al vostro posto, cosa farei se mi trovassi davanti al quesito: "*Should I stay or shoud I go?* Vado o resto?".

C'è un altro elemento che può influenzare questa risposta. Ho ascoltato e osservato molti bambini. Perché l'ho fatto? Perché loro sanno cose che noi adulti abbiamo dimenticato.

Secondo voi, per quale motivo noi genitori andiamo alle recite scolastiche di fine anno? Ci ricordiamo l'eccitazione di quando eravamo bambini prima della recita?

Mia figlia mi ha chiesto mille volte: "Papà, sono migliorata? Papà sei fiero di me? Papà mi vuoi bene?". Sono convinto che le persone non siano *mercenarie*, ma che abbiano un bisogno reale di riconoscimento emotivo, di rispetto e dignità. Abbiamo bisogno che i nostri capi e i colleghi ci dicano "Sono fiero di te" o semplicemente un *grazie*. Ottenere un "Mi piace" su Facebook non è la stessa cosa. Si resta al lavoro per motivazioni che hanno a che fare con i lati più profondi della nostra umanità, indipendentemente dal ruolo. Il bisogno di sentire che hanno fiducia in noi, di essere rispettati, di valere qualcosa come individui, di avere speranza e opportunità di crescita.

La mia prima promozione fu una delle esperienze più negative della mia vita professionale. Trovai sulla sedia la lettera in cui mi veniva comunicata – il mio capo non aveva ritenuto opportuno parlarmene prima – e mi toccò inseguirlo per due mesi per ottenere un colloquio. Avrei pagato una fortuna per avere una sua stretta di mano, invece mi diedero un po' di soldi e dovevo pure stare zitto. Una delle esperienze più positive l'ebbi invece quando *non ottenni la promozione* e il mio responsabile m'invitò a pranzo per spiegarmi cosa avrei dovuto migliorare l'anno successivo per essere promosso. Mi sentii rispettato e, onestamente, aveva proprio ragione lui.

Ma quali sono le ragioni per le quali decidiamo di cambiare occupazione?

Il lavoro non è quello che pensavamo. Nei *Capitoli 2* e *3* abbiamo imparato alcune modalità per capire quando l'organizzazione sta in qualche modo esponendo le proprie proposte in modo non sincero, se non addirittura falsato e ingannevole. Il problema è spesso generato dalle aziende: vediamo come.

Siamo stati selezionati come giudici per il programma televisivo *X Factor*. Passiamo alcuni giorni insieme ad altri colleghi della giuria per valutare la bravura artistica di solisti e gruppi di cantanti. Dopo molte discussioni e dibattiti, raggiungiamo il verdetto: il vincitore è un cantante d'opera, che consideriamo il nuovo Pavarotti. Alla fine della cerimonia di premiazione ci dicono che il vincitore andrà a far parte della squadra olimpica di tiro al piattello. Ovviamente la situazione descritta è un paradosso, ma spesso succede proprio così: aziende e comitati di selezione del personale passano giorni, se non mesi, a valutare chi sia il miglior candidato in modo assoluto e non in relazione alla posizione che dovrà svolgere. Esempio tipico: organizzazioni che richiedono un dottorato in Economia e poi mandano i candidati selezionati a gestire un Paese che è appena uscito dalla guerra civile.

Il capo. Si usa dire che le persone scelgono di andare a lavorare in un'azienda ma decidono di andarsene a causa del proprio superiore. Nel capitolo precedente abbiamo analizzato varie tipologie di capi. Al di là dell'aspetto caratteriale e psicologico, il vero problema risiede spesso nella mancanza di feedback, di coaching, di supporto, di incoraggiamento e, quando serve, anche di critiche costruttive.

Non stiamo crescendo. Tutti vogliamo crescere e non mi riferisco solo all'aspetto monetario. Crescere vuol dire imparare, diventare più bravi in quello che facciamo, acquisire competenze in campi nuovi, lavorare con persone in gamba da cui possiamo apprendere. Non vogliamo solo un lavoro, ma una carriera, la prospettiva che ci sia un piano, un percorso formativo e di evoluzione. Se avvertiamo la mancanza di un progetto, dopo un certo periodo ci stanchiamo, un po' come in quei fidanzamenti semiseri che si trascinano anni per inerzia ma che non approdano a un progetto di vita in comune.

Stress da troppo lavoro. Le cause sono molteplici: ci sentiamo sommersi, incapaci di gestire aspettative talora semplicemente impossibili, alle volte vittime inconsapevoli di piani aziendali sbagliati, capi irragionevoli oppure obiettivi irrealistici. Il prezzo che paghiamo alle volte diventa troppo alto. Si parla spesso di ristrutturazioni aziendali e delle persone che perdono il lavoro solo perché vittime innocenti di crisi economiche o scelte sbagliate. Non si fa cenno però ai "sopravvissuti" e al prezzo molto alto che stanno pagando per mantenere il proprio posto di lavoro, caricandosi sulle spalle anche le mansioni di quelli che sono stati licenziati.

Mancanza di fiducia nelle persone che dirigono l'organizzazione. La mancanza di fiducia nei nostri leader, fenomeno – credetemi – non limitato all'Italia, è uno dei temi affrontati nel corso dei recenti Forum di Davos. Per illustrarla, utilizzerò due brevi storytelling.

Durante i corsi di formazione manageriali chiedo ai partecipanti di riassumere in una sola parola il miglior leader che hanno mai avuto; i termini adoperati sono sempre gli stessi: integrità, umiltà, fiducia, disponibilità, generosità. Molti partecipanti, poi, citano i soliti nomi, giganti che hanno forgiato la Storia, come Nelson Mandela, Mahatma Gandhi, Martin Luther King. In seguito, chiedo se l'amministratore delegato e i ranghi più alti nella loro organizzazione rispecchino questi valori: ottengo quasi sempre un silenzio assordante, assoluto. Ho fatto questo breve esercizio dozzine di volte, in diversi Paesi, e ho sempre ottenuto gli stessi risultati.

Di recente ho fatto un colloquio a un candidato che attualmente lavora alla Federazione internazionale di calcio (FIFA) che, come tutti sappiamo, è stata nell'occhio del ciclone: dirigenti accusati di corruzione e il presidente, Sepp Blatter, investito dagli scandali. Il candidato ha ammesso con candore che si *vergogna* di lavorare in un'organizzazione del genere e che ha perso ogni fiducia nei confronti dei massimi dirigenti. Aveva le lacrime agli occhi quando mi ha mostrato la dichiarazione dei principi etici della FIFA che campeggia in prima pagina sul sito web della Federazione[5].

COSA CI MOTIVA?

Per celebrare il 65° anniversario, *Harvard Business Review* ha ripubblicato un articolo le cui vendite hanno superato il milione di copie: si tratta di un classico, "One more time: how do you motivate employees?", scritto nel 1968 da Frederick Herzberg[6]. L'autore spiega come ci siano fattori motivanti chiamati "igienici", vale a dire fattori che NON ci motivano ma la cui assenza ci demotiva, quali per esempio condizioni di lavoro, stipendio, regole. I fattori motivanti sono di altro calibro: il senso di raggiungimento e di miglioramento, il piacere intrinseco di fare il lavoro, il senso di responsabilità, la crescita umana e professionale di chi svolge con passione il proprio lavoro, l'orgoglio di fare parte dell'organizzazione. Daniel Pink, nel libro *Drive*[7], spiega che i fattori motivanti sono l'avere uno scopo profondo, l'autonomia, la possibilità di miglioramento. Se ci pensiamo, i motivi per cui decidiamo di andarcene da un'organizzazione e quelli che ci incoraggiano a restare sono due facce della stessa medaglia, ci raccontano la stessa storia. Sovente la decisione di andarcene viene covata a lungo ma esplode in seguito a un trauma, a un evento spiacevole, come per esempio ordini ricevuti dal capo con un tono di voce dispotico, un litigio con un collega, una promozione non ottenuta, un torto subìto.

Voglio condividere quattro storie vere che ci aiuteranno a capire come siano motivazioni diverse a farci decidere di andare via o di rimanere: alcune produrranno effetti di breve durata mentre altre ci possono condurre sulla strada giusta. A condizione di sapere dove vogliamo andare davvero.

- Carlo è veramente deluso: circa sei mesi fa gli hanno cambiato ufficio, spostandolo in una stanza meno spaziosa, e non riceve alcun aumento di stipendio da circa due anni.

Inoltre il suo capo ha assunto un candidato più giovane cui ha riservato un miglior trattamento salariale. Poi la goccia che ha fatto traboccare il vaso: Carlo aveva diritto a un posto auto ma, dopo un anno in lista d'attesa, hanno assegnato il parcheggio al nuovo collega. Carlo decide quindi di dare le dimissioni.

- Umberto mi dice, quattro volte in meno di un'ora, che *si aspetta la promozione* a manager. Qualche settimana dopo il suo capo decide di non promuoverlo e, dopo alcuni mesi, Umberto mi chiede un appuntamento. Mi porge una lettera con le sue dimissioni asserendo di aver ricevuto un'offerta come D-I-R-E-T-T-O-R-E e scandendo il suo nuovo titolo e livello con una lentezza quasi esasperante. Umberto poi aggiunge che andrà a guadagnare il doppio e che ha anche ricevuto una macchina aziendale. Gli faccio i complimenti e non lo sento più. Per sei mesi.
- Giovanna si accorge che da circa 10 anni svolge lo stesso identico lavoro, non si diverte molto e, scherzando, dice ai colleghi che quando arriva in ufficio inserisce il pilota automatico. L'azienda non offre progetti entusiasmanti, vendono cibi di scarsa qualità prodotti in Cina; con il suo capo ha rapporti cortesi ma freddi e in genere pranza da sola perché non ha legato molto con i suoi colleghi, che hanno interessi ben diversi dai suoi. Giovanna si sente un pesce fuor d'acqua.
- Roberta, neolaureata a pieni voti, ha ricevuto molte offerte ma ha deciso di lavorare, nonostante un basso stipendio, per l'azienda ABC principalmente per il percorso formativo che le offrono. La mole di lavoro è impressionante, ma ha la possibilità di viaggiare e lavorare su progetti diversi e interessanti e, dopo una prima fase di formazione di circa tre anni, ne seguirà una di circa due all'estero, dove potrà anche imparare una lingua nuova.

Pensiamo a queste storie, inquadrandole in una matrice a quattro dimensioni come quella alla pagina seguente. Nella parte inferiore della matrice, troveremo fattori negativi che spingono a *scappare, andare via dalla situazione esistente,* mentre nella parte superiore troviamo fattori positivi, che ci spingono ad *andare verso qualcosa di nuovo.* A sinistra pensiamo ai fattori motivanti *esterni,* intesi come effimeri, di breve durata, per esempio un titolo altisonante (manager, direttore), mentre a destra fattori motivanti a lungo termine, quali la possibilità di crescere, lo scopo del nostro lavoro, l'allineamento dei nostri valori etici a quelli dell'azienda di cui facciamo parte.

Quali di queste motivazioni ci spingono a rimanere o a lasciare un'organizzazione?

La situazione di Carlo è nel quadrante 1. È sicuramente frustrato da alcune situazioni ma, in tutta sincerità, crediamo davvero che valga la pena andarsene dall'organizzazione per un ufficio di piccole dimensioni o un parcheggio non assegnato? Carlo si è posto le domande giuste?

Giovanna, quadrante 2, non cresce più da anni e si rende conto di essere finita nel posto sbagliato: nel suo caso andare via sarebbe una decisione saggia.

Roberta, casella 3, ha fatto invece la scelta giusta: impara quotidianamente, ha sacrificato alcuni obiettivi a breve termine in favore di un progetto lavorativo a lungo termine. Decidendo di rimanere, Roberta investe sulla propria crescita professionale e le opportunità che riuscirà a cogliere in futuro durante tale percorso la ripagheranno per questo sacrificio.

Umberto, quadrante 4, anche lui visibilmente arrabbiato per una promozione mancata, si è fatto convincere da "specchietti per le allodole", un titolo altisonante e il miraggio di un miglior guadagno. L'ho incontrato dopo sei mesi disilluso e deluso da un'azienda che fa *più fumo che arrosto.*

Bisogna anche capire quando si siano create le condizioni per le quali non è proprio più il caso di rimanere; facendo un paragone, è come se fossimo ospiti che hanno esteso troppo a lungo la propria permanenza, diventando di fatto *persone non grate*. Potevo farvi mancare una storia? Il calciatore Vincenzo Iaquinta, campione del mondo nel 2006 con l'Italia di Lippi, acquistato dalla Juventus con un contratto di circa 3 milioni di euro netti all'anno per cinque anni, segna solo otto goal durante il primo anno, una performance appena sufficiente. Dopo una seconda stagione poco più che mediocre, durante la terza stagione, 2009-2010, Iaquinta s'infortuna al ginocchio, non gioca per sei mesi, entra in campo solo qualche minuto per poche partite, ma viene sorprendentemente convocato in nazionale per i disastrosi mondiali del 2010. Nel 2011 Conte diventa allenatore della Juventus e gli fa capire che non lo considera nei piani della squadra. Normalmente un giocatore accetta la situazione e si cerca un altro ingaggio, magari guadagnando di meno, ma non Iaquinta, che s'impunta per non cambiare assolutamente squadra, rimanendo alla Juventus relegato in panchina o in tribuna, di fatto separato in casa. Dopo un breve tentativo, deludente per i risultati, di prestito al Cesena senza però rinunciare a un solo centesimo, torna a Torino rifiutando tutte le squadre interessate a lui, malgrado gli dicano in ogni modo di andarsene. Rimane alla Juventus senza giocare più un solo minuto e, quando il contratto scade dopo cinque anni, nessuna squadra lo cerca più. Iaquinta è ormai un ex calciatore e, quando la Juventus di Conte vince lo scudetto, non viene incluso nei festeggiamenti, il suo nome non appare nemmeno nella webpage della squadra. *Persona non grata* per troppo tempo, non ha capito che sarebbe stato meglio andarsene, dimostrando di essere rimasto un giocatore valido. Ho assistito a dozzine di storie simili, un misto di testardaggine nel non capire la situazione e nel non volersene andare, con organizzazioni che tendono a diventare vendicative.

Konstantinos Kavafis è stato il più famoso poeta greco moderno. Vissuto ad Alessandria d'Egitto, condivideva le sue opere solo con le persone più care ed è diventato conosciuto e apprezzato solo dopo la sua morte, nel 1933. Ha scritto poesie straordinarie e in una delle prime, *Mura*, esprime la sofferenza di sentirsi isolati, esclusi[8]. Gli ultimi versi della sua poesia recitano: "Non ho sentito mai né voci né rumori. / M'hanno escluso dal mondo inavvertitamente".

Alle volte anche nel nostro lavoro succede qualche cosa di simile, come dimostra l'esempio di Kathryn Bolkovac: poliziotta nello Stato del Nebraska, viene assunta da DynCorp International, un'azienda che fattura 3 miliardi di dollari l'anno come *military contractor,* appaltatore di servizi per il settore della Difesa negli Stati Uniti. Nel 1999 viene mandata in Bosnia per un'operazione di peacekeeping condotta a supporto dei Caschi Blu dell'ONU e si accorge che alcuni suoi colleghi fanno parte di un infame giro di sfruttamento della prostituzione. Kathryn cerca di fermare questo scempio e decide di denunciare lo scandalo ai suoi superiori. Diventa quindi una *whistleblower*, vale a dire una persona che denuncia pratiche corrotte nelle organizzazioni dove presta opera. Dal quel momento la vita di Kathryn diventa un inferno: inizialmente viene esclusa da ogni decisione e dal proprio team dai suoi capi e colleghi, poi intuisce di essere in pericolo di vita e infine viene licenziata insieme a un altro collega, colpevole anche lui di essersi espresso contro questo traffico di essere umani. Dall'esperienza della Bolkovac viene tratto un film e, in seguito, la donna la racconta anche in un libro denuncia[9]; riesce a vincere la battaglia legale intrapresa contro la DynCorp, grazie alla schiacciante evidenza delle prove.

Per fortuna non accade spesso di trovarsi in situazioni talmente estreme da condurre alla rottura definitiva con l'organizzazione per motivi non strettamente lavorativi, ma ben più gravi, come nel caso della Bolkovac. Le riflessioni, che abbiamo condiviso nel *Capitolo 6*, in merito al prezzo da pagare per fare carriera e al significato di scendere a patti con il diavolo, rimangono valide anche in questi frangenti. L'importanza di scegliere un lavoro in un'organizzazione che rispecchi i nostri valori ancora di più.

PROTEGGERE L'IDENTITÀ LAVORATIVA E ANDARSENE CON GRAZIA

Andre Agassi è stato uno dei più grandi tennisti di tutti i tempi. La sua autobiografia[10], narrata in maniera lucida e onesta, inizia dal racconto del suo ritiro: ha 36 anni e ha ormai giocato più di 1.000 partite da professionista; soffre da sempre di una forma acuta di scoliosi con dolori lancinanti al nervo sciatico e dorme sul pavimento, l'unico modo per lenire il dolore alla schiena; quando si sveglia non sa dove si trova, si sente come una racchetta da tennis usurata e logora. Pensa dentro di sé: "Per favore, fa' che tutto finisca", ma poi realizza che non è pronto per il momento in cui tutto sarà finito.

Andarsene, da campione di tennis così come da professionista di qualunque altro mestiere, è un momento psicologicamente molto difficile. Ci troviamo divisi tra due opposte tendenze: la voglia e al tempo stesso la paura di rimanere e andarsene, un vortice emotivo. Un lavoro non è solo un lavoro, ma con il tempo diventa la nostra identità, la nostra seconda pelle. Andarsene è un processo di trasformazione complesso, come spiega Herminia Ibarra nel suo libro *Identità al lavoro*[11].

Ho capito che cosa significhi veramente il concetto di identità professionale e la difficoltà ad andarsene quando ho lavorato a un progetto di riforma del sistema pensionistico. Nel 1998 la Banca Mondiale doveva risolvere due problemi interni, diventati purtroppo comuni a molte organizzazioni pubbliche e private: cambiare il sistema pensionistico, divenuto troppo costoso, e ridurre il personale. La quadratura del cerchio fu trovata con la proposta di offrire una pensione non ridotta ai dipendenti di almeno 50 anni di età e con un minimo di 10 anni di servizio. In breve, fu soppressa la regola per cui in genere se si va in pensione prima della naturale scadenza, poniamo 65 anni, la pensione è ridotta di circa il 4% per ogni anno d'anticipo.

Allo stesso tempo il sistema pensionistico veniva cambiato, in peggio, per tutte le persone che avrebbero iniziato a lavorare per l'istituzione a partire dal maggio 1998. In quel periodo la Banca Mondiale aveva circa 11.000 dipendenti, di cui più di 2.000 con il diritto di usufruire di un pensionamento anticipato, e si temeva un esodo di massa. Arrivato il fatidico giorno, ci aspettavamo *code ai cancelli* quasi fosse stato un concerto di Jovanotti o Vasco Rossi. L'offerta di una pensione rappresentava un'opportunità troppo allettante soprattutto per persone che sanno bene fare i calcoli. Quante persone accettarono questo piano? Meno del 10% degli aventi diritto. Non avrei mai creduto che, avendone la possibilità, quasi tutti avrebbero deciso di continuare la propria occupazione, scegliendo di lavorare per una cifra di poco superiore a una comoda pensione. Incuriosito, ascoltai alcune di queste persone: come mai avevano fatto questa scelta? In poche conversazioni intuii che non *facevano* un lavoro ma *erano* il lavoro che facevano, non avevano mai considerato di andarsene e mai lo avrebbero fatto, indipendentemente dalle condizioni economiche. Totale identità tra lavoro e individuo.

Cosa ho imparato da questa storia? Scegliere di lasciare un lavoro non è un proposito limitato all'aspetto economico, ma una decisione ancorata nella parte più profonda della nostra anima, nella nostra identità. Il momento della scelta, *Should I stay or should I go?*, alle volte è lacerante, di grande incertezza e di tensioni opposte. Rimaniamo ancorati alla nostra identità, senza aver capito quale sarà quella nuova, come marinai che salpano ottimisti verso terre ignote e allo stesso tempo timorosi di vedere il porto conosciuto allontanarsi nel buio della notte.

Il momento di andarsene arriva prima o poi per tutti. Le domande chiave sono molteplici: se dovessimo dare le dimissioni, vale la pena di cambiare idea a fronte di una controfferta da parte del nostro datore di lavoro? Vale la pena di ritornare dopo un certo periodo di tempo? Quali sono i tempi giusti? Come e quando andarsene? Affrontiamo queste domande una alla volta.

Se dovessimo dare le dimissioni, vale la pena di cambiare idea a fronte di una controfferta da parte del nostro datore di lavoro?

Credo che la decisione di andarsene, di dare le dimissioni *non debba essere il frutto di una reazione ma piuttosto di una riflessione.* Se, dopo un ragionamento ponderato, decidiamo di andare, non dobbiamo attribuire un prezzo a questa decisione. A mio parere la strada migliore è estrarre il cartellino giallo, prima di quello rosso. Mi spiego meglio: se siamo insoddisfatti perché constatiamo che non stiamo crescendo, che non abbiamo opportunità e/o che non saremo promossi, parliamone onestamente con il nostro capo e, in maniera intelligente e costruttiva, proponiamo alternative plausibili. Molto spesso queste conversazioni hanno un seguito concreto e si riesce a trovare una soluzione, uscendo da una situazione potenzialmente negativa. Viceversa, se non succede niente o, peggio, le nostre aspettative sono immediatamente messe a tacere, allora si deve passare al cartellino rosso. Consegnare una lettera di dimissioni significa entrare nella zona di non ritorno, un'alterazione definitiva del rapporto fiduciario tra dipendente e organizzazione. In base alla mia esperienza, le persone che sono state convinte a rimanere se ne vanno poi comunque nel giro di un anno perché, per esempio, un aumento di stipendio non basta da solo a cambiare una valutazione complessiva. Supponiamo che un marito compri alla moglie un gioiello di pregio per convincerla a non divorziare: è una soluzione permanente o si sta solo rimandando il problema?

Vale la pena ritornare dopo un certo periodo?
Dipende. Le aziende tendono ad assumere persone che hanno già lavorato in precedenza nell'azienda stessa, a condizione che non ci sia stato un divorzio burrascoso. Ne vale la pena se otteniamo un riconoscimento delle competenze acquisite, ma credo non sia il caso qualora dovessimo tornare a compiere le stesse identiche mansioni svolte in precedenza: una specie di minestra riscaldata, non particolarmente eccitante. Un avvertimento: la relazione con i vecchi colleghi risulterà

alterata e diversa se dovessimo ritornare in una posizione con maggior responsabilità, fomentando possibili gelosie interne. L'idea quindi di ritornare non deve essere esclusa a priori ma piuttosto ponderata con giudizio e facendo attenzione alle dinamiche di gruppo.

Quali sono i tempi giusti?
Non si può fornire una formula matematica che possa definire una tempistica perfetta, ma esistono convenzioni e percezioni comuni. Vediamole insieme.

Realisticamente, possiamo impostare il problema per "zone". Zona rossa: se siamo in un'azienda da meno di 18 mesi, avremo difficoltà a spiegare perché vogliamo andarcene così presto. Dobbiamo avere un motivo valido, tipo "L'azienda ha trasferito tutte le attività produttive oltreoceano", così da poter avere un'argomentazione valida da utilizzare. Se tale valido motivo non c'è, avremo maggiori difficoltà a ottenere un nuovo lavoro. Zona gialla: tra i 18 mesi e i 3 anni, siamo in una zona più facile da gestire, perché in tale tempistica si ritiene socialmente accettabile cercare un nuovo posto di lavoro. Attenzione però: questa tempistica si addice meglio ai junior, ai neodiplomati o neolaureati, meno a quadri o dirigenti. Zona verde: tra i 3 e i 5 anni, i tempi sono quasi perfetti perché possono dimostrare come abbiamo imparato e contribuito in maniera positiva nell'organizzazione.

Se siamo rimasti nello stesso posto di lavoro tra i 5 e i 7 anni, rientriamo nella zona gialla: come mai siamo rimasti così a lungo? Diventa quindi importante spiegare come siamo cresciuti e abbiamo ottenuto maggiori responsabilità. Se invece abbiamo svolto la stessa mansione per più di 7 anni senza avere avuto una progressione nel nostro ruolo, torniamo di nuovo nella zona rossa. Pensiamo a questo problema dal punto di vista di un'azienda che sta cercando di assumere un professionista con

15 anni di esperienza. Ci sono tre candidati: il primo ha lavorato solo in un'azienda, il secondo ha lavorato in 3 aziende diverse per circa 5 anni in ogni ruolo, il terzo in 10 aziende diverse. Tutti e tre i candidati hanno quindi i 15 anni di esperienza richiesti, ma acquisiti in maniera diversa. Voi chi scegliereste?

Come andarsene?

Tre parole: grazia, rispetto e gratitudine. E buone maniere, sempre. Anche se non siamo stati trattati bene, non bisogna mai e poi mai bruciare i ponti, pure se siamo fortemente tentati di sbattere la porta e mandare a quel paese chi ci ha ferito. Alcuni però decidono di fare diversamente.

Greg Smith sceglie di dare le dimissioni in maniera originale: scrive una lettera al *New York Times*, intitolata "Why I left Goldman Sachs", pubblicata il 14 marzo 2012, il suo ultimo giorno di lavoro[12]. Goldman Sachs è la più potente e famosa banca d'investimento al mondo. Nella sua lettera Greg Smith ne denuncia la cultura organizzativa, distruttiva e tossica. Secondo Greg, l'unica preoccupazione di questa azienda dove ha lavorato per un decennio è far soldi a scapito dei propri clienti chiamati, in maniera derisoria, *muppets*, come i pupazzi di un celebre programma televisivo. Letta da tre milioni di persone, la missiva diventa virale su Internet e fornisce l'occasione a Greg per scrivere un libro con lo stesso titolo[13].

Secondo voi, Greg ha avuto ragione o torto? Quello che sappiamo è che, scegliendo una modalità così belligerante e visibile, ha tagliato tutti i ponti in maniera irrevocabile, non solo con l'azienda ma anche con tutto l'ambiente di cui faceva parte.

Saper scegliere il momento giusto e andarsene con grazia rimane una qualità straordinaria. David Heenan, nel libro *Leaving on Top*[14], racconta varie storie di top manager che hanno scelto di dare le dimissioni, differenziando diverse categorie. Nella prima categoria ci sono le persone che, a dispetto dell'età e di decenni di professione alle spalle, rimangono sempre professionisti straordinari. Mi vengono in mente il giornalista Enzo Biagi, il regista e attore ottantacinquenne Clint Eastwood e il cantante e musicista Bruce Springsteen, che a 67 anni riesce a fare concerti straordinari lunghi almeno tre ore. Nella seconda categoria troviamo i despoti invecchiati; ne sono esempi Robert Mugabe, il presidente novantenne dello Zimbabwe, uno Stato africano in condizioni disperate, o altri politici, come anche sportivi, uomini d'azienda o artisti che non riescono a capacitarsi del fatto che è arrivato per loro il momento di uscire di scena.

Papa Francesco, secondo me l'ultimo vero rivoluzionario rimasto sulla Terra, parla proprio di questo tema in piazza San Pietro il 3 luglio 2015: "Esiste una tentazione per i leader di credersi indispensabili [...] passo dopo passo si scivola nell'autoritarismo e nel personalismo. Il potere porta alla vanità, ti senti capace di fare qualunque cosa, i leader devono anche farsi da parte se necessario". Di questo argomento si occupano dettagliatamente anche Ivan Scalfarotto e Stefano Caselli nel libro *Contro i perpetui*[15]. Costituiscono una categoria a parte alcuni fondatori di aziende che "guardano al loro ritiro come a una via di mezzo tra eutanasia e castrazione"[16]. Per finire, ricordiamo quelli che Heenan chiama coloro che sanno "uscire di scena con grazia", lasciando le redini del comando ad altri con saggezza, rispetto e classe. Nel libro capolavoro *Memorie di Adriano*, Marguerite Yourcenar[17] ricostruisce la vita interiore dell'imperatore romano Adriano, creando allo stesso tempo un'opera di poesia, un romanzo storico e un'analisi psicologica. Mi è rimasta impressa la considerazione di Adriano: capisce di essere stato un buon imperatore perché Roma *non ha più bisogno di lui*. In veste di coach professionale, mi sento di affermare che ha sviluppato le capacità delle persone che gli stanno intorno senza creare dipendenze. È pronto ad andarsene. L'esatto contrario degli pseudo-leader, che non se vanno neanche con le cannonate, inchiodati alle loro poltrone.

Il 4 novembre 2008 Barak Obama è eletto presidente degli Stati Uniti. Il candidato repubblicano sconfitto è il senatore dell'Arizona John McCain che, fino a poche ore prima, aveva giustamente condotto una feroce campagna elettorale. Alle 21, nel suo quartiere generale, McCain si presenta alle telecamere e davanti ai suoi sostenitori più convinti: deve fare quello che è chiamato *concession speech*[18], il discorso del candidato sconfitto, un rospo difficile da ingoiare. In pochi minuti dimostra una grazia e un senso del dovere fuori dal comune: nessun astio, al contrario, McCain offre sincere congratulazioni al neoeletto presidente, zittisce con fermezza alcuni dei suoi sostenitori che fischiavano Obama e s'impegna a lavorare senza riserve con il nuovo capo del governo per il bene comune degli Stati Uniti, parlando dei valori che hanno in comune. Un'uscita di scena da vero signore e da statista.

Ecco ritornare, quindi, le parole chiave: gratitudine, saggezza, classe, rispetto, educazione. Buone maniere. Gli atti conclusivi della nostra permanenza saranno ricordati e faranno parte della nostra reputazione ed eredità, dei ricordi che le persone avranno quando ce ne andremo. Seguendo queste regole contribuiremo a costruire la nostra reputazione di persone libere e perbene.

9

Cosa conta veramente?

Il bilancio del nostro viaggio

Non cercare di avere successo ma di essere
una persona di valore.
Albert Einstein

IL GIOCATTOLO ROTTO

Durante il viaggio che abbiamo fatto insieme, abbiamo cercato di comprendere, soprattutto in base a chi siamo, quali siano la cultura organizzativa e il lavoro che fanno per noi. Abbiamo conosciuto chi ne fa parte, per stabilire alleanze ed evitare malintesi e problemi. Sappiamo come ottenere fiducia, come fare carriera valutando quale sia il prezzo da pagare ed evitando di stringere un patto con il diavolo. Abbiamo compreso quale sia il momento giusto per andarsene e come farlo. Rimane l'ultima fondamentale domanda: *cosa conta veramente?* Come si misura il successo personale e professionale e, soprattutto, *chi* lo misura?

Quando iniziai a lavorare, mi si presentò una persona che non mi disse il suo nome ma il suo grado gerarchico: "Sono un managing director". Sostenne che dovevo diventare *assolutamente* vicepresidente in tre anni, affermando che, secondo lui e secondo l'organizzazione, solo una rapida carriera avrebbe potuto essere definita di successo: dovevo bruciare le tappe, ottenere una promozione all'anno, aumentare lo stipendio. A distanza di tempo, mi accorgo di aver commesso due errori: non solo ho creduto alla versione del *managing director* ma non mi ero neanche posto il problema se ci fossero altri modi di definire una carriera.

Quando entriamo in un'organizzazione, riteniamo che l'avanzamento di carriera sia l'unico criterio per misurare se e come stiamo progredendo; credo, invece, sia solo *un modo* per misurare il successo nella nostra vita lavorativa e, francamente, non il più importante. Il modello di riferimento attuale non funziona, il giocattolo si è rotto per almeno tre motivi:

1. considerando esclusivamente l'aspetto gerarchico – *chi arriva in cima ha vinto, chi non ci arriva ha perso* – creiamo subito un risultato negativo. Il 99,99% delle persone *perderà per definizione,* otterremo miriadi di persone frustrate e infelici, ritenendo – spesso a torto – che solamente chi è arrivato in cima abbia trionfato;

2. impostando la carriera come se fosse una corsa, in cui solo un eletto arriva primo e tutti gli altri perdono, entriamo in uno stato di lotta continua, senza esclusione di colpi. Ritengo che lo stress sia legato non tanto alla quantità di lavoro, quanto piuttosto alla qualità delle relazioni che sviluppiamo con i nostri colleghi. Il clima "tutti contro tutti" porta a un imbarbarimento, allo svilimento delle relazioni che diventano solo transazionali, utilitaristiche, perdendo qualunque connessione tra esseri umani. Conseguenza di questo modo di vivere è che smettiamo di esistere e ci preoccupiamo solo di apparire, di lasciare una traccia nella forma, ma non nella sostanza; ci importa solo del nostro prestigio, del nostro status sociale, di riscuotere l'approvazione altrui e, senza neanche accorgercene, perdiamo la nostra anima;

3. come ho già spiegato, si finisce per essere coinvolti in quella che in inglese viene definita una *rat race*, una corsa per

topi. Siamo talmente occupati a vincere questa corsa da dimenticare che, anche vincendola, rimarremo pur sempre topi. Non solo: tutte le crisi economiche, le ristrutturazioni aziendali o i semplici eventi che non controlliamo, come per esempio un cambio al vertice nelle organizzazioni, stravolgono le gerarchie aziendali. Succede, quindi, che ci troviamo fuori dai giochi, estromessi senza neanche capirne i motivi, convinti che la nostra identità venga dimenticata, distrutta con tutte le conseguenze emotive e sociali che ne derivano. Il giocattolo è veramente rotto, possiamo inventarcene uno nuovo? *Yes, we can.*

Ho osservato e seguito centinaia di persone e le loro carriere, e ho riflettuto per anni: voglio condividere con voi non solo cosa significhi avere una carriera di successo ma anche come si possa monitorare e misurare secondo i nostri criteri personali, non quelli definiti da altri. Vi fornirò uno strumento pratico, frutto di 25 anni di esperienza nell'osservare persone che, in organizzazioni diverse, hanno cercato di scalare velocemente i gradini gerarchici, un modello di riferimento che, come abbiamo visto, non funziona. Ci stiamo perdendo *ciò che conta veramente*, rischiamo di sprecare la nostra vita lavorativa, un peccato mortale, imperdonabile, senza appello. Conta, quindi, il viaggio e il significato che gli attribuiamo, non arrivare primi al traguardo, sgomitando affannati per diventare il re dei topi.

COSA CONTA VERAMENTE?

Ci sono 10 ingredienti che definiscono una carriera di successo, ma vorrei sostituire la parola "successo" con una parola molto diversa, *legata al significato*: "valore". Quello di carriera diventa quindi un concetto collegato maggiormente alla crescita umana e professionale, *più al verbo essere che al verbo avere.* Credo sia preferibile essere una persona di valore anziché una di successo; è la stessa differenza che intercorre tra Nelson Mandela e una qualunque persona, magari ricca o famosa, ma senza grande sostanza.

Relazioni positive

Cosa desideriamo più di ogni altra, ritenendo che possa renderci felici? Secondo i risultati di molte ricerche – condotte per esempio sui millennials o su un campione di persone in Europa – la risposta a questa domanda è: "Soldi e fama", cioè l'essere ricchi e famosi. Questo binomio è ritenuto ancora più importante del godere di una buona salute, dell'amore o di un più generico successo. Veramente? Un ponderoso studio dell'Harvard Medical School[1], avviato nel 1938 e durato più di 75 anni, ha tentato di spiegare cosa rendesse felice, sano e longevo un eterogeneo gruppo di 724 persone, osservandole nel corso della loro vita. In questa indagine, diverse generazioni di ricercatori hanno analizzato e seguito, anno dopo anno, l'esistenza di queste persone nate e cresciute a Boston – 60 delle quali ci vivono ancora oggi – facendo loro domande sul lavoro, la salute, le abitudini, i rapporti con la famiglia, la comunità e il mondo esterno. La conclusione di questo studio fornisce una risposta allo stesso tempo sorprendente e banale: ciò che ci rende felici *sono le relazioni positive e durature con le persone che ci circondano,* che amiamo e rispettiamo. Vivere relazioni negative ha degli effetti tossici, deleteri sulla nostra salute, sulla nostra felicità personale e, di conseguenza, sulla nostra aspettativa di vita. Per contro, relazioni positive con gli altri – basate su fiducia, rispetto e amore – non solo ci allungano la vita, rendendoci più felici, ma ci proteggono anche dalle malattie. Sapere che possiamo contare su chi ci ama – che non vuol dire essere sempre d'accordo su tutto – ci dà quella sicurezza interiore e quella sensazione di non essere soli che ci rendono felici.

Non vi ho ancora convinto? Passiamo a valutare aspetti legati all'ambito professionale. *Gli altri*, le persone intorno a noi ci aiutano a prendere decisioni migliori. Poniamo, per esempio, il caso di esserci persi al Polo Nord, abbiamo 20 oggetti con noi, ma dobbiamo sceglierne solo alcuni per sopravvivere. Quali sceglieremo? Questo esercizio, che ho proposto tante volte ai team con i quali lavoravo, evidenzia sempre che le decisioni adottate individualmente non sono mai tanto positive ed efficaci quanto quelle prese in gruppo. Cosa significa? Significa che gli altri ci saranno sempre d'aiuto per prendere decisioni migliori; gli altri saranno importantissimi per darci il feedback di cui abbiamo bisogno per crescere; gli altri potranno suggerire il nostro nome per un lavoro o segnalarci un incarico.

Quando lavoriamo, passiamo almeno 40 ore alla settimana con altre persone. Certo, i colleghi non sono i nostri compagni di vita (ma molti poi sposano colleghi conosciuti sul lavoro, come il sottoscritto), ma rappresentano quelle relazioni positive – di rispetto, collaborazione e fiducia – che diventano essenziali ai fini della nostra felicità. Lo sanno bene le persone che hanno perso questa serenità in ambienti di lavoro tossici, permeati da energia negativa.

Sapere che quello che conta veramente parte dalla qualità delle relazioni che abbiamo con chi ci sta intorno, nella vita sia personale sia professionale, ci permetterà di vedere *gli altri* non come nemici o come puri strumenti da utilizzare ma come preziosi alleati nel nostro cammino.

Cura personalis

Cura personalis è una locuzione latina utilizzata dall'ordine dei gesuiti; indica la *cura per tutti gli aspetti della persona*: la salute e il benessere inteso in senso umano e profondo, non economico. Siamo in forma? Dormiamo profondamente almeno sette ore a notte, meglio otto? Ci muoviamo, camminiamo abbastanza? Cosa e quanto mangiamo, cosa inseriamo nella nostra dieta? Il nostro stato fisico influisce molto sulle nostre capacità cognitive. Per avere un riscontro immediato, facciamo una prova su www.lumosity.com: potremo vedere come le capacità cognitive ed emotive siano strettamente connesse al nostro benessere fisico e stato mentale. La velocità, la flessibilità, la capacità di risolvere i problemi, di ricordare, di prestare attenzione sono abilità che vanno protette e sviluppate: come i muscoli, si indeboliscono se non vengono utilizzate. Una notte insonne riduce le nostre capacità cognitive in maniera drammatica: studi scientifici hanno dimostrato che la miglior strategia prima di prendere una decisione importante è quella di dormirci sopra, senza affrettare la scelta[2]. Una dieta sbagliata, basata su zuccheri o grassi, causa gli stessi effetti dell'insufficienza di sonno, una vita sedentaria porta danni irreversibili. Quando stacchiamo veramente dalla nostra vita lavorativa? Riusciamo a stare nel silenzio più assoluto traendone piacere, spunti di riflessione? Chi fa esercizio fisico, specialmente indicato al mattino, riesce a essere di buonumore – una predisposizione positiva alla vita – anche 12 ore dopo aver fatto l'allenamento. Osserviamo la regola di fare almeno 10.000 passi al giorno? Proviamo, per esempio, a spegnere il telefonino dalle 20 alle 8 del mattino, a fare sport o magari solo una lunga passeggiata almeno tre volte alla settimana, a bere almeno due litri di acqua al giorno, a togliere zuccheri e carboidrati dalla dieta, a ridurre alcol e caffè, a smettere di fumare, ad andare in vacanza in un posto *senza* connessione Internet, un vero detox digitale; sono piccoli accorgimenti che possiamo mettere in pratica facilmente. Siamo perennemente presi, direi persi, tra mille messaggi, riunioni, interruzioni continue, interferenze: riusciamo ad avere tempo per riflettere, invece di reagire velocemente come se fossimo in un costante duello contro qualcuno? Confesso che, dopo una giornata furiosa passata in ufficio, ho l'impressione di trovarmi in un videogioco con effetti speciali, sempre più veloce, senza soluzione di continuità. Riusciamo a spegnere lo smartphone che ci sta facendo diventare degli zombie, riusciamo a controllare l'ansia di essere connessi 24 ore al giorno e che ci sta rendendo quasi disadattati cronici?

La *cura personalis* ha soprattutto un profondo valore umano, spirituale: abbiamo almeno una persona che ci ama e che amiamo nella nostra vita? Abbiamo spazio ed energia per le persone che amiamo? Possiamo contare su un gruppo di supporto – vi ricordate del Men's Club del *Capitolo 6* – o su un amico con cui possiamo parlare, senza essere giudicati? Riusciamo a dare spazio alla nostra creatività, al nostro lato artistico, alla nostra spiritualità? Ci ricordiamo come ci siamo sentiti l'ultima volta che abbiamo avuto modo di ammirare un cielo stellato, un tramonto in riva al mare, una nevicata in montagna? Abbiamo avuto la possibilità di dedicare tempo per essere in contatto con la natura? Ecco allora che la *cura personalis* non diventa solo un modo di definire quanto siamo in forma, ma anche una condizione per essere autentici, per avere pieno controllo della nostra vita, senza farci sedurre da scorciatoie pericolose che portano a forme di assuefazione e dipendenza.

Scopo

Sisifo, uomo scaltro e astuto, è un personaggio della mitologia greca che osò sfidare gli dei dell'Olimpo, perdendo. Come venne punito? Prigione? Pena capitale? Tortura? Niente di tutto questo: venne condannato direttamente da Zeus a spingere un enorme masso in cima a una montagna per poi vederlo rotolare in basso e ricominciare daccapo, per l'eternità. *The Rolling Stone*, versione mitologica: la punizione diventa la consapevolezza di non poter dare alcun significato a ciò che si sta facendo.

Robben Island, Sudafrica, è la prigione dove Nelson Mandela ha passato 16 terribili anni. Quando visitai questo luogo, venni accompagnato da un ex prigioniero che mi faceva da guida. Mi raccontò che i detenuti dovevano lavorare tutti i giorni in una piccola miniera di calcare, che si esaurì completamente dopo un certo numero di anni. Cosa decisero allora gli spietati responsabili della prigione? I detenuti avrebbero portato una certa quantità di calcare nella miniera, per poi riportarla indietro a settimane alterne: alcuni prigionieri impazzirono. Sisifo veniva ricreato in una orribile prigione del Sudafrica.

Io trovai il significato per il lavoro che svolgevo per la Banca Mondiale in uno sperduto paesino del Camerun. L'autista, George, doveva portarmi a visitare un progetto agricolo; dopo molti chilometri su strade sterrate e polverose, si fermò davanti a un pozzo e mi raccontò che, prima che venisse costruito, sua madre doveva camminare 12 chilometri per andare al fiume a raccogliere acqua. Poi la Banca Mondiale aveva costruito quel pozzo, distante solo poche centinaia di metri dal villaggio dove abitava e la sua vita era cambiata. George voleva ringraziarmi, anche se personalmente non avevo nulla a che fare con *quel* pozzo, e mi portò a visitare il suo villaggio. Incontrai sua madre, rimanemmo abbracciati per lunghi istanti, una donna con una dignità sbalorditiva. Quando risalii sull'auto, il mio cuore aveva finalmente compreso cosa ci facevo in quel villaggio dimenticato da tutti.

Siamo tutti "cercatori di significato" nella nostra esistenza, come ci ha insegnato Viktor Frankl nel suo già citato libro, *Uno psicologo nei lager*.

Il nostro scopo non è il titolo scritto sul nostro biglietto da visita, come pensava il managing director del paragrafo precedente, non è neanche la promozione al livello successivo; lo scopo non è legato a cosa facciamo ma *al perché lo facciamo e a come lo facciamo*.

Attenzione anche a non confondere l'avere un *obiettivo* con l'avere uno *scopo*. Gli obiettivi sono limitati nel tempo e non riempiono di significato la vita. Un esempio di obiettivo può essere "Voglio avere una promozione", mentre uno scopo è "Voglio diventare veramente bravo in quello che faccio". Ragioniamo sulla differenza. Potremmo non ottenere la promozione, ne parlo per esperienza personale, ma nessuno ci potrà togliere il piacere di imparare, di migliorarci. Un esempio di obiettivo classico in azienda è aumentare le vendite del 20% all'anno, mentre uno scopo è fornire ai nostri clienti il miglior prodotto o servizio possibile: non è la stessa cosa, come sappiamo bene.

Edgar Lee Masters, autore dell'*Antologia di Spoon River*, nella poesia-epitaffio di George Gray[3] scrisse: "Dare un senso alla vita può condurre a follia, ma una vita senza senso è la tortura dell'inquietudine e del vano desiderio; è una barca che anela al mare eppure lo teme".

La domanda quindi diventa: qual è il nostro vero scopo?

Amore

Amiamo quello che facciamo? Come abbiamo visto all'inizio di questo libro, riuscire a mantenere la nostra passione e il nostro talento rimane uno dei cardini per una carriera di valore. Se amiamo quello che facciamo, la fatica diventerà un piacere. In inglese, con i termini *in the zone* si indica uno stato mentale quasi di estasi in cui il nostro essere è totalmente concentrato in ciò che stiamo facendo: smettiamo di fare e incominciamo a essere quello che stiamo facendo. Se osserviamo i bambini quando giocano, possiamo vedere che loro sono *in the zone*.

Nel giugno 2005 Steve Jobs, il fondatore di Apple scomparso nel 2011, tenne un discorso di fine anno, disponibile ora su YouTube, ai neolaureati della prestigiosa Università di Stanford, in California. In questo discorso, semplicemente straordinario, Jobs raccontava di guardarsi allo specchio ogni mattina chiedendosi: "Se oggi fosse l'ultimo giorno della mia vita, vorrei fare quello che sto per fare?"; l'imprenditore aggiungeva che, se la risposta fosse risultata negativa per troppi giorni consecutivi, sarebbe stato meglio cambiare mestiere. Un insegnamento, questo, per continuare a chiederci se amiamo il nostro lavoro.

Riusciremmo a fare con passione, amore e creatività, la stesso lavoro per 50 anni consecutivi? Charles M. Schultz, leggendario creatore di Charlie Brown e Snoopy, ci è riuscito. Iniziò a pubblicare le sue vignette nel 1950 e il 3 gennaio 2000, dopo mezzo secolo di straordinario successo, decise di smettere, decidendo che nessun'altra persona avrebbe potuto continuare a disegnare i fumetti dei Peanuts. Nella sua ultima vignetta, Schultz scrisse che disegnare i Peanuts era stato il sogno della sua vita. L'ultima frase di congedo: "Charlie Brown, Snoopy, Linus, Lucy... come potrò mai dimenticarli?". Morì il giorno prima della pubblicazione della sua ultima striscia, il 12 febbraio 2000. Nel leggere la sua tenera e commovente vignetta, capiamo che si trattava una dichiarazione d'amore per ciò che aveva fatto 17.897 volte in 50 anni.

L'esploratore spagnolo Juan Ponce de León arriva per primo in Florida nel lontano 1513 alla ricerca della fonte della giovinezza, le cui acque miracolose, secondo le leggende, fermavano il processo di invecchiamento. La fonte ovviamente non esiste, ma esiste il modo di rimanere giovani dentro: dobbiamo solo trovare ciò che amiamo veramente, il tesoro è dentro di noi.

Osserviamo il genio di Picasso, che ha creato centinaia di opere d'arte quando ormai aveva oltrepassato gli 80 anni; pensiamo alla creatività di Gualtiero Marchesi, un vero artista, certamente non un semplice chef, capace di integrare la bellezza artistica con il gusto più raffinato, oppure ai tanti imprenditori, artisti, scrittori, nel pieno delle loro capacità espressive anche in età molto avanzate. Cosa ci raccontano le loro storie? *Amare ciò che si fa è la vera scoperta della fonte della giovinezza e della felicità.* Confucio ci "ha rivelato" un segreto: scegliamo un lavoro che amiamo e non dovremo mai lavorare, per tutta la vita. Amare quello che si fa è una gioia infinita e amare il proprio lavoro significa farlo con devozione. Si passa, cioè, dal concetto emotivo e astratto di "amore" all'attività e all'applicazione concrete dell'amare: mettiamo in pratica l'amore che diciamo di provare!

Il film-documentario *Jiro Dreams of Sushi*, diretto da David Gelb nel 2011, racconta la storia di Jiro Ono, che a 85 anni cerca di trovare la perfezione assoluta nell'arte di preparare il sushi. Jiro elabora piatti straordinari da 65 anni e non ha alcuna intenzione di smettere; esprime una forma di rispettosa devozione nel comporre il sushi perfetto.

Nel 2015 Flavia Pennetta ha vinto, contro ogni pronostico, il prestigioso torneo di tennis degli US Open, battendo in finale un'altra italiana, Roberta Vinci. Alla fine della partita un giornalista le dice che il suo diritto vincente è stato un vero colpo di genio. Flavia risponde: "Colpo di genio? Ci ho lavorato per anni su *quel* diritto". Flavia esprime una forma di devozione totale nell'essere una tennista di livello mondiale.

Essere devoti alla propria causa significa avere la convinzione che, con volontà, possiamo migliorare. La psicologa americana Carol Dweck parla di *Growth Mindset*, una mentalità positiva di crescita che ti fa pensare che non stai sbagliando ma solo imparando, che tutto si può apprendere con la giusta passione e determinazione.

Il successo è 10% ispirazione, 90% fatica, devozione assoluta, non esistono scorciatoie. Disciplina continua, sudore, sforzo, focus totale su quello che prima dobbiamo apprendere e che poi diventa automatico e sembra facile. Attenzione però alle interferenze. Mi spiego con una formula: la nostra Performance sarà uguale alla differenza tra il nostro Potenziale e le Interferenze.

$$P = (P - I)$$

Cosa sono le interferenze? Tutto quello che ci distoglie e ci distrae dal nostro scopo.

Facciamo questo esercizio: scriviamo su un foglio di carta le cinque cose più importanti nella nostra vita. Poi osserviamo e valutiamo quanto tempo e quanto sforzo stiamo effettivamente investendo nel raggiungimento di questi scopi e obiettivi. Dobbiamo vigilare di continuo sulle possibili interferenze, cercare di minimizzarle e gestirle. Il tempo che abbiamo non è una risorsa infinita, molto peggio sprecare questo che i soldi, che invece possono essere recuperati. Il tempo a nostra disposizione è una ricchezza dal valore inestimabile. Ho notato che molte persone compiono uno sforzo straordinario nello svolgere ciò che fanno ma agiscono in maniera disordinata, senza disciplina e si trovano in affanno, in ansia, incapaci di fermarsi a riflettere, non danno valore al proprio tempo. Se il loro sistema non funziona, cercano di accelerare e di andare più veloci. Sarebbe meglio invece fermarsi per capire quali sono le interferenze, le distrazioni non necessarie, incluso evitare persone e situazioni negative: sforzo e focus continui per evitare interferenze pericolose. Non conta solo la velocità, ma anche la direzione e la capacità di minimizzare interferenze, deviazioni pericolose dal nostro percorso di vita, tragitto originario. Molti trascurano le interferenze. Attenzione, invece:

se alcune ci tolgono solo pochi minuti, altre ci fanno perdere anni interi. Bisogna individuare le seconde ed eliminarle o almeno ridurle al minimo.

Imparare

Dobbiamo diventare vere macchine di apprendimento continuo. Lo riscrivo: dobbiamo, non abbiamo altra scelta, diventare macchine d'apprendimento continuo.

Vi confesso che da 25 anni inizio le interviste con i candidati per qualunque lavoro con questa domanda: "Lei che cosa ha imparato di nuovo negli ultimi 6 mesi?". La maggioranza dei candidati non si aspetta tale quesito e non riesce a rispondere oppure replica con banalità: intervista finita. Se abbiamo un diploma di laurea o di maturità, lo consideriamo come un punto di arrivo o di partenza? Se lo consideriamo un punto d'arrivo ci stiamo ingannando da soli. Se pensiamo alle nostre abilità, le immaginiamo come qualcosa di immutabile o che possiamo imparare a sviluppare nel tempo? Sono convinto che dobbiamo avere agilità di apprendimento, l'abilità di rimanere aperti a nuovi modi di ragionare, di imparare continuamente, di farlo in maniera innovativa, di riflettere, di entrare in territori sconosciuti, uscendo quindi dal nostro torpore.

Per diventare macchine di apprendimento continuo non bisogna dimenticare tre regole importanti:

- **Regola 1.** Iniziamo con una domanda: se pensiamo a Leonardo da Vinci cosa ci viene in mente? Pittore? Scienziato? Scrittore? Inventore? Architetto? Leonardo è stato tutto questo: il termine *uomo del Rinascimento* indica proprio la capacità di spaziare tra varie discipline evitando una specializzazione eccessiva che circoscrive la capacità di comprensione sistemica. La prima regola è quella di *non limitare il proprio apprendimento a un soggetto-disciplina unico.* Steve Jobs ha

raccontato perché i prodotti Apple sono così eleganti, moderni, con un design perfetto: quando era studente ha frequentato un corso di calligrafia e ha voluto tradurre questa bellezza artistica nei prodotti della sua azienda; il design dei prodotti Apple rimane un marchio di fabbrica.
Ritorniamo a Leonardo da Vinci, che disse: "Imparare non stanca mai la mente"; non limitiamoci quindi a imparare solo un argomento. Avete fatto l'allenatore di una squadra all'oratorio? Bene, avete iniziato a imparare a gestire un team. Avete dato ripetizioni a studenti? Bene, avete imparato a motivare una persona. Avete venduto qualunque prodotto o servizio? Bene, avete capito la psicologia dei compratori. Avete svolto attività politica? Bene, avete capito la complessità e la dinamica di gruppo. Avete accompagnato turisti a visitare musei o la vostra città? Bene, avete capito come ottenere attenzione o parlare in pubblico. Avete fatto il barista? Bene, avete gestito clienti. Avete fatto il buttafuori in una discoteca? Bene, avete imparato a gestire conflitti e clienti difficili. Avete fatto la baby-sitter? Bene, avere dimostrato senso di responsabilità. Avere aspettato comodamente la paghetta dai vostri genitori? Svegliatevi! In altre parole, molti dei mestieri svolti, magari solo per guadagnare i soldi per le vacanze, diventeranno elementi chiave nella vostra esperienza lavorativa.

- **Regola 2.** *Collezioniamo molti fallimenti ma di successo, quelli in cui impariamo a non ripetere lo stesso errore.* Si impara facendo e sbagliando, non solo nel seguire una lezione. Confucio scrisse: "Se ascolto, dimentico. Se vedo, ricordo. Se faccio, capisco"; se sbaglio, non lo dimentico, imparo e riesco a spiegarlo agli altri. Non credo molto ai sistemi tradizionali di apprendimento, quelli in cui una persona parla, gli altri ascoltano o al massimo prendono nota; si impara molto di più nel fare e nel considerare il fallimento non come una malattia da evitare, ma piuttosto come una tappa essenziale del nostro percorso di apprendimento. Henry Ford scrisse che il fallimento è la migliore opportunità di ricominciare di nuovo in maniera più intelligente. Se non abbiamo mai sbagliato, non abbiamo imparato nulla di significativo. Imparare veramente vuol dire uscire dalla nostra comfort zone; per certi versi, può significare soffrire all'inizio per poi spiccare il volo.

- **Regola 3.** *Non si smette mai di imparare.* Nel 1938 Ingeborg Syllm-Rapoport ha appena finito di scrivere la sua tesi in Medicina e sta per diventare dottore ma, a causa delle odiose leggi razziali approvate dal regime nazista, le viene negato il titolo. Syllm-Rapoport emigra negli Stati Uniti, dove prosegue i suoi studi di medicina, lavorando in molti ospedali come pediatra e neonatologa; negli anni Cinquanta torna nella Germania dell'Est dove fonda la prima clinica di neonatologia di Berlino Est. Nel 2015 l'Università di Amburgo decide di porre rimedio all'ingiustizia subita dalla donna e, dopo 77 anni, Syllm-Rapoport può discutere la sua tesi di laurea del 1938, superando brillantemente l'esame e ottenendo un nuovo dottorato all'età di 102 anni: a tutti gli effetti, lei è uno dei miei eroi.

Consapevolezza

"Perché guardi la pagliuzza che è nell'occhio del tuo fratello, e non ti accorgi della trave che è nel tuo?" Questa celeberrima frase dal Vangelo di Luca (6,41) ci obbliga a riflettere: ciò che scorgiamo negli altri non riusciamo a vederlo in noi stessi. Ne abbiamo parlato nella parte iniziale del libro: la finestra di Johari, vale a dire il *blind spot*, il punto cieco di cui non siamo consapevoli, implica la necessità di migliorare la nostra *self-awareness*. Mi ricordo con chiarezza uno scherzo innocente del 1° aprile: sono alle elementari, alcuni compagni mi attaccano sulla schiena un pesciolino di carta; tutti lo vedono – e ridono – tranne me, che non ne sono consapevole e non comprendo perché gli altri bambini ridono al mio passaggio. Capire che gli altri sanno qualcosa di noi che noi stessi ignoriamo è una sensazione molto forte, ci destabilizza, ci rende insicuri. La *self-awareness*, ricordiamolo, è una delle caratteristiche che definiscono la nostra intelligenza emotiva; la piena consapevolezza è, infatti, un ingrediente fondamentale per agire con sicurezza e lavorare con onestà intellettuale sui nostri punti deboli. Alcune organizzazioni utilizzano uno strumento molto efficace per valutare i propri manager: si chiama "valutazione a 360 gradi", un sistema anonimo in cui diverse persone assegnano punteggi al comportamento del dirigente. Si tratta di una valutazione in genere molto accurata: l'opinione di molte persone riesce a fornire una narrativa molto chiara e plausibile sullo stile di direzione di un dirigente, che deve anche *autovalutarsi*.

Ho sempre trovato molto interessante osservare – e valutare – la differenza tra quello che le persone pensano di se stesse e quello che ne pensano gli altri. Maggiore è la differenza, minore risulta essere l'autoconsapevolezza. In questi casi diventa essenziale il ruolo del coach, che deve aiutare a farci scoprire i nostri *blind spot*. Se avessimo la possibilità di farci seguire da un coach o di essere valutati con strumenti come quello dei 360 gradi, consiglio di chiedere continuamente feedback e di ascoltare con attenzione quello che ci viene detto. Finita l'università ebbi un colloquio di lavoro con un'azienda; le interviste andarono bene, ero sicuro che mi avrebbero offerto il ruolo. Invece non lo fecero, così chiamai l'azienda per capirne il motivo: volevo ricevere feedback. Mi dissero che sembravo più interessato a essere percepito come un amico che all'ottenere risultati.

Questa frase mi colpì come una freccia al cuore. Non avrei potuto far cambiare loro opinione ma, da allora, modificai la mia strategia di comportamento nei colloqui. Se non avessi chiesto, non lo avrei mai saputo. Chiedere feedback sinceri con un pizzico di umiltà aumenterà la nostra consapevolezza in maniera esponenziale. Facciamolo.

Zengility

Viviamo in tempi VICRA, vale a dire in uno stato di Volatilità, Incertezza, Complessità, Rischio, Ambiguità perenni. Il problema è che non possiamo controllare la maggior parte delle variabili che provocano questo incessante, costante cambiamento. Con quale stato mentale dobbiamo affrontare i tempi VICRA? Propongo un neologismo: *zengility*, una combinazione tra la filosofia buddista zen e l'agilità mentale nel capire, dare un senso a ciò che ci circonda. Prendiamo come esempio la capacità di avere sia una visione d'insieme, strategica e generale, sia una conoscenza puntuale e analitica.

Mi spiego con un breve aneddoto: recentemente ho incontrato due colleghi. Il primo, Bill, ha conversato con me a lungo sui grandi temi politici e sociali che stanno cambiando il mondo; quando, dopo circa un'ora di interessante dialogo, abbiamo parlato del suo team, Bill ha dimostrato di conoscerne a malapena i nomi, inoltre non sapeva che una persona aveva dato le dimissioni e un'altra era ammalata da due mesi. Bill "vola" a 10.000 metri di altezza, ha una visione strategica fuori dal comune ma non sa cosa succede nel suo team. Elena è l'esatto contrario: sapeva tutto di tutti, conosceva tutti i dettagli in maniera specifica ma non era in grado di elaborare la strategia, la visione per il suo team di lavoro. Volava a 10 metri di altezza, incapace di avere una visione generale.

Agilità, in questo caso, significa agire come la famosa applicazione Google Earth, capace di farci vedere sia il palazzo dove abitiamo sia la sfera terrestre osservata dalla Luna. Ognuno di noi ha la tendenza a *volare* a una certa altezza, a vedere la realtà con una prospettiva particolare. Dobbiamo essere capaci di cambiare la nostra quota di volo in continuazione.

Ma non è facile rimanere calmi quando siamo sotto pressione: il cervello sotto stress emette una sostanza chiamata cortisolo, che offusca le nostre capacità cognitive. Pratiche di controllo dello stress, unite all'agilità mentale, ci permetteranno non solo di volare a quote diverse ma di avere anche il pieno controllo di noi stessi e della situazione che ci circonda. Dobbiamo essere zen, nella consapevolezza di vivere quello che ci succede in completo possesso delle nostre facoltà emotive e cognitive, facendo magari ricorso alla meditazione o, se non abbiamo tempo, semplicemente respirando a ritmo lento, con il diaframma, per tre minuti: ci tranquillizzeremo subito.

Fiducia

"Costruite ponti, non muri": comprendiamo bene la frase densa di significato rivolta da Papa Francesco in un discorso agli scout, nel giugno 2015. Come metterla in pratica? Prendiamo carta e penna e scriviamo i nomi delle 20 o 30 persone con cui lavoriamo più frequentemente. Poi, con una semplice tabella mensile, scriviamo quante volte abbiamo avuto incontri positivi, in cui abbiamo dato qualche cosa – in genere il nostro tempo e la nostra esperienza – a ognuna di queste persone. Cerchiamo di tenere la tabella aggiornata: ci indicherà con precisione se stiamo costruendo ponti e fiducia oppure se ci siamo dimenticati di qualcuno. Facciamo la stessa cosa con persone che non lavorano nella nostra azienda ma con cui è opportuno tenere aperto un dialogo. Almeno 2 o 3 volte all'anno facciamoci vivi senza chiedere niente, per esempio mandando un interessante articolo che pensiamo possa esser loro utile o un semplice invito per un caffè. Se ci chiamano, rispondiamo e rendiamoci, nei limiti del possibile, disponibili.

Non lavoriamo da soli, abbiamo sempre bisogno degli altri, dobbiamo dimostrare di continuo che collaboriamo onestamente con i nostri colleghi, compresi quelli che magari non ci sono molto simpatici. Vi confesso che uno dei criteri per valutare se la mia giornata sia stata positiva o meno si basa proprio su questo: mantenere vivi rapporti di fiducia, investire con generosità per aiutare gli altri. Chiediamoci tutti i giorni: "Ho messo almeno un mattone nella costruzione del ponte?". I ponti si costruiscono poco alla volta ma poi durano e ci aprono strade e possibilità. Ricordiamoci che la maggioranza dei lavori vengono dati in base alle conoscenze e alla fiducia che abbiamo costruito, come abbiamo visto nel *Capitolo 4*.

Attenzione però alle persone che sono disponibili solo a prendere energie da noi. Consiglio di applicare la "regola del 3": se abbiamo avuto tre incontri in cui abbiamo solo dato e mai ricevuto niente, mettiamo alla prova quella persona; se dovesse far finta di niente, forse non vale la pena continuare a investire. Costruire fiducia ma anche dare fiducia. Un atto di fiducia straordinario è quello di chiedere aiuto, dimostrare che non solo non siamo infallibili ma che abbiamo anche il coraggio di dimostrarci deboli e vulnerabili.

Impatto

Cosa sappiamo fare? Siamo riusciti a tradurre in pratica il nostro scopo? Siamo riusciti a creare un impatto, termine più profondo rispetto ai risultati? Riusciamo a spiegare in 10 secondi cosa sappiamo fare e che impatto abbiamo creato nel farlo?

Vi racconto come una conversazione abbia salvato milioni di vite umane. Nel gennaio 2000, il fondatore di Microsoft, il direttore generale dell'Organizzazione Mondiale della Sanità e il fondatore del World Economic Forum si incontrano e si pongono una semplice domanda: quale investimento in salute può creare il massimo impatto? La risposta: vaccinare i bambini, il cui tasso di mortalità grida vendetta. Bill Gates, con la sua fondazione, decide di investire 750 milioni di dollari in cinque anni e nasce una nuova organizzazione, la Global Alliance for Vaccine and Immunization (GAVI). Dal 2000 a oggi GAVI ha vaccinato 500 milioni di bambini, salvandone 7 milioni. GAVI si pone come obiettivo di vaccinare altri 300 milioni di bambini entro il 2020, tutelando altri 5 o 6 milioni di vite umane. Non riesco a pensare a un impatto maggiore di questo.

Impatto è un concetto più ampio di risultato: significa aver creato un cambiamento duraturo e significativo. Tutti lo possiamo produrre: pensiamo all'insegnante che ha la capacità di far interessare i suoi studenti a una materia, al professionista che riesce a far crescere una persona giovane con consigli ed esempi, all'infermiera che aiuta il paziente malato. Fare bene, con integrità e autorevolezza, il proprio lavoro, significa creare impatto.

Vi rivelo un segreto. Tutte le persone durante i colloqui riescono a descrivere quello che fanno, alcuni riescono a misurare i risultati, ma sono pochi quelli che riescono a spiegare in maniera convincente l'impatto che hanno creato nel proprio lavoro. Dobbiamo riuscire a quantificare ciò che abbiamo fatto e avere una narrativa, uno storytelling, convincente, onesto, misurabile. In ogni colloquio ci chiederanno cosa sappiamo fare e lo dimostreremo spiegando quale impatto siamo riusciti a ottenere.

Reputazione

Tutto diventa irrilevante se abbiamo una reputazione negativa o se anche solo la percezione nei nostri confronti non è positiva. Come discusso nel *Capitolo 6*, mantenere la propria integrità e una reputazione cristallina è diverso dal non fare niente di illegale: si tratta di compiere autonomamente scelte quotidiane che non ci renderanno ricattabili e ci permetteranno di rimanere liberi. Ci vogliono anni per costruire una reputazione, pochi minuti per distruggerla. Tutti si dimenticheranno dei risultati che abbiamo raggiunto, ma nessuno si scorderà della nostra reputazione, di ciò che dicono di noi quando non ci siamo. La reputazione, la nostra integrità è tutto quello che abbiamo, non porteremo altro con noi quando ce ne andremo.

Le organizzazioni decidono se assumerci, promuoverci o rimuoverci dal nostro ruolo principalmente in base alla reputazione che abbiamo saputo costruire. Come riportato da diversi giornali, un candidato su tre viene escluso per l'uso improprio di Facebook o di altri social media: dobbiamo mantenere integra e ineccepibile anche la nostra *web reputation*, ossia la reputazione che abbiamo sulla Rete.

CONCLUSIONI

Nel viaggio che abbiamo condiviso, abbiamo imparato molte cose. In quest'ultimo capitolo abbiamo capito che siamo noi a definire cosa voglia dire essere una persona di valore, non solo di successo, in base a criteri umani significativi, rilevanti. Rivediamoli velocemente:

- gli altri, le persone intorno a noi;
- prenderci cura di noi, *cura personalis*;
- avere uno scopo profondo, non obiettivi effimeri;
- amare quello che facciamo, con devozione;
- imparare sempre, dai fallimenti, dagli altri, da diversi punti di vista;

- essere consapevoli di noi stessi e di come ci vedono gli altri;
- sviluppare la *zengility*, la capacità di gestire il cambiamento con leggerezza e agilità;
- costruire e dare fiducia, ottimismo della volontà;
- creare un impatto durevole, misurabile, profondo;
- avere e mantenere una reputazione cristallina, da persona perbene, sempre.

Ci saranno nella nostra carriera molti momenti gioiosi, altri difficili, e alle volte ci sembrerà di essere un aquilone perduto in mezzo alla tempesta. Tenere sempre presente cosa conta veramente ci permetterà di avere il pieno controllo di noi stessi, della nostra carriera, della nostra vita. Per avere una carriera significativa e di successo e per essere persone di valore, dobbiamo sia capire l'ambiente e coloro che ci circondano sia essere ancorati a chi siamo, ai nostri valori, alla nostra autenticità.

I 10 ingredienti, le componenti chiave, essenziali, descritte in questo capitolo ci serviranno da bussola nel nostro viaggio. *Il successo quindi non è mai un privilegio riservato a pochi ma è alla portata di tutti noi, nel compiere il nostro viaggio da persone di valore, perbene, nell'impatto che riusciremo ad avere sulle persone che amiamo e che ci stanno intorno.*

Nell'osservare quello che succede nel mondo e nel valutare le difficoltà di trovare un lavoro ci capita a volte di sentirci persi, scoraggiati, impauriti. A tal proposito, vorrei concludere con la seguente riflessione: proviamo a pensare a quello che saremmo capaci di fare se non esistesse la paura, se non la provassimo dentro di noi, se non ci limitasse tutte le volte che sogniamo di intraprendere una strada, avviare un progetto, inseguire un'idea o un sogno. Domandiamocelo: *cosa riuscirei a fare se non avessi paura?* La risposta è nel coraggio di osare, investendo su di noi, sulle nostre capacità e dando valore ai nostri sogni che sono lo scopo della nostra esistenza, ciò per cui davvero viviamo e vale la pena vivere. Pensiamoci.

Il libro, il nostro viaggio, è iniziato con il racconto di mio padre che venne a prendermi dopo il primo giorno di scuola. Con un volo di fantasia, m'immagino che dopo quasi 50 anni sia arrivato l'ultimo giorno di scuola e che mio padre venga di nuovo a prendermi. Allora mi pose tre domande: "Ami quello che fai? Hai imparato qualcosa? Sei riuscito ad aiutare gli altri?".

Oggi posso rispondergli che ho avuto la fortuna di amare il mio lavoro e che ho imparato moltissimo, anche nello scrivere questo libro. Non riesco però a rispondere all'ultima domanda, se sono riuscito ad aiutare gli altri.

Se con questo libro ci sono riuscito, fammelo sapere così potrò finalmente dare una risposta a tutti i quesiti di mio padre.

bussoladelsuccesso@gmail.com
www.linkedin.com/in/paolo-gallo
@pgallobussola1

Postfazione

*di Matteo Achilli**

“Per quale posizione si era candidato?” Con questa domanda le segretarie delle società di “cacciatori di teste” mie clienti mi accolgono in azienda. La mia giovane età, infatti, rende più plausibile che io sia un candidato per una delle loro innumerevoli posizioni aperte, invece che un fornitore. Ma ci sono abituato ormai.

Come ho già detto in passato, ho capito che in Italia, molto spesso, devi avere i capelli brizzolati per essere preso in considerazione. Quando mi trovo a delle cene di beneficenza, eventi o a qualsiasi iniziativa di networking, sono sempre quello che fatica a parlare con gli altri. La maggior parte dei manager, dei commerciali o dei partecipanti in generale, che a quelle iniziative si presenta per vendere o acquistare servizi, pensa che da un ragazzo così giovane non ci si possa aspettare più di tanto. Mi sembra quasi di leggere sui loro volti le frasi “Sarà il figlio di qualcuno”, “Forse è uno stagista”, “È sicuramente un neolaureato appena assunto, fresco ancora di

* Fondatore di Egomnia.

nozioni accademiche", quasi fossero dei libri aperti. È stato davvero difficile nella mia storia imprenditoriale trovare persone che, senza sapere chi fossi, mi abbiano dato fiducia. Non è semplice incontrare gente di spessore in grado di interessarsi a un giovane in un mondo di senior. Le persone che mi hanno dato fiducia però, per fortuna, ci sono state. Credo che abbiano capito che tra dieci-quindici anni, non ci saranno più loro sulla piazza, ma persone della mia generazione. Tra loro ce n'è una che più mi sta a cuore: Paolo Gallo.

Era il novembre 2014 ed eravamo a un grande evento sulle risorse umane organizzato a Roma. La cosa che mi lasciò di stucco fu che venne lui da me. Questo mi riempì di gioia. Non accade tutti i giorni che il direttore delle Risorse Umane del World Economic Forum voglia scambiare due chiacchiere con te. Da quel momento tra me e Paolo è nata una forte amicizia, fondata sull'immenso rispetto e fiducia che abbiamo l'uno verso l'altro.

Da allora ne abbiamo passate tante insieme e sono successe cose meravigliose. Io, grazie a Paolo, sono cresciuto moltissimo come professionista e come uomo. Come professionista perché ho avuto modo di vivere da dentro l'anima di una grande azienda, quella del World Economic Forum. Un'azienda trasparente, meritocratica, internazionale e in prima linea sui problemi del mondo. Un gruppo, quello delle persone gestite da Paolo, consapevole delle proprie grandi qualità e della fortuna di poter lavorare in un'azienda che permette di esprimersi al meglio in ciò in cui si crede. Lavorare con loro, assistere ad alcuni dei loro eventi e addirittura aver parlato a uno di questi mi ha fatto capire quale deve essere il giusto approccio al business e alle risorse umane, e soprattutto mi ha aperto la mente.

Tuttavia la crescita più importante che ho vissuto da allora è stata come uomo. Paolo ha visto in me un ragazzo di talento che credeva fermamente in quello che faceva e che non era ancora arrivato così in alto dove i più fragili cadono, vittime delle tentazioni che il denaro porta con sé. Paolo mi ha fatto capire che la prima domanda che un uomo si deve porre è "Quello che fai ti rende felice?". Dentro questa frase si nasconde un modo più maturo di approcciare il mondo. Perché la felicità di un uomo non si ottiene con i grandi guadagni, con la luce dei riflettori o con la macchina che hai in garage. Soprattutto se per ottenerli hai tenuto comportamenti che si allontanano dai valori principali a cui non si può rinunciare: etica, rispetto degli altri e di te stesso.

La felicità si ottiene quando si fa del bene per il prossimo. Per rispondere alla prima domanda bisogna porsene un'altra: "Quello che fai aiuta gli altri?". Perché è proprio lì il segreto. Se ti comporti bene, rispetti il prossimo, hai una missione nobile e fai del bene alle persone che hai intorno o che coinvolgi indirettamente con le tue azioni, ottieni la felicità. Le persone che ti circondano ti influenzano, ed è per questo che devi ritagliarti il giusto tempo dai tuoi impegni per dedicarlo a chi ami, a chi ti ama e alle persone buone e di spessore. Che tengono prima all'uomo e poi al professionista. Aver ottenuto questi insegnamenti alla mia età è per me uno dei più grandi doni che potevo ricevere dalla vita, soprattutto perché arrivano in un momento in cui la mia azienda vive una forte espansione, il mio tempo libero e i miei amici iniziano a diminuire, la mia immagine a diventare sempre più di rilevanza pubblica e le persone sbagliate che mi avvicinano ad aumentare.

La mia generazione, soprattutto in Italia, sta passando momenti difficili con la soglia di disoccupazione giovanile sopra ogni record e un importante gap da colmare con le aziende, fattori che hanno abbattuto le speranze di molti di noi. Ritengo che tutte le generazioni debbano lavorare in sintonia e imparare le une dalle altre. I giovani devono apprendere dall'esperienza e dallo spessore di chi lavora da anni. I senior devono riacquisire dai giovani l'entusiasmo e la capacità di guardare il mondo con gli occhi di chi sogna di migliorarlo.

Sono felice di aver incontrato Paolo e aver ottenuto da lui questi insegnamenti dettati dai suoi anni di esperienza di vita e da professionista e sono convinto che questo libro permette ai miei coetanei di ottenere lo stesso. Consente ai più giovani che lo leggeranno di imparare ad avere il giusto approccio e i valori corretti quando si cerca un impiego, quando si prendono delle decisioni all'inizio del proprio percorso professionale, quando si affronta un colloquio di lavoro e appena si inizia a lavorare.

Questo perché, da quello che ho potuto osservare, se volessimo trovare un parallelismo con il settore in cui lavoro, non è un ottimo ingegnere informatico chi conosce alla perfezione dieci linguaggi di programmazione, ma lo è chi è in grado di pensare da ingegnere informatico, ovvero chi sa imparare linguaggi di programmazione nuovi con facilità e sa muoversi nel modo migliore nel mondo della tecnologia, in continuo aggiornamento. Com'è in continuo aggiornamento il mondo del lavoro in cui viviamo.

Ritengo inoltre che, per chi si trova in una fase avanzata della propria carriera professionale, questo libro dia l'opportunità di ragionare su quanto si è fatto, come lo si è fatto e come affrontare le prossime sfide. Sono certo che queste pagine possono condurre i lettori in una situazione di vantaggio competitivo rispetto agli altri e a se stessi prima di averle lette. Veri e propri consigli basati su esperienze di vita che Paolo ha imparato in trent'anni di carriera ad alti livelli in organizzazioni dove la parola chiave è meritocrazia.

Ho conosciuto Paolo due anni e mezzo dopo aver lanciato la mia attività, e vi confesso che se avessi avuto la possibilità di incontrarlo prima o di leggere questo libro all'inizio del mio percorso, avrei fatto le scelte che hanno condizionato la mia vita in maniera più consapevole. Ecco perché lo consiglio a tutti.

Sono fermamente convinto che un libro, come un incontro, possa cambiare la vita.

Note

Capitolo 1

[1] Roger von Oech, *A Kick in the Seat of the Pants*, Harper Perennial, 1986.

[2] http://lancemackey.com/lance-mackey.

[3] Pablo Neruda, *Tutte le opere, poesie d'amore*, Edizioni Nuova Accademia, 1963.

[4] Tom Rath, *StrengthsFinder 2.0*, Gallup Press, 2007, p. 20.

[5] http://thisibelieve.org.

[6] http://thisibelieve.org/essay/170985.

[7] Fonte Wikipedia: https://it.wikipedia.org/wiki/Schema_di_Johari.

Capitolo 2

[1] Andrew Pettigrew: "Cultura organizzativa; una famiglia di concetti", in *Le imprese come culture*, a cura di Pasquale Gagliardi, Petrino edizioni, 1986, p. 480.

[2] Gary Chapman, *The Five Love Languages*, Nothfiled publishing, 2010.

[3] David Kantor, *Reading The Room: Group Dynamics for Coaches and Leaders*, Jossey-Bass 2012.

[4] Daniel Pink, *Drive*, Riverheads Books, 2009, p. 166; tr. it. *Drive*, Rizzoli Etas, 2010.

Capitolo 3

[1] Rosamund Stone Zander e Benjamin Zander, *The Art of Possibility: Transforming Professional and Personal Life*, Penguin Books, 2002.

[2] Si veda, per esempio, quando detto da Regina Hartley, direttore delle Risorse Umane di UPS Information Services, nel suo discorso su TED dal titolo *Why the best hire might not have the perfect resume*, cioè perché le migliori assunzioni potrebbero non avere un curriculum perfetto http://www.ted.com/talks/regina_hartley_why_the_best_hire_might_not_have_the_perfect_resume#t-331629.

[3] John Purkiss e Barbara Edlmair, *How to be Headhunted*, How to Books, 2005.

[4] Malcolm Gladwell, *The Tipping Point*, Little, Brown and Company, 2000, p. 38; tr. it. *Il punto critico. I grandi effetti dei piccoli cambiamenti*, BUR, 2006.

[5] Adam Grant, *Give and Take*, Penguin Books, 2013; tr. it. *Più dai, più hai*, Sperling & Kupfer, 2013.

[6] Claudia Goldin e Cecilia Rouse, "Orchestrating Impartiality: The Impact of 'Blind' Auditions on Female Musicians", working paper 5903, National Bureau Research, Harvard University, 1997.

[7] W. Timothy Gallwey, *The Inner Game of Tennis*, Random House, 1974, p. 17.

[8] Daniel Goleman, *Focus: The Inner Driver of Excellence*, Harper Collins, 2013; tr. it. *Focus: perché fare attenzione ci rende migliori e più felici*, Rizzoli, 2013.

[9] http://www.ted.com/talks/amy_cuddy_your_body_language_shapes_who_you_are.

[10] Citazione da Allan e Barbara Pease, *Perché mentiamo con gli occhi e ci vergogniamo con i piedi?*, Sonzogno, 2007, p. 9.

[11] Daniel H. Pink, *To Sell is Human*, Riverheads Books, 2012.

[12] Adam Grant, "The One Question You should ask About Every New Job", *The New York Times*, 19 dicembre 2015

[13] Daniel Goleman, *Intelligenza emotiva*, Rizzoli, 1995.

[14] Daniel Goleman, *Lavorare con intelligenza emotiva*, Rizzoli, 1998.
[15] Per approfondire la conoscenza del linguaggio del corpo, Allan e Barbara Pease, *Perché mentiamo con gli occhi e ci vergognamo con i piedi?*, Sonzogno, 2005.
[16] Mirella Cardonello, "Processo di selezione del Personale: metodi e applicazioni", tesi di laurea, LUISS, Roma.
[17] La bibliografia dedicata alle interviste è sterminata: per un candidato può essere utile capire le domande dal punto di vista di un'azienda. Si veda, per esempio, il libro di Paul Falcone, *96 Great Interview Questions to Ask Before You Hire*, Amacom, 1997.
[18] Richard Fear e Robert Chiron, *The Evaluation Interview*, McGraw-Hill, 1990, 4ª ed.

Capitolo 4

[1] Il tema della fiducia dal punto di vista del business viene affrontato nello studio coordinato dal World Economic Forum: *The Evolution of Trust in Business. From Delivery to Values*, www3.weforum.org/docs/WEF_EvolutionTrustBusinessDeliveryValues_report_2015.pdf.
[2] Nelson Mandela, *Long Walk to Freedom: the Autobiography of Nelson Mandela*, Little, Brown and Company, 1994, pp. 449-450; tr. it. *Lungo cammino verso la libertà: autobiografia*, Feltrinelli, 2013.
[3] www.un.org/Depts/OHRM/salaries_allowances/salary.htm. Se foste interessati a lavorare alle Nazioni Unite, aggiungetevi alla job list di Sebastian Rottmair su http://unjoblist.org/.
[4] La cifra, indicata come stipendio medio lordo in Italia nell'agosto 2014, *Repubblica* in un articolo del 14 settembre 2014, che riprendeva uno studio condotto dalla CGIL.
[5] Inventato dall'*Economist* nel 1986 e di sicuro non considerato seriamente in ambiente accademico, l'indice Big Mac è una guida utile a valutare il potere di acquisto e il tasso di cambio. Per esempio, se negli Stati Uniti un Big Mac costa 4 dollari e in Cina 2,50 yuan, il tasso di cambio ci dice che la moneta cinese è sottovalutata del 37,5%.

[6] www.mercer.com/newsroom/cost-of-living-survey.html.
[7] Phil Rosenzweig, *The Halo Effect*, Free Press, 2007.
[8] Eric Schmidt e Jonathan Rosenberg, *Come funziona Google*, Rizzoli Etas, 2014.
[9] Stephen R. Covey, *The 7 Habits of Highly Effective People*, Free Press, 1989; tr. it. *Le sette regole per avere successo*, Franco Angeli, 2016.
[10] Michael Watkins, *The First 90 Days: Critical Success Strategies for New Leaders at All Levels*, Harvard Business School Press, 2003; tr. it. *I primi 90 giorni*, Rizzoli Etas, 2013.
[11] David H. Maister, Charles H. Green, Robert M. Galford, *The Trusted Advisor*, Touchstone Books, 2000.
[12] Giulio Gili, *La credibilità*, Rubbettino Editore, 2005.
[13] www.motherteresa.org.
[14] http://it.wikipedia.org/wiki/Conflitto_di_interessi.
[15] http://en.wikipedia.org/wiki/Paul_Wolfowitz.
[16] *Never Give In! The Best of Winston Churchill's Speeches*, Hyperion, 2003, p. 204.

Capitolo 5

[1] Christina Thompson, *Come on Shore and We Will Kill and Eat You All: A New Zealand Story*, Bloomsbury, 2008.
[2] Henry Kimsey-House, Karen Kimsey-House, Phillip Sandahl, Laura Whitworth, *Co-Active Coaching: Changing Business, Transforming Lives*, Nicholas Brealey, 2011, pp. 31-47.
[3] Tesi sostenuta nel libro di Rebecca Shafir, *The Zen of Listening: Mindful Communication in the Age of Distraction*, Quest Books, 2000.
[4] Leonard e Natalie Zunin, *Contact: The First Four Minutes*, Ballantine Books, 1979.
[5] Michael Watkins, *The First 90 Days*, Harvard Business School Press, 2003; tr. it. *I primi 90 giorni*, Rizzoli Etas, 2013.
[6] Marilee Adams, *Change Your Questions, Change Your Life*, Berrett-Koehler Publishers, 2009.

[7] Roger Fisher e Daniel Shapiro, *Beyond Reason: Using Emotions as You Negotiate*, Penguin Books, 2003.
[8] Studio citato da Karen Dillon, *HBR Guide to Office* Politics, 2014, p. 9,.
[9] Nicholas DiFonzo e Prashant Bordia, *Rumor Psychology: Social and Organizational Approaches*, American Psychological Association, 2007.
[10] Peter M. Senge, *The Fifth Discipline: The Art & Practice of the Learning Organization*, Currency, 1990; tr. it. *La quinta disciplina. L'arte e la pratica dell'apprendimento organizzativo*, Sperling & Kupfer, 1992.
[11] Sandy Hotchkiss, *Why Is It Always About You? The Seven Deadly Sins of Narcissism*, Free Press, 2002.
[12] Michael Maccoby, "Narcissistic Leaders: The Incredible Pros, the Inevitable Cons", *Harvard Business Review*, gennaio-febbraio, 2000.
[13] Hervey Cleckley, *The Mask of Sanity: An Attempt to Clarify Some Issues about the So-Called Psychopathic Personality*, Lightning Source, 2011.
[14] Robert D. Hare, *Without Conscience: The Disturbing World of the Psychopaths Among Us*, 2009, 2ª ed.; tr. it. *La psicopatia: valutazione diagnostica e ricerca empirica*, Astrolabio, 2009.
[15] Per conoscere i dettagli di questi esperimenti si veda Paul Babiak e Robert D. Hare, *Snakes in Suits: When Psychopath go to Work*, Happer, 2006, pp. 52-55
[16] Bruce Springsteen, "Walk tall or don't walk at all", dalla canzone *New York City Serenade*, CBS Records, 1973.

Capitolo 6

[1] Robert ed Edward Skidelsky, *How Much is Enough? Money and the Good Life*, Other Press, 2012; tr. it. *Quanto è abbastanza. Di quanto denaro abbiamo davvero bisogno per essere felici?*, Mondadori, 2013.
[2] Roberto Petrini,"Si stava meglio quando si stava peggio: felicità e crescita non vanno di pari passo", *la Repubblica*, 17 luglio 2015.
[3] Enrico Franceschini, "Lo stress fa strage di banchieri: ritmi eccessivi anche per i 'lupi'", *la Repubblica*, 29 gennaio 2014.

[4] Marco Letizia, "Goldman Sachs, basta orari massacranti per gli stagisti: non lavorino più di 17 ore al giorno", *Corriere della Sera*, 17 giugno 2015.
[5] Questa storia viene raccontata nel libro di Robert Reich, *The Future of Success*, Vintage, 2000, p. 7.
[6] Eugene O'Kelly, *Chasing Daylight: How My Forthcoming Death Transformed My Life*, McGraw-Hill, 2008.
[7] Jeffrey Pfeffer, *Power: Why Some People Have It and Other Don't*, Harper Business, 2010.
[8] Francesco Bogliari (a cura di), *Chi comanda è solo. Sergio Marchionne in parole sue*, Rizzoli Etas, 2012.
[9] Jerry B. Harvey, "Organizations as Phrog Farms", *Organizational Dynamics*, spring, 1977.
[10] Daniel Jonah Goldhagen, *I volenterosi carnefici di Hitler*, Mondadori, 1997.
[11] La storia completa di Eric Fair viene raccontata nell'articolo di Riccardo Stagliano, "Io confesso: così, ad Abu Ghraib, ho venduto l'anima al Dio della tortura", *il venerdì di Repubblica*, 20 luglio 2012, pp. 22-26.
[12] www.washingtonpost.com/wp-dyn/content/article/2007/02/08/AR-2007020801680.html.
[13] Dante Alighieri, *Divina Commedia*, *Inferno* V, 102.
[14] Il libro dello psichiatra austriaco di origini ebraiche, sopravvissuto alla prigionia nei campi di concentramento nazisti, originariamente scritto in tedesco (*Ein Psychologe erlebt das Konzentrationslager*) e pubblicato nel 1946, è stato tradotto in 26 lingue.

Capitolo 7

[1] Marie McIntyre, *Secrets to Winning at Office Politics*, St. Martin's Griffin, 2005, p. 147.
[2] John J. Gabarro, John P. Kotter, "Managing your Boss", *Harvard Business Review*, maggio-giugno, 1993. Un classico da leggere con attenzione.

[3] *The Essential Drucker: The Best of Sixty Years of Peter Drucker's Essential Writings on Management*, Harper Collins, 2001; tr. it. *Il management, l'individuo, la società*, Franco Angeli, 2002.
[4] Susanne R. Cook-Greuter, "Making the Case for a Developmental Perspective", *Industrial and Commercial Training*, Emerald Group Publishing, vol. 36, n. 7, 2004.
[5] Marie-France Hirigoyen, *Molestie morali. La violenza perversa nella famiglia e nel lavoro*, Einaudi, 2000.
[6] Kevin ed Edward Coyne, "Surviving your new CEO", *Harvard Business Review*, maggio, 2007.
[7] Robert Greene (a cura di Joost Elffers), *Le 48 leggi del potere*, Baldini&Castoldi, 2014.
[8] *USA Today*, 9 febbraio 2015, prima pagina.
[9] "Going Rogue: Share Traders More Reckless Than Psychopath", *Der Speigel* online, 26 settembre 2011, www.spiegel.de/international/zeitgeist.
[10] Per capire bene la personalità e il genio di Steve Jobs, Walter Isaacson, *Steve Jobs*, Mondadori, 2011.
[11] Aaron James, *Ass-holes: A Theory*, Anchor Books, 2014; tr. it. *Stronzi. Un saggio filosofico*, Rizzoli, 2013.
[12] Harry G. Frankfurt, *On Bullshit*, Princeton University Press, 2005; tr. it. *Stronzate. Un saggio filosofico*, Rizzoli, 2005.
[13] www.goodreads.com/book/show/3491.The_Dictionary_of_Corporate_Bullshit.
[14] Carlo M. Cipolla, *Allegro non troppo. Le leggi fondamentali della stupidità umana*, Il Mulino, 1988, p. 58.
[15] www.ted.com/talks/monica_lewinsky_the_price_of_shame.
[16] Dr. Seuss, *Oh, the Places You'll Go!*, Random House, 1990.
[17] Keith Ferrazzi con Tahal Raz, *Never eat alone: And Other Secrets to Success, One Relationship at a Time*, Currency-Random House, 2005.
[18] Philip Stephens, "The Great Fragmentation", *Financial Times*, 25 febbraio 2015, p. 5.

[19] Sylvia Ann Hewlett, *Executive Presence: The Missing Link Between Merit and Success*, Harper Business, 2014.

Capitolo 8

[1] Leigh Branham, *The 7 Hidden Reasons Employees Leave*, Amacom, 2005, p. 33.

[2] www.gallup.com.

[3] "Dream job? Most U.S. Workers want to change Careers - Pool", http://www.reuters.com/article/us-usa-work-idUSBRE96015Z20130701, 1° luglio 2013.

[4] Leigh Branham, *The 7 Hidden Reasons Employees Leave*, cit., p. 3.

[5] www.fifa.com/governance/how-fifa-works/index.html.

[6] https://hbr.org/2003/01/one-more-time-how-do-you-motivate-employees.

[7] Daniel Pink, *Drive*, Riverheads Books, 2009; tr. it. *Drive*, Rizzoli Etas, 2010.

[8] In questo video si spiega la stessa sofferenza vissuta spesso nell'ambiente lavorativo: www.youtube.com/watch?v=0iTTbSWt67Y.

[9] *The Whistleblower*, film del 2010, diretto da Larysa Kondracki; Katheryn Bolkovac con Cari Lynn, *The Whistleblower: Sex Trafficking, Military Contractors, and One Woman's Fight for Justice*, St'Martin Press, 2011.

[10] Andre Agassi, *Open. La mia storia*, Einaudi, 2011.

[11] Herminia Ibarra, *Working Identity*, Harvard Business School Press, 2004; tr. it. *Identità al lavoro*, Etas, 2006.

[12] www.nytimes.com/2012/03/14/opinion/why-i-am-leaving-goldman-sachs.html?_r=0.

[13] Greg Smith, *Why I Left Goldman Sachs: A Wall Street Story*, Grand Central Publishing, 2012.

[14] David Heenan, *Leaving on Top: Graceful Exits for Leaders*, Nicholas Brealey Publishing, 2012.

[15] Ivan Scalfarotto e Stefano Caselli, *Contro i perpetui*, Il Saggiatore, 2006.

[16] Leon A. Danco, The Center for family business.
[17] Marguerite Yourcenar, *Memorie di Adriano*, Einaudi, 1988.
[18] www.youtube.com/watch?v=bss6lTP8BJ8.

Capitolo 9

[1] Diretto dal dottor Robert Waldinger, che ne parla più dettagliatamente su TED: https://www.ted.com/talks/robert_waldinger_what_makes_a_good_life_lessons_from_the_longest_study_on_happiness.
[2] Frank Partnoy, *Wait: The Art and Science of Delay*, PublicAffairs, 2013.
[3] Edgar Lee Masters, *Antologia di Spoon River*, a cura di Fernanda Pivano, Einaudi, 1971, p. 67.

Ringraziamenti

Devo confessare una cosa: non sono stato io a scrivere questo libro perché l'avete scritto voi.

Io ho semplicemente raccolto storie, racconti, esempi, insegnamenti presi da fonti diverse, mi sento quindi come un bambino che ha terminato un puzzle di un milione di pezzi o come un cantastorie medioevale che, viaggiando, condivide storie sempre più ricche e affascinanti dopo averne imparate di nuove a ogni tappa del suo cammino. Per questo sono riconoscente nei confronti di molte persone che, in maniera, tempi e ruoli diversi, mi hanno aiutato non solo in *La bussola del successo*, un viaggio durato quattro anni, ma anche come persona.

Ho voluto ascoltare e imparare da autori conosciuti e credibili. Daniel Pink, Adam Grant, David Kantor, i cui libri sono stati citati diverse volte; mi hanno fornito consigli e incoraggiamenti, Rene Carayol, Peter Senge, Linda Hill, Lynda Gratton, Severino Salvemini, Ben Zhender, una persona che ti trasforma la vita con la sua musica ed energia positiva. Non posso non citare persone che hanno influenzato non solo il libro ma anche il modo in cui penso: il professor Klaus Schwab, fondatore del World Economic Forum, della cui prefazione sono onorato,

Ngozi-Okonjo-Iweala, una Leader e una donna straordinaria. Lavorare con persone di questo spessore e carisma non è facile ma è importante perché spingono ad andare oltre, a non fermarsi mai, a migliorarsi e a non accontentarsi dello *status quo*.

Voglio ringraziare la Rizzoli che ha creduto nel mio libro e progetto; Paola Rabezzana, Giovanni Ubbiali, Beatrice Mauri, Ottavio Di Brizzi. I loro consigli e insegnamenti sono stati fondamentali. Preziosa è stata la consulenza editoriale di Rosamaria Sarno e Francesco Bogliari – a loro la mia sincera riconoscenza – così come Lidia Ferrara, Dana Lamparelli e Adrian Monk mi hanno fornito validi suggerimenti, modifiche e feedback.

Franco Furnò è stato non solo un amico per quasi 20 anni ma una persona che mi ha fornito mille consigli e incoraggiamenti, così come Stefano Olmeti con cui ho condiviso idee e storie del libro bevendo una birra in un baretto malfamato di Rio de Janeiro. Un grazie speciale a Matteo Achilli: un ragazzo straordinario e un imprenditore che dà fiducia per un futuro migliore.

Luigi Porta, Giulio Petris, Pepe Pedulla, Thea Chiesa: come non pensare a voi? Mario Masarati, Yury Boshyk, Karin Parodi, Massimo Grandis, Gary McGillicuddy, Stefano Losi, Paolo Martelli, Guillermo Miranda, Antoine Platon, Gianmario Tondato da Ruos, Piero Cipollone, Giordano Fatali, Alberto Pravettoni, Rick Hendricks, Mel Rogers, Aulikki Kuusela, Nina Nordgren, Nerio Alessandri; a tutti voi un grazie sincero.

Ci sono persone che non ho conosciuto e non conosco personalmente ma che continuano a ispirarmi con il loro esempio. I magistrati Falcone e Borsellino, il generale Dalla Chiesa, giornalisti come Walter Tobagi, Giorgio Perlasca che ha salvato migliaia di ebrei in Ungheria, il magistrato Nicola Gratteri, Aung San-Suu Kyi, Madre Teresa di Calcutta, Rosa Parks: queste persone hanno dimostrato come il coraggio delle proprie convinzioni non abbia un prezzo. Hanno detto no a mafia, corruzioni, ingiustizie, razzismo, hanno aiutato i dimenticati che invece esistono e sono proprio di fianco a noi. Sono i miei eroi insieme a migliaia di altre persone che – semplicemente – hanno detto anche loro "No, io non ci sto". E si sono dati da fare: Il mondo progredisce grazie a loro.

Nello scrivere questa pagina e nel ricordare queste persone mi rendo conto di due cose: innanzitutto della mia fortuna nell'aver incontrato persone semplicemente straordinarie e quanto ho imparato da ognuno di loro. Ho capito che qualunque persona può offrirti qualcosa di prezioso e inestimabile e che il tesoro non è nascosto in un'isola deserta ma è dentro di noi.

Il secondo elemento – fondamentale – è quanto io debba avere riconoscenza, rispetto e amore per le cinque donne della mia vita, della mia famiglia. Per Anna Maria, Francesca e Bianca, madre, sorella gemella e nipote che continuano a lottare, sorridere, arrabbiarsi, sperare e andare avanti, nonostante tutto. A Lalia, la compagna e amore della mia vita. Le chiesi di sposarmi il giorno dopo averla incontrata: da allora 20 anni insieme, in attesa dei prossimi 100. Infine a Sadika, mia figlia, la cui esistenza riempie di amore, gioia e significato la vita mia e di tutti quelli che la conoscono. Niente mi dà più gioia di vederla crescere, ridere e sentirla cantare le canzoni che inventa quotidianamente.

Il resto, credetemi, non conta.

Finito di stampare nel mese di luglio 2016
presso Elcograf S.p.A., Cles (TN)
Printed in Italy